CURSO AVANÇADO DE
Processo Administrativo Tributário

C977   Curso avançado de processo administrativo tributário / Adolpho Bergamini ... [et al.]; Rafael Borin, Rafael Nichele (organizadores). – Porto Alegre: Livraria do Advogado Editora; Instituto de Estudos Tributários, 2012.
242 p.; 23 cm.
ISBN 978-85-7348-818-0

2. Processo tributário - Brasil. 2. Lançamento tributário. 3. Recursos e protestos tributários. I. Bergamini, Adolpho. II. Borin, Rafael. III. Nichele, Rafael.

CDU 35.077.3:336.2(81)
CDD 343.81040269

Índice para catálogo sistemático:
1. Processo administrativo tributário: Brasil   35.077.3:336.2(81)

(Bibliotecária responsável: Sabrina Leal Araujo – CRB 10/1507)

Sumário

Introdução – *Thales Michel Stucky*..7

Parte I
HISTÓRICO DO TRIBUNAL ADMINISTRATIVO DE RECURSOS FISCAIS DO ESTADO DO RIO GRANDE DO SUL

1. De Conselho Estadual de Contribuintes a Tribunal Administrativo de Recursos Fiscais
   Gentil André Olsson..11

Parte II
PRINCÍPIOS DO PROCESSO ADMINISTRATIVO TRIBUTÁRIO

2. Princípios do Processo Administrativo Tributário: o Princípio da Legalidade
   Rafael Korff Wagner...33

3. Princípio do devido processo legal, do contraditório e da ampla defesa
   James Marins...39

Parte III
QUESTÕES POLÊMICAS DO PROCESSO ADMINISTRATIVO TRIBUTÁRIO

4. O ônus da prova no Processo Administrativo Tributário
   Henry Gonçalves Lummertz..61

5. A suspensão da exigibilidade do crédito tributário decorrente de medida judicial anterior ao lançamento e o impedimento da aplicação de penalidades
   Rafael Nichele..87

6. O caráter relativo da decisão administrativa definitiva
   Renato José Calsing...99

7. Breves apontamentos sobre a aplicação dos prazos preclusivos fazendários relacionados ao ICMS
   Rafael Pandolfo..111

8. Processo de consulta – estrutura e efeitos
   Eduardo Domingos Bottallo...117

9. A diferenciação entre vício formal e vício material e seu reflexo na realização de novo lançamento tributário
   Rafael Borin...129

10. Cálculo do prazo decadencial em relação ao crédito indevido de ICMS – a aplicação do artigo 173, inciso I, do Código Tributário Nacional, e a busca do conceito de "exercício" para os fins do prazo de decadência
    Adolpho Bergamini..151

11. O direito de fiscalizar do Estado e a violação do sigilo de dados do contribuinte
    Adriana Esteves Guimarães e *Daniel Teixeira de Figueiredo Passos*..........167

Parte IV
COMENTÁRIOS À LEI Nº 6.537/73

12. A disciplina do Lançamento no Processo Administrativo Tributário do Estado do Rio Grande do Sul – uma abordagem a partir da teoria das nulidades do ato administrativo
    Antônio Ricardo Vasconcellos Schmitt..183

13. A intervenção do sujeito passivo no procedimento tributário administrativo
    Juliano Pacheco Machado..193

14. Do julgamento em primeira instância e do Recurso de Ofício
    Paulo Fernando Silveira de Castro...199

15. Recurso voluntário e pedido de reconsideração: uma abordagem procedimental da garantia de acesso à segunda instância administrativa pelo contribuinte
    Rafael Nichele e Eduardo Barboza dos Santos 219

16. Recurso Extraordinário ou apelo extremo
    Nelson Reschke..235

Introdução

O Instituto de Estudos Tributários – IET –, ao longo dos seus quase vinte anos de existência, tem-se consolidado como uma entidade de referência no que tange ao estudo de temas que desafiam os profissionais do direito que militam na área tributária.

Ao longo destes anos e de muitos debates em seminários, simpósios, reuniões e palestras, um tema que nunca esteve fora de foco foi o processo tributário, seja no âmbito administrativo, seja no judicial.

Não obstante o contencioso tributário no Brasil seja uma realidade diária dos profissionais da área, ainda hoje existem diversas divergências em relação ao tratamento processual quando diante de um litígio tributário. As divergências são muitas, podendo se destacar, dentre outros, a aplicação/extensão do princípio da verdade material, o ônus da prova e a própria prescrição em matéria tributária, este último um assunto ainda hoje bastante polêmico.

Neste sentido, vê-se que produção científica em que tais pontos são abordados no âmbito judicial é bastante rica, tendo processualistas de relevo dedicado excelentes linhas nas implicações processuais quando diante de um litígio tributário, especialmente quando inovações legislativas são postas à prova como, por exemplo, a reforma do processo executivo que acabou impactando as execuções fiscais em alguns pontos específicos e, mais recentemente ainda, a nova lei do mandado de segurança.

Por outro lado, no âmbito do processo administrativo-tributário, a produção científica é bem mais restrita. Com exceções de algumas obras, na maioria delas publicações de dissertações de mestrado ou teses de doutorado em que o foco do trabalho é restrito ao objeto da pesquisa, a maioria das obras envolvendo o processo administrativo-tributário resume-se a meros comentários acerca do Decreto n. 70.235/72, que trata do assunto na esfera federal.

Mais difícil ainda é o profissional do direito encontrar obras em que o processo administrativo-tributário é abordado a partir de nuances das cortes administrativas de cada estado da Federação. Justamente para tentar contribuir com o incremento da qualidade e quantidade de produção científica neste nicho específico é que a obra que ora segue pretende se inserir.

Não é de hoje que o processo administrativo vem ganhando importância na esfera tributária. Em verdade, não é mais raro encontrar advogados manifestarem que preferem ter seus casos julgados no âmbito administrativo em vez do judicial em face do melhor preparo das cortes administrativas para abordar determinadas tecnicidades que envolvem o fato gerador de determinado tributo e que, por vezes, são relevadas pelo Judiciário por força de uma interpretação mais extensiva e subjetiva da norma tributária.

Considerando esta nova realidade dos profissionais da área tributária é que o tema "processo administrativo-tributário" ganha ainda mais importância, tornando uma imposição uma maior produção científica nesta área.

Assim, a fim de valorizar o estudo do processo administrativo-tributário e, em especial, as peculiaridades do assunto no Estado do Rio Grande do Sul é que o IET, em conjunto com membros que atualmente compõem o Tribunal Administrativo de Recursos Fiscais do Estado do Rio Grande do Sul – TARF/RS –, decidiu por apoiar a iniciativa que resultou na obra das próximas páginas.

A presente obra é dividida em quatro partes, sendo duas delas dedicadas à análise de questões polêmicas no âmbito do processo administrativo-tributário de maneira mais ampla, e outras duas dedicadas ao processo administrativo-tributário no Rio Grande do Sul, a partir de uma apresentação histórica do TARF, uma instituição com mais de 50 anos de existência, assim como com comentários à Lei Estadual nº 6.537/73, tornando esta obra pioneira em tal abordagem, não obstante a lei em referência estar em vigor por quase quarenta anos.

O IET, dentro da sua missão institucional, espera que esta obra auxilie os leitores a terem um suporte para suas atividades diárias, assim como para fomentar e estimular a produção científica em torno do tema da presente obra.

Thales Michel Stucky
Presidente do Instituto de Estudos Tributários – IET
Gestão 2011-2013

Parte I

HISTÓRICO DO TRIBUNAL ADMINISTRATIVO DE RECURSOS FISCAIS DO ESTADO DO RIO GRANDE DO SUL

— 1 —

De Conselho Estadual de Contribuintes a Tribunal Administrativo de Recursos Fiscais

Artigo comemorativo dos sessenta anos da primeira sessão de julgamento do Conselho Estadual de Contribuintes do Rio Grande do Sul (1951-2011)

GENTIL ANDRÉ OLSSON

Mestre em Direito, Presidente do TARF e Professor de Direito Tributário e Direito Financeiro da Faculdade de Direito da UFRGS e da ESM.

Sumário: I – Breve História do Tribunal Administrativo de Recursos Fiscais do Rio Grande do Sul – TARF; 1. O Conselho Estadual de Contribuintes (CEC); 1.1. Denominação; 1.2. Sede; 1.3. Competência; 1.4. Composição; 1.5. Representação da Fazenda junto ao Conselho Estadual de Contribuintes; 1.6. Sessão inaugural; 2. Tribunal Administrativo de Recursos Fiscais, antes da vigência da Lei nº 6.537/73; 2.1. A nova denominação; 2.2. Sede; 2.3. Competência; 2.4. Composição; 2.5. Representação da Fazenda Pública Estadual junto ao Tribunal; 2.6. Sessão inaugural como Tribunal Administrativo de Recursos Fiscais – TARF; II – Configuração atual do Tribunal Administrativo de Recursos Fiscais – TARF; 1. Generalidades; 2. Competência; 3. Composição; 4. Atribuições do Presidente do Tribunal; 5. Atribuições do Secretário-Geral do Tribunal; 6. Configuração das Câmaras do Tribunal; 7. Competência das Câmaras; 8. Atribuições dos Presidentes das Câmaras; 9. Atribuições dos Juízes; 10. Impedimentos; 11. Atribuições dos Secretários das Câmaras; 12. Defesa da Fazenda Pública Estadual junto ao TARF; 13. Serviços Auxiliares; 14. Avocação de julgamento pelo Secretário de Estado da Fazenda; 15. Súmulas de Jurisprudência do TARF; 16. Regimento Interno; 17. A atuação do sujeito passivo junto ao Tribunal.

I – Breve História[1] do Tribunal Administrativo de Recursos Fiscais do Rio Grande do Sul – TARF

1. O Conselho Estadual de Contribuintes (CEC)

1.1. Denominação

O Tribunal Administrativo de Recursos Fiscais do Rio Grande do Sul foi criado pela Lei RS n° 973, de 16 de janeiro de 1950,[2] sob a denominação[3] de Conselho Estadual de Contribuintes.[4]

1.2. Sede

Sua primeira sede (provisória) foi no terceiro andar (salas 308 e 310) do n° 48 da Rua Júlio de Castilhos, onde esteve em "pleno funcionamento"[5] de 10/05/51 (data da aprovação do seu primeiro Regimento Interno) até 28/06/51. Em 14/09/51,[6] passou a funcionar nas salas 1109 a 1111 (11° andar) do n° 410 (Edifício Sulacap) da Av. Borges de Medei-

---

[1] A pesquisa para a elaboração deste trabalho contou com a colaboração dos funcionários do TARF e da Biblioteca da Secretaria da Fazenda, a quem agradecemos.

[2] Lei com vigência retroativa a 1° de janeiro de 1950. Alterada pelas Leis n° 1.368, de 27 de dezembro de 1950, e 2.054, de 18 de março de 1953.

[3] "Art. 1° Fica instituído o Conselho Estadual de Contribuintes, que funcionará como tribunal 'mixto' administrativo, nos termos do art. 241 da Constituição Estadual." (sic). A Constituição do Estado do Rio Grande do Sul, de 1945, em seu art. 241, determinava: "Serão criados em lei um ou mais tribunais mistos, administrativos, para o julgamento, em última instância, de questões entre contribuintes e a fazenda estadual ou municipal".

[4] Atos normativos anteriores, relativos à administração fazendária e julgamento de matéria de natureza financeira e tributária e atos relativos à organização da Procuradoria Fiscal do Estado: a) Ato n° 223, de 2 de maio de 1890, instituiu a Diretoria do Contencioso, que constituía, com duas outras Diretorias, a Administração Central do Tesouro do Estado; b) Regulamento do Tesouro de Estado, aprovado pelo Decreto n° 1.081, de 23 de abril de 1907, que atribuiu ao Secretário de Estado dos Negócios da Fazenda a competência para julgar recursos interpostos das decisões das repartições e empregados fiscais (art. 5°, § 10) e ao Procurador Fiscal (de livre nomeação e demissão do Presidente do Estado) a competência de velar pela execução das leis fiscais (art. 13); c) Decreto n° 3.002, de 08/08/1922: Interpretou as disposições do Decreto n° 2.578, de 31/05/1920, que aprovou o Regimento Interno do Tesouro do Estado e do Decreto n° 2.646, de 04/09/1920, que consolidou as atribuições do Ministério Público, no que se referia à Procuradoria Fiscal e a exatores em geral e declarou as suas atribuições; d) Decreto-lei n° 411, de 30/10/43 (vigência: 01/01/44) – Deu nova organização à Procuradoria Fiscal do Estado, conceituo-a como o órgão técnico-jurídico da Secretaria de Estado dos Negócios da Fazenda e determinou a sua competência; e) Decreto-lei n° 412, de 30/10/43 (vigência: 01/01/44) – Reuniu na Procuradoria Fiscal do Estado (reestruturada) os antigos Procuradores Fiscais e os Funcionários da extinta Diretoria do Tesouro do Estado; f) Decreto n° 5.103, de 11 de agosto de 1954 – Criou a Procuradoria-Geral do Estado e integrou nela a Procuradoria Fiscal; g) Decreto n° 8.507, de 13 de janeiro de 1958 – Reconduziu a Procuradoria Fiscal do Estado à Secretaria da Fazenda (integrada por seis cargos, com lotação na Secretaria da Fazenda), mantendo a competência atribuída pelo Decreto-lei n° 411/43.

[5] Conforme nota (aviso) publicada no DOE de 22 de maio de 1951.

[6] As datas iniciais de cada período correspondem, sempre, à primeira sessão realizada naquele local e as datas finais do período, correspondem à data da última sessão realizada no respectivo local, conforme publicação das pautas no Diário Oficial do Estado.

ros, tendo realizado sua última sessão, no local, em 09/07/52. A partir de 23/07/52, funcionou no 4° andar (conjuntos 42 e 45) do n° 90 (Edifício Condor) da Rua Andrade Neves, onde permaneceu até 12/08/57 e a partir de 19/08/57, passou a operar no n° 712 da Rua Duque de Caxias,[7] onde ficou até 26/05/61,[8] sendo que a partir de 23/01/59, ostenta a atual denominação – Tribunal Administrativo de Recursos Fiscais.

1.3. Competência

A competência do Conselho de Contribuintes consistia em:

a) Julgar, em segunda e última instância administrativa, os recursos[9] das decisões em matéria de cobrança ou lançamento de impostos, taxas e contribuições[10] decorrentes de leis ou regulamentos e das decisões proferidas em matéria de consulta;

b) Sugerir ao Secretário da Fazenda as providências que entendesse necessárias às boas relações entre o fisco e os contribuintes;

c) Elaborar o seu Regimento Interno;[11]

d) Requisitar os servidores necessários ao funcionamento de sua secretaria;

e) Excepcionalmente, quando entendesse aplicável julgamento por equidade,[12] encaminhar o processo, com parecer do relator nesse sentido, ao Secretário da Fazenda, para decisão.

1.4. Composição

O Conselho era composto[13] de seis conselheiros (ou seus respectivos suplentes) nomeados pelo Governador do Estado, respeitada a paridade

---

[7] Prédio que hoje não existe mais, já foi demolido.

[8] Data da última sessão registrada no n° 712 da Rua Duque de Caxias, já com a denominação de Tribunal.

[9] Os recursos de ofício tinham que ser interpostos no prazo de 10 dias, pela autoridade julgadora de primeira instância que decidisse favoravelmente ao sujeito passivo. O prazo para interposição de recurso voluntário era de 30 dias da ciência da decisão de primeira instância que não acolhera a impugnação e, se versasse sobre débito vencido, estava condicionada ao depósito prévio de 50% do valor, ou fiança idônea. A Lei n° 2.054/53 conferiu prazo em dobro (contado do vencimento do prazo de 30 dias para a interposição de recurso voluntário) para a autoridade julgadora interpor recurso obrigatório, quando a decisão fosse suscetível a ambos os recursos.

[10] É de se observar que, em razão do entendimento da época, posteriormente consolidado no art. 5° do CTN (literalmente: "Os tributos são impostos, taxas e contribuições de melhoria"), sua competência compreendia todos os tributos estaduais.

[11] Em Sessão de 10 de abril de 1951, foi aprovado o primeiro Regimento Interno do Conselho Estadual de Contribuintes do Rio Grande do Sul e foi publicado no Diário Oficial do Estado do Rio Grande do Sul, em 10 de maio de 1951.

[12] O Conselho não tinha competência para julgar por equidade, podendo, apenas, sugerir tal julgamento ao Secretário da Fazenda.

[13] Os membros do Conselho percebiam Cr$ 200,00, por sessão a que comparecessem, até o limite de Cr$ 1.000,00, por mês.

entre a representação da Fazenda Pública e a representação dos contribuintes, e de um "ministro presidente" (ou seu suplente),[14] todos com mandato de dois anos.[15]

Os três membros representantes da Fazenda Pública,[16] e seus suplentes, eram indicados pelo Secretário de Negócios da Fazenda,[17] dentre "funcionários de reconhecida competência em matéria fiscal".

Cada um dos três membros representantes dos contribuintes, e seus respectivos suplentes, era indicado em lista tríplice,[18] respectivamente, pela Federação das Associações Comerciais do Rio Grande do Sul;[19] pela Federação das Associações Rurais do Rio Grande do Sul[20] e pela Federação das Indústrias do Rio Grande do Sul.[21]

Inicialmente, o presidente e seu suplente deveriam ser indicados pelo Tribunal de Contas do Estado do Rio Grande do Sul. A partir de 1951,[22] a designação (e a dispensa) do Presidente do Conselho e do seu suplente passou a ser de livre escolha do Governador do Estado, "dentre bacharéis em direto, de reconhecida capacidade, de indiscutível idoneidade e equidistantes dos interesses dos contribuintes e do fisco".

O Conselho funcionava com cinco membros, no mínimo, e deliberava por maioria de votos, cabendo ao Presidente exclusivamente o voto de desempate.

Em 1953, foram criadas "funções gratificadas" para Chefe de Secretaria, Secretário das Sessões e Assistente da Presidência.[23]

---

[14] O primeiro Presidente do Conselho e seu suplente, designados em ato publicado no Diário Oficial de Estado, de 14/02/51, foram Moacyr Dorneles e Carlos Alberto Leão dos Reis, respectivamente.

[15] Admitida a recondução por mais um período, mediante indicação da respectiva entidade representada. A Lei n° 2.054/53 suprimiu a expressão "por mais um período".

[16] Os primeiros Conselheiros representantes da Fazenda, designados em ato publicado no Diário Oficial de Estado, de 14/02/51, foram César Couto, Manoel Marques Leite e Gervásio Kramer da Luz.

[17] A Lei n° 1.368, de 27 de dezembro de 1950, introduziu a denominação: 'Secretário de Estado dos Negócios da Fazenda'.

[18] A Lei n° 1.368, de 27 de dezembro de 1950, aumentou para quatro o número de nomes apresentados na lista de cada entidade.

[19] O primeiro Conselheiro representante da FEDERASUL, designado em ato publicado no Diário Oficial de Estado, de 14/02/51, foi Arnaldo Reinert.

[20] O primeiro Conselheiro representante da FARSUL, designado em ato publicado no Diário Oficial de Estado, de 14/02/51, foi Aramy Silva.

[21] O primeiro Conselheiro representante da FIERGS, designado em ato publicado no Diário Oficial de Estado, de 14/02/51, foi Paulo Ernesto Dohms.

[22] Por força da Lei n° 1.368, de 27 de dezembro de 1950.

[23] Lei n° 2.055, de 18 de março de 1953.

*1.5. Representação da Fazenda junto ao
Conselho Estadual de Contribuintes*

Atuava junto ao Conselho, um dos Procuradores Fiscais do Estado,[24] designado pelo Governador, com a atribuição de velar pelos interesses da Fazenda, nas questões submetidas ao Órgão.

Ao Procurador Fiscal, assim como ao contribuinte (ou seu representante), na condição de partes no processo, era facultado:

a) requerer diligências assecuratórias do interesse ou direito fiscal em causa;
b) fazer sustentação oral;
c) pedir reconsideração[25] das decisões não unânimes do Conselho.

1.6. Sessão inaugural

A primeira sessão de julgamento de que temos registro – Acórdãos nº 01 a 5/51 – CEC[26] – somente aconteceu no dia 19/09/1951,[27] sob a presidência de Moacyr Dornelles, tendo como conselheiros: Manoel Marques Leite, César Couto e Gervásio Kramer da Luz, representantes da Fazenda Pública Estadual; Arnaldo Reinert, representante da FEDERASUL, e Sebastião Montigni da Silva, representante da FIERGS. O Procurador Fiscal presente foi Luiz Moretti, e o Secretário (interino), Alberto de los Santos.[28]

2. Tribunal Administrativo de Recursos Fiscais, antes da vigência da Lei nº 6.537/73[29]

2.1. A nova denominação

A denominação – Tribunal Administrativo de Recursos Fiscais – foi determinada em 23/01/59, pelo art. 22[30] da Lei (RS) nº 3.694,[31] de 06 de

---

[24] Relativamente à Procuradoria Fiscal do Estado, ver nota nº 3.

[25] Segundo o Regimento Interno do Conselho, das decisões não unânimes, cabia pedido de reconsideração, interposto no prazo de 15 dias, pela parte vencida.

[26] CEC – Conselho Estadual de Contribuintes.

[27] Já com as alterações introduzidas na Lei nº 973/50, pela Lei nº 1.378, de 27 de dezembro de 1950.

[28] A composição do Conselho passou a aparecer completa a partir da sessão de 30/10/51, que foi a seguinte: Presidente: Moacyr Dornelles; Conselheiros: Manoel Marques Leite, César Couto e Gervásio Kramer da Luz, representantes da Fazenda Pública Estadual; Arnaldo Reinert, representante da FEDERASUL; Sebastião Montigni da Silva, representante da FIERGS, e Francisco Garcia de Garcia, representante da FARSUL. Presente o Procurador Fiscal Luiz Moretti.

[29] Sob a vigência da Lei (RS) nº 3.694, de 06 de janeiro de 1959, portanto, até 26/02/73.

[30] "Art. 22. De conformidade com o que estabelece o art. 241 da Constituição Estadual, é competente para julgamento dos processos fiscais de que trata o art. 43 em segunda e última instância, na esfera administrativa, o Tribunal Administrativo de Recursos Fiscais". Art. 43. todas as questões a que se refere o art. 1º, exceto equidade e inconstitucionalidade.

[31] A Lei nº 3.694/59 tinha como ementa: "Dispõe sobre as penalidades e processo fiscais, na esfera administrativa e dá outras providências".

janeiro de 1959, que entrou em vigor na data de sua publicação (DOE 23/01/59).

2.2. Sede

Quando da alteração da denominação (em 23/01/59), o Tribunal estava instalado no prédio nº 712 da Rua Duque de Caxias, onde funcionou até 26/05/61,[32] reiniciando as sessões de julgamento em 21/06/61,[33] no nº 1.270 (Edifício Torelly) da Rua dos Andradas, lá permanecendo até 25/11/92, quando passou para a atual sede, na Rua Andrade Neves, nº 106, 7º e 8º andares, nesta Capital.

2.3. Competência

O Tribunal tinha competência para julgar, em segunda e última instância administrativa, os litígios suscitados entre a Fazenda Estadual e os contribuintes, versando, no todo ou em parte, sobre:

a) a instituição, a incidência, o lançamento, a arrecadação, a natureza ou *quantum* da obrigação tributária;

b) isenção, redução e restituição de tributos;

c) aplicação e interpretação de leis e regulamentos fiscais em geral.[34]

Embora a competência para decidir sobre todas as questões relativas à matéria acima, tenha sido plena, não foi autorizado o julgamento por equidade, nem o exame da inconstitucionalidade de norma.

2.4. Composição

O Tribunal compunha-se de sete membros.

a) Um Presidente e seus dois suplentes (um 1º Vice-Presidente e um 2º Vice-Presidente), nomeados (e demissíveis) livremente pelo Governador do Estado, dentre bacharéis em Direito de reconhecida capacidade, de indiscutível idoneidade e equidistantes dos interesses dos contribuintes e do Fisco;

b) Três Juízes representantes do Fisco,[35] e seus suplentes, nomeados para um mandato de dois anos pelo Governador, mediante indicação do

---

[32] Data da última sessão registrada no nº 712 da Rua Duque de Caxias.

[33] Data da primeira sessão registrada no nº 1270 da Rua dos Andradas.

[34] Art. 1º da Lei nº 3.694/59.

[35] Enquanto servissem no TARF, ficavam dispensados de suas funções ordinárias, não podendo exercer qualquer outra comissão, exceto para estudo ou elaboração de trabalho técnico ou científico. Mantinham todas as vantagens do cargo de origem, além da gratificação por sessão a que comparecessem (até 15 sessões por mês).

Secretário da Fazenda, dentre funcionários da Secretaria da Fazenda de reconhecida competência em matéria de Direito Tributário e aproveitadas suas especializações;

c) Três Juízes representantes dos contribuintes (em número igual ao de representantes do Fisco) e seus respectivos suplentes, nomeados para um mandato de dois anos pelo Governador do Estado, mediante indicação em lista quádrupla (no mínimo), respectivamente, pela Federação das Associações Comerciais do Rio Grande do Sul, pela Federação das Indústrias do Rio Grande do Sul e pela Federação das Associações Rurais do Rio Grande do Sul.

2.5. Representação da Fazenda Pública Estadual junto ao Tribunal

Junto ao Tribunal oficiavam, em conjunto ou separadamente, dois Representantes da Fazenda Pública Estadual (e um suplente), de livre designação e dispensa pelo Secretário da Fazenda, dentre os Procuradores Fiscais e funcionários da Secretaria da Fazenda, bacharéis em Ciências Jurídicas e Sociais, de reconhecida competência e idoneidade e aproveitadas as suas especializações, com as seguintes atribuições e prerrogativas:

a) ter vista de todos os processos, antes da distribuição aos relatores;

b) usar da palavra, se lhe parecesse conveniente, por ocasião do julgamento;

c) pedir reconsideração, sempre que a decisão, não tendo sido unânime, lhe parecesse contrária à prova dos autos ou à lei de regência do caso;

d) levar ao conhecimento do Secretário da Fazenda qualquer inobservância das disposições da lei ou irregularidades ocorridas na primeira instância.

2.6. Sessão inaugural como Tribunal Administrativo de Recursos Fiscais – TARF

A primeira sessão de julgamento,[36] com a nova denominação, ocorreu em 27 de janeiro de 1959.[37] O Tribunal esteve composto pelos Juízes: Jonas Cunha de Carvalhosa, representante da FEDERASUL; Antônio Cândido Silveira Pires, representante da FARSUL; Hugo Berta, represen-

---

[36] O primeiro feito julgado foi o recurso de ofício nº 951/58 – CEC, de decisão que havia deferido pedido de "isenção condicionada", em que era recorrida a Sociedade de Literatura e Beneficiência (sic) de Santo Ângelo. O TARF deu provimento ao recurso, para reconhecer a imunidade, visto comprovadamente, tratar-se de 'Entidade de Educação e Assistência Social'. A decisão foi consubstanciada no Acórdão nº 95/59.

[37] Seguiram-se sessões nos dias 28 e 29/01/59, com a mesma composição.

tante da FIERGS, e Joaquim Soter, Gervásio Kramer da Luz e Mário Lucena Borges,[38] representantes da Fazenda, que participaram do julgamento de 27 recursos,[39] todos de ofício, sob a presidência de Gervásio Kramer da Luz[40] (na condição de presidente substituto, na ausência do titular – Carlos Alberto Leão dos Reis). Atuou como Representante da Fazenda junto ao Tribunal o Procurador Fiscal, Plínio Vicente Medaglia.

II – Configuração atual[41] do Tribunal Administrativo de Recursos Fiscais – TARF

1. Generalidades

O Tribunal Administrativo de Recursos Fiscais (TARF) foi criado pela Lei nº 3.694,[42] de 16 de janeiro de 1959,[43] em substituição ao Conselho Estadual de Contribuintes (CEC); atualmente é regido pela Lei nº 6.537,[44] de 27 de fevereiro de 1973; tem sede em Porto Alegre, à Rua Andrade Neves, nº 106, 7º e 8º andares,[45] e jurisdição em todo o território do Estado do Rio Grande do Sul. É órgão colegiado, que julga em segunda e última instância administrativa os litígios de natureza tributária, suscitados entre a Fazenda Pública Estadual e os sujeitos passivos de imposição tributária da competência do Estado do Rio Grande do Sul.[46]

---

[38] Mário Lucena Borges não assinou o acórdão, provavelmente não participou do julgamento para manter a paridade entre as representações, já que os juízes presentes eram em número de cinco (quatro votantes).

[39] Acórdãos de nºs 95/59 a 121/59.

[40] Segundo os registros em acórdãos da época, a composição plena do Tribunal era a seguinte: Presidente: Carlos Alberto Leão dos Reis (Vice-Presidente: Ruy Rodrigo Brasileiro de Azambuja, que tomou posse em 03/02/59) e Juízes: Gervásio Kramer da Luz, Joaquim Soter e Mário Lucena Borges, representantes da Fazenda; Hugo Berta, representante da FIERGS; Jonas Cunha de Carvalhosa, representante da FEDERASUL, e Antônio Cândido Silveira Pires, representante da FARSUL. O Representante (Defensor) da Fazenda junto ao Tribunal era Plínio Vicente Medaglia.

[41] A partir da vigência da Lei nº 6.537/73, ou seja, a partir de 27/02/73.

[42] Com suporte no art. 241 da Constituição do Estado do Rio Grande do Sul, de 1945.

[43] Publicada no DOE de 23/01/59 (data da vigência).

[44] Especialmente pelos arts. 97 a 113, com as alterações introduzidas pelas Leis nºs 8.694/88 (DOE 18/07/88); 9.481/91 (DOE 24/12/91); 9.764/92 (DOE 27/11/92); 10.582/95 (DOE 27/11/95) e 11.475/00 (DOE 02/05/00) e pelo seu Regimento Interno – Resolução TARF nº 001/2002 (DOE 23/12/2002), alterada pela resolução TARF nº 001/2009 (DOE 09/09/09).

[45] Desde a adoção da denominação Tribunal Administrativo de Recursos Fiscais, esteve instalado no prédio nº 712 da Rua Duque de Caxias, onde funcionou até 26/05/61, reiniciando as sessões de julgamento, em 21/06/61, no 6º andar do nº 1.270 (Edifício Torelly) da Rua dos Andradas, onde permaneceu até 25/11/92, quando foi transferido para o endereço atual.

[46] Mediante convênios firmados entre o Estado e os Municípios, as autoridades administrativas estaduais podem ser incumbidas, também, da apreciação e do julgamento de questões suscitadas entre a respectiva Fazenda Pública Municipal e seus contribuintes.

2. Competência[47]

Compete ao Tribunal Pleno:

a) julgar os recursos extraordinários e os pedidos de esclarecimento interpostos de suas próprias decisões;

b) propor ao Secretário de Estado da Fazenda a redução ou dispensa, por equidade,[48] de multas impostas ao sujeito passivo, nos termos da lei;

c) distribuir os juízes por Câmaras, respeitada a paridade de representação;

d) propor, às autoridades competentes, medidas de racionalização e aperfeiçoamento da legislação tributária estadual;

e) aprovar súmulas da jurisprudência do Tribunal;

f) aprovar e promover alterações no seu Regimento Interno;[49]

g) resolver questões administrativas quando propostas pelo presidente ou suscitadas por um dos juízes;

h) apreciar a justificação das faltas do presidente e dos juízes às respectivas reuniões ou sessões;

i) estabelecer dia e horário para as reuniões;

j) conceder férias e licenças ao presidente do Tribunal;

l) instituir e conferir distinções honoríficas;

m) praticar os demais atos não especificados na competência das Câmaras;

n) resolver dúvidas e omissões na aplicação do Regimento Interno do Tribunal.

---

[47] Quanto à competência do órgão julgador de segunda instância administrativa. Deve-se levar em conta que a discussão de matéria tributária na esfera administrativa decorre de opção do sujeito passivo de exigência tributária, pois este pode levar a demanda diretamente ao Poder Judiciário. Porém, eleita a opção administrativa o processo deve ser constituído e conduzido na forma da legislação específica. Os órgãos Julgadores de Segunda Instância Administrativa Tributária, obviamente, têm competência para reexaminar, em grau de recurso, decisões da primeira instância administrativa tributária, exceto casos de avocação previstos em lei, além de suas próprias decisões, em casos especiais previstos na legislação. Cada Unidade da Federação ao fixar a competência em razão da matéria e do território usa de linguagem própria, condicionando sempre, no contencioso, ao exame prévio por outro órgão administrativo tributário, por ela definido.

[48] Segundo o art. 138 da Lei nº 6.537/73, o Secretário de Estado da Fazenda, por proposição das autoridades julgadoras ou quando avocar julgamento (por não haver julgamento no Tribunal Pleno ou em Câmara) pode, atendendo às características pessoais ou materiais do caso: a) reduzir ou dispensar, por equidade, multas por infrações de natureza formal; b) reduzir, por equidade, as multas por infrações tributárias de natureza material, até o grau correspondente às privilegiadas, desde que não tenha havido dolo, fraude ou simulação.

[49] O Regimento Interno deve conter, além de outras disposições, a composição das Câmaras, assegurando a participação, em cada uma delas, de dois Juízes representantes da Fazenda.

3. Composição

O Tribunal Administrativo de Recursos Fiscais (TARF) compõe-se de oito Juízes,[50] com seus respectivos suplentes,[51] com mandato de quatro[52] anos, admitida uma recondução;[53] um Presidente;[54] um Primeiro Vice-Presidente; um Segundo Vice-Presidente e um Terceiro Vice-Presidente,[55] todos nomeados pelo Secretário de Estado da Fazenda, dentre bacharéis em Ciências Jurídicas e Sociais. Os quatro Juízes que representam a Fazenda Estadual e seus suplentes são escolhidos entre Fiscais de Tributos Estaduais[56] e os quatro Juízes que representam os contribuintes e seus respectivos suplentes[57] são indicados, em listas de seis[58] nomes, no mínimo, pela Federação das Associações Comerciais do Rio Grande do Sul – FEDERASUL –, pela Federação das Indústrias do Estado do Rio Grande do Sul – FIERGS –, pela Federação da Agricultura do Estado do Rio Grande do Sul – FARSUL – e pela Organização das Cooperativas do Estado do Rio Grande do Sul – OCERGS –,[59] respectivamente.

O Presidente e os Vice-Presidentes são de livre escolha e demissão do Secretário da Fazenda, dentre bacharéis em Ciências Jurídicas e Sociais,

---

[50] Até 31/08/88, compunha-se de seis juízes, um Presidente, um Primeiro Vice-Presidente e um Segundo Vice-Presidente. No caso de funcionamento da Câmara Suplementar, a composição do Tribunal Pleno compreenderá os juízes integrantes desta, perfazendo um total de 12 juízes.

[51] No caso de impedimento ou de impossibilidade de comparecimento a qualquer sessão, os Juízes devem providenciar, antecipadamente, junto à Secretaria do TARF, no comparecimento do respectivo suplente.

[52] Até a vigência da Lei nº 11.475/00 (DOE 02/05/00), o mandato dos Juízes, e de seus suplentes, era de dois anos, "admitida a recondução por igual período". O STF, em liminar, na ADI nº 2405 (em andamento), suspendeu a redação introduzida no art. 98 da Lei nº 6.537/73, pelo inciso IV do art. 1º da Lei nº 11.475/00, que aumentou de dois para quatro anos, o mandato dos juízes. Em razão da liminar e enquanto ela estiver em vigor, o mandato é de dois anos.

[53] Os Juízes devem permanecer no exercício de suas funções até a posse dos novos titulares, mesmo após o término de seus mandatos.

[54] O Presidente do TARF, o Presidente da Segunda Câmara, o Presidente da Câmara Suplementar e o Vice-Presidente, que exercer a Presidência do TARF ou a de qualquer das Câmaras, por dez dias consecutivos, além da gratificação por sessão, percebem, a título de representação, acréscimo de 50% sobre aquela.

[55] Atualmente, o cargo de Terceiro Vice-Presidente está vago.

[56] Atualmente, Agentes Fiscais do Tesouro do Estado. Enquanto estiverem em exercício no TARF ou em qualquer de suas Câmaras, percebem, além das gratificações a que se refere o artigo 102, todas as vantagens de seus cargos, como se no seu exercício estivessem e ficam dispensados do desempenho de suas funções ordinárias, não podendo exercer cumulativamente qualquer outra comissão, exceto para estudo ou elaboração de trabalho técnico-científico.

[57] No mínimo dois e no máximo cinco suplentes para cada Juiz.

[58] Até 26/11/92, a lista devia conter 4 nomes, no mínimo.

[59] A participação da Organização das Cooperativas do Estado do Rio Grande do Sul – OCERGS, na composição do TARF, foi determinada pelo art. 1º, XXV, da Lei nº 8.694/88 (DOE 18/07/88). A posse da sua primeira representação ocorreu em 08/09/88, quando prestaram compromisso Pery de Quadros Marzullo, como Juiz Titular (de 08/09/88 a 06/07/93) e Saleti Aimê Lucca, como suplente (de 08/09/88 a 23/03/93).

de reconhecida competência e idoneidade e equidistantes dos interesses da Fazenda Estadual e dos contribuintes.

O Plenário do TARF funciona com a presença mínima de dois terços dos seus membros,[60] e as Câmaras, com a sua totalidade, assegurada a representação paritária, e as decisões são tomadas por maioria de votos, sendo que os respectivos presidentes só têm voto de desempate.

A composição plenária atual do Tribunal é a seguinte: Presidente: Gentil André Olsson; Primeiro Vice-Presidente: Ênio Aurélio Lopes Fraga; Segundo Vice-Presidente: Fernando Dornelles Moretti; Secretário-Geral:[61] Jorge Luiz Brito Wincher; Juízes Representantes da Fazenda Estadual:[62] Antônio Ricardo Vasconcellos Schmitt, Leonardo Gafrèe Dias,[63] Paulo Fernando Silveira de Castro e Renato José Calsing; Juízes Representantes dos Contribuintes: Rafael Nichele – FIERGS –,[64] Ademir Costa Monteiro – FARSUL –,[65] Juliano Pacheco Machado – OCERGS –[66] e Dione Tertuliano Tarasconi – FEDERASUL.[67]

4. Atribuições do Presidente do Tribunal

Compete ao Presidente do Tribunal,[68] além de presidir as sessões plenárias do Tribunal e as sessões da Primeira Câmara:

a) exercer a direção do órgão;

b) representar o Tribunal;

c) aplicar sanções administrativas aos servidores do Tribunal, na forma da lei;

d) dar posse aos membros do Tribunal, recebendo os respectivos compromissos;

---

[60] Os membros do TARF têm direito a gratificação prevista em lei, por sessão a que compareçam, até o máximo, por mês, de trinta por Câmara, e de dez pelo Plenário, salvo necessidade de agilização dos julgamentos, caso em que o Presidente do TARF autoriza que o limite máximo de sessões, seja ampliado para até cinquenta sessões, por mês, em cada Câmara.

[61] Os Secretários das Câmaras e do Plenário percebem o equivalente a um quarto do valor da gratificação paga aos Juízes, por sessão que secretariem.

[62] Os atuais suplentes da representação da Fazenda são: Adalberto Cedar Kuczynski, Ivori Jorge da Rosa Machado, Nelson Reschke e Rodrigo Maciel de Souza.

[63] Atualmente em exercício na SDPI.

[64] Juízes Suplentes da FIERGS: Magda Azario Kanaan Polanczyk e Cândido Bortolini.

[65] Juízes Suplentes da FARSUL: Cilon da Silva Santos e Roney Stelmach.

[66] Juízes Suplentes da OCERGS: Nielon José Meireles Escouto e Paulo Vianna Lopes.

[67] Juiz Suplente da FEDERASUL: Rafael Padoin Nenê.

[68] No impedimento ocasional e simultâneo do Presidente e dos Vice-Presidentes, exerce a Presidência do TARF o mais antigo dos Juízes presentes ou, sendo iguais em antiguidade, dentre eles o mais idoso.

e) conceder férias e licenças aos servidores do Tribunal, bem como apreciar a justificação de suas faltas;[69]

f) solicitar ao Secretário de Estado da Fazenda os recursos materiais e humanos necessários ao regular funcionamento do Tribunal;

g) conceder férias[70] e licenças aos juízes e vice-presidentes;

h) expedir instruções e ordens de serviço;

i) atestar a efetividade dos juízes, dos defensores da Fazenda e dos servidores;

j) apresentar ao Secretário de Estado da Fazenda, anualmente, até 31 de janeiro, relatório das atividades do Tribunal;

l) oficiar ao Secretário de Estado da Fazenda, com antecedência mínima de 30 dias, comunicando o término do mandato dos membros do Tribunal e seus suplentes;

m) aprovar a realização de eventos de caráter cultural, técnico ou jurídico, de interesse do Tribunal;

n) indeferir liminarmente, após a ouvida da Defensoria da Fazenda, os recursos não previstos na legislação pertinente e no Regimento Interno do Tribunal;

o) ordenar por despacho a cobrança dos autos com prazo vencido;[71]

p) cumprir e fazer cumprir o Regimento Interno do Tribunal;

q) comunicar, ao Secretário da Fazenda, a falta de comparecimento, sem motivo justificado, de Defensor da Fazenda e do suplente, a três sessões consecutivas.

5. Atribuições do Secretário-Geral do Tribunal

Ao secretário-geral, incumbe:

a) secretariar os trabalhos do Tribunal Pleno;

b) assistir às sessões, redigir e ler as respectivas atas;

c) providenciar a pauta das sessões plenárias;

---

[69] A falta de comparecimento de qualquer Juiz a cinco sessões consecutivas ou a dez alternadas, por ano de mandato, importará, salvo motivo plenamente justificado, em renúncia tácita, devendo o Presidente comunicar o fato ao Secretário da Fazenda, para o efeito de preenchimento da vaga. Somente são consideradas plenamente justificadas, salvo motivo de força maior, as faltas comunicadas antecipadamente à instalação da reunião.

[70] Os membros do TARF têm direito a um período de férias anuais de trinta dias consecutivos, sem prejuízo de suas vantagens, inclusive os Juízes suplentes que exercerem as funções, em caráter efetivo.

[71] O não atendimento, pelos juízes, da cobrança dos autos com prazo vencido, em dez dias, implica perda da gratificação por comparecimento às sessões, enquanto não atendida a ordem (RITARF). O juiz que deixar de cumprir despacho da Presidência ordenando a cobrança de autos com prazo vencido, perde a gratificação por comparecimento às sessões, enquanto não atender à determinação.

d) encaminhar, para publicação no Diário Oficial do Estado, as pautas do Pleno e das Câmaras, e os demais atos de interesse do Tribunal;

e) subscrever as certidões autorizadas pelo presidente e pelos vice-presidentes;

f) fornecer os dados necessários ao relatório anual do Tribunal;

g) fazer a previsão dos recursos materiais e humanos necessários aos serviços administrativos do Tribunal e supervisionar a sua execução;

h) determinar as tarefas a serem executadas pelos servidores em exercício no Tribunal;

i) praticar os demais atos determinados pelo presidente do Tribunal.

6. Configuração das Câmaras do Tribunal

Integram o Tribunal, duas câmaras permanentes:

a) **A Primeira Câmara**, que é presidida pelo Presidente do TARF, é composta por dois dos Juízes representantes da Fazenda e dois dos Juízes representantes dos contribuintes;

Atualmente, a Primeira Câmara está assim constituída: Gentil André Olsson, Presidente; Antônio Ricardo Vasconcellos Schmitt e Renato José Calsing, Juízes titulares, representantes da Fazenda (Juízes suplentes: Adalberto Cedar Kuczynski, Ivori Jorge da Rosa Machado, Nelson Reschke e Rodrigo Maciel de Souza); Rafael Nichele, Juiz titular representante da FIERGS (Juízes suplentes: Magda Azario Kanaan Polanczyk e Cândido Bortolini) e Juliano Pacheco Machado, Juiz titular representante da OCERGS (Juízes suplentes: Nielon José Meireles Escouto e Paulo Vianna Lopes). A Secretária da Câmara é Ledi Maria Rossatto.

Junto à Primeira Câmara, atuam os Defensores da Fazenda Galdino Bollis e Roberto Camargo da Silva.

b) **A Segunda Câmara,** que é presidida pelo Primeiro Vice-Presidente do TARF, é composta por dois dos Juízes representantes da Fazenda e dois Juízes representantes dos contribuintes;

Atualmente, a Segunda Câmara está assim constituída: Ênio Aurélio Lopes Fraga, Presidente; Leonardo Gafrèe Dias,[72] Paulo Fernando Silveira de Castro, Juízes titulares representantes da Fazenda (Juízes suplentes: Adalberto Cedar Kuczynski, Ivori Jorge da Rosa Machado, Nelson Reschke e Rodrigo Maciel de Souza); Ademir Costa Monteiro, Juiz titular representante da FARSUL (Juízes suplentes: Cilon da Silva Santos e Roney Stelmach) e Dione Tertuliano Tarasconi, Juiz titular representante

---

[72] Atualmente em exercício na SDPI.

da FEDERASUL (Juiz Suplente da FEDERASUL: Rafael Padoin Nenê). O Secretário da Câmara é Agostinho Toniolo.

Junto à Segunda Câmara atua a Defensora da Fazenda Marcolina Maria Gerevini Dias.

c) Mediante proposta do Presidente do TARF,[73] ao Secretário de Estado da Fazenda, este pode autorizar o funcionamento de uma Câmara Suplementar,[74] que terá caráter transitório, respeitado o prazo máximo de dois anos. A Câmara Suplementar será presidida pelo Segundo Vice-Presidente do TARF e deve ser composta respeitando as mesmas regras aplicadas às permanentes, podendo ser integrada pelos membros suplentes do TARF ou por Juízes nomeados[75] e Defensores designados pelo Secretário de Estado da Fazenda, na forma prevista para os membros das câmaras permanentes.[76]

7. Competência das Câmaras

Compete às Câmaras:

a) julgar recursos voluntários, recursos de ofício, pedidos de reconsideração e pedidos de esclarecimento, interpostos de suas próprias decisões; pedidos de restituição de tributo, multa e seus acréscimos legais; pedidos de reconhecimento de isenção e outras matérias que lhe forem atribuídas por lei;

b) propor ao Secretário de Estado da Fazenda a redução ou dispensa, por equidade, de multas impostas ao sujeito passivo, nos termos da lei;

c) apreciar a justificação das faltas do seu presidente e dos seus juízes às respectivas reuniões e sessões.

8. Atribuições dos Presidentes das Câmaras[77]

Aos Presidentes das Câmaras, incumbe:

---

[73] Pela Lei nº 9.764, de 26 de novembro de 1992, foi criada Câmara Suplementar, que funcionou de 28/09/94 a 28/08/98.

[74] A Lei nº 10.582/95 (DOE 27/11/95) possibilitou a criação de uma Segunda Câmara Suplementar, pelo prazo máximo de um ano, presidida pelo Terceiro Vice-Presidente do TARF, que observadas, no mais, as regras de criação e composição da Câmara Suplementar, foi instalada em 09/05/96 e funcionou de 06/96 a 05/97.

[75] Os contribuintes são representados, na Câmara Suplementar, por Juízes indicados por duas das entidades acima referidas, que são sorteadas pelo Pleno, os quais têm como suplentes os indicados pelas outras duas entidades.

[76] Cada uma das Câmaras tem um Secretário, e o Pleno, um Secretário-Geral.

[77] A Presidência da Primeira Câmara é exercida pelo Presidente do TARF, cabendo ao Primeiro Vice-Presidente o exercício da Presidência da Segunda Câmara. O presidente do Tribunal Pleno e os presidentes das Câmaras estão sujeitos aos impedimentos aplicados aos Juízes.

a) presidir as sessões, resolver as questões de ordem e apurar as votações;

b) proferir voto de desempate;[78]

c) designar relator substituto;

d) convocar suplente de juiz;[79]

e) convocar reuniões extraordinárias;

f) distribuir os processos de acordo com o estabelecido no Regimento Interno do Tribunal;

g) requisitar as diligências aprovadas nas sessões;

h) aprovar a pauta das sessões;

i) assinar as atas das sessões;

j) assinar os acórdãos, juntamente com o relator;

l) determinar a baixa de autos de recursos definitivamente decididos;

m) determinar à secretaria respectiva a elaboração, a cada 30 dias, de relação dos autos com prazo vencido;

n) determinar a cobrança de autos com prazo vencido, de ofício ou a requerimento das partes;

o) autorizar o fornecimento de cópias reprográficas ou de certidões, quando requeridas;

p) exercer as demais funções de corregedoria.

9. Atribuições dos Juízes

Aos juízes incumbe:

a) relatar os processos que lhes forem distribuídos;

b) proferir voto, que deve ser deduzido por escrito sempre que for o primeiro divergente da decisão majoritária;

c) redigir os acórdãos de processos em que for relator ou cuja redação lhe for cometida;

d) substituir, na presidência das sessões, o presidente do Pleno ou da Câmara, quando ausentes seus substitutos legais;

e) propor, em sessão, diligências que entender necessárias à instrução processual;

---

[78] O Presidente do TARF e os Presidentes das Câmaras têm apenas o voto de desempate.

[79] Segundo o Regimento Interno, a convocação, quando feita para suprir ausência, em Câmara, de titular para reunião completa, constará de escala rotativa permanente controlada pela Secretaria Geral segundo critério de antiguidade ininterrupta na suplência, podendo deixar de ser convocado, sem obrigatoriedade de compensação posterior, aquele que, excedendo o prazo de 10 dias para a lavratura de acórdão, estiver, a critério do presidente, sobrecarregado na entrega de acórdãos à Secretaria.

f) solicitar vista de processo;

g) declarar-se impedido de participar de decisão, nos casos previstos no Regimento Interno do Tribunal;

h) apresentar sugestões de interesse do Tribunal;

i) submeter ao Pleno qualquer irregularidade de que tenha conhecimento relativamente aos serviços do Tribunal;

i) deliberar sobre matéria administrativa.

10. Impedimentos[80]

Os membros do TARF estão impedidos de discutir e votar nos processos:

a) de seu interesse pessoal ou de seus parentes até o terceiro grau, inclusive;

b) de interesse da empresa de que são diretores, administradores, sócios, acionistas, membros do Conselho Fiscal, assessores ou a que estejam ligados por vínculo profissional;

c) em que houverem proferido decisão sobre o mérito, na primeira instância.

Segundo o Regimento Interno do TARF, os juízes podem, ainda, dar-se por impedidos de atuar em feitos, por motivos de foro íntimo, mediante declaração encaminhada, por escrito, ao presidente da Câmara ou do Pleno, conforme o caso, em tempo que permita a convocação de suplente.

11. Atribuições dos Secretários das Câmaras

Aos secretários das Câmaras, incumbe:

a) secretariar os trabalhos da respectiva Câmara;

---

[80] Imparcialidade do Juízo. É pressuposto processual de validade da decisão que o julgador (juiz, conselheiro ou vogal) que a profira ou dela participe seja imparcial, que não tenha motivação para atuar no interesse de uma das partes, pois o interesse que deve prevalecer é o da justiça. Objetivamente tem-se como imparcial aquele julgador que não se enquadra em nenhum dos motivos de impedimento ou de suspeição definidos na legislação própria, tais como: a) tenha interesse pessoal no feito (DF, RS, SC, RO, MS e AL); b) seja parente, consanguíneo ou não, até o segundo grau inclusive (DF e AL); terceiro grau inclusive (RS, RO, SE, SC e GO) de quem tenha interesse no feito; c) faça ou tenha feito parte como sócio, advogado, membro da diretoria ou conselho (DF, RS, SC, AL e GO), sob vínculo permanente (RO), de pessoa jurídica que tenha interesse no feito; d) haja proferido decisão de mérito ou emitido parecer no processo (DF, RS e GO); e) tenha sido autor do procedimento fiscal (GO). Alguns regimentos estabelecem normas procedimentais da "Exceção de Suspeição" (DF, MS e PE) no caso de não haver sido espontaneamente declarado o impedimento pelo julgador. Evidentemente que ao eleger critérios objetivos de impedimento, o legislador não teve por escopo induzir a ideia de que quem julga em tais condições necessariamente é parcial. O principal motivo do impedimento, além de evitar o constrangimento íntimo do juiz, em ter que interferir em decisão que ele ou pessoas próximas tenham interesse, é o de preservar a imagem externa do julgador e do próprio juízo, pois não é suficiente que eles sejam imparciais, é importante, também, que pareçam imparciais às partes.

b) assistir às sessões, redigir e ler as respectivas atas;

c) providenciar a pauta das sessões e encaminhá-la ao secretário-geral para publicação no Diário Oficial do Estado;

d) organizar e remeter ao secretário-geral os atos da respectiva Câmara, a serem publicados no Diário Oficial;

e) executar todas as tarefas necessárias ao pleno funcionamento das Câmaras a que servirem, de acordo com as determinações do seu presidente.

12. Defesa da Fazenda Pública Estadual junto ao TARF

Cabe ao "defensor" o exame inicial do recurso interposto pela parte sucumbente e a consequente manifestação escrita (contrarrazões ou parecer), que deve compreender a análise das condições de admissibilidade do recurso e do mérito do pedido que ele contém.

Com a instauração do processo, emerge, como objeto da atividade jurisdicional, o exame de duas relações jurídicas; uma, que é a lide propriamente dita, entre o impugnante e o Estado, este na condição de pretendente do crédito tributário, que é o objeto último do processo; a outra é a relação processual que se estabelece, desde o momento inicial, entre o sujeito passivo da obrigação tributária e o Estado, este na condição de prestador da jurisdição.

A representação da Fazenda atua tanto no plano da relação de direito material, quanto no da relação jurídica processual. Quando esta apresentar algum vício, irregularidade ou omissão que a torne defeituosa ou ilegítima, este fato deve ser destacado pela defesa da Fazenda.

Compete-lhe, portanto, antes de discutir o mérito da causa, alegar como preliminares, todas as arguições admissíveis.

O juízo de admissibilidade tem por finalidade a aferição do preenchimento dos requisitos formais necessários para que o processo se constitua e tenha seguimento, atingindo, ao final, o seu objetivo, que é a solução da lide.

Segundo a legislação do Estado do Rio Grande do Sul, com o objetivo de preservar os interesses do Erário Estadual,[81] promover sua ampla defesa e estabelecer o contraditório, oficiam junto ao Tribunal e suas Câmaras,

---

[81] No País, junto aos órgãos colegiados estaduais de julgamento do contencioso tributário administrativo, atuam, como defensores dos interesses do erário público, Procuradores do Estado (CE, SE, PE, MS e DF), Procuradores Fiscais (MG, BA e SC) e "Representantes da Fazenda", "Representantes Fiscais" ou "Defensores da Fazenda" (RJ, GO, PR, SP, RO e RS). Os primeiros provêm dos quadros da respectiva Procuradoria do Estado, e o segundo grupo é oriundo dos quadros da Procuradoria Fiscal do respectivo Estado. Os demais são recrutados entre funcionários dos quadros da Secretaria da Fazenda ou Finanças (geralmente do quadro de "Fiscais", ou equivalente, ou do Departamento Jurídico da Secretaria da Fazenda) e designados para a função, pelo respectivo Secretário de Estado, por prazo indeterminado, e por ele dispensáveis *ad nutum*. Em alguns dos Estados, como o Rio de

em conjunto ou separadamente, quatro[82] Defensores da Fazenda Pública Estadual,[83] e seus suplentes,[84] designados (e demissíveis *ad nutum*) pelo Secretário de Estado da Fazenda,[85] dentre Fiscais de Tributos Estaduais, bacharéis em Ciências Jurídicas e Sociais, com as seguintes atribuições:[86]

a) ter vista e falar em todos os processos, antes de distribuídos aos relatores;

b) usar da palavra nas sessões de julgamento, na forma regimental;

c) solicitar a realização de diligências;

d) requerer à Presidência do TARF ou das Câmaras, conforme o caso, a cobrança de autos com prazo vencido;

e) prestar esclarecimentos quando solicitados pelos juízes;

f) pedir esclarecimento das decisões do Plenário ou das Câmaras, entendidas omissas, contraditórias ou obscuras;

g) interpor, ao Plenário do TARF, recurso extraordinário das decisões das Câmaras proferidas com voto de desempate de seu Presidente, quando entendê-las contrárias à legislação ou à evidência dos autos;

h) requisitar a qualquer repartição pública estadual as informações que julgar necessárias ao esclarecimento de processo de que tenham vista, as quais lhe devem ser fornecidas com a maior brevidade;

i) comunicar ao Diretor do Departamento da Receita Pública Estadual quaisquer irregularidades verificadas na instrução dos processos sob sua defesa, em detrimento da Fazenda ou do contribuinte.

Grande do Sul, a função é privativa de "Agente Fiscal de Tributos Estaduais (anteriormente, Fiscal de Tributos Estaduais), bacharel em Ciências Jurídicas e Sociais".

[82] A atual Defensoria da Fazenda junto ao TARF está assim composta: Abel Henrique Ferreira, Galdino Bollis, Marcolina Maria Gerevini Dias e Roberto Camargo da Silva.

[83] Enquanto estiverem em exercício no TARF ou em qualquer de suas Câmaras, percebem, além das gratificações recebidas pelos juízes, todas as vantagens de seus cargos, como se no seu exercício estivessem e ficam dispensados do desempenho de suas funções ordinárias, não podendo exercer cumulativamente qualquer outra comissão, exceto para estudo ou elaboração de trabalho técnico-científico.

[84] Em caso de acúmulo de serviço e por determinação expressa do secretário de Estado da Fazenda, os suplentes podem oficiar simultaneamente com os titulares.

[85] Na hipótese de funcionamento da Câmara Suplementar, e pelo prazo respectivo, oficiam mais dois Defensores da Fazenda, com dois suplentes, junto ao Plenário do TARF.

[86] No País, as atribuições do "Defensor dos interesses da Fazenda" junto aos Conselhos (AC, AM, AP, AL, SE, SC, ES, TO, BA, GO, RR, MT, MG, PR, PB, RJ e RN); Tribunais (DF, MA, MS, PA, PE, RO, RS e SP); Contencioso (CE) ou Junta (AM), definidas na legislação das diversas Unidades da Federação, podem ser agrupadas em quatro áreas de atuação: I – Atuação, no interesse da Fazenda, nos recursos interpostos pelo sujeito passivo do crédito tributário; II – Interposição dos recursos cabíveis, das decisões contrárias aos interesses da Fazenda (inclusive, procedimentos incidentais como "pedido de esclarecimento") e acompanhamento e sustentação dos recursos de ofício; III – Fiscalização da aplicação da legislação e prática de atos de instrução processual e correição; IV – Fornecimento à administração fazendária de elementos de autocrítica e sugestões capazes de proporcionar a avaliação e adequação de seu sistema normativo e operacional de fiscalização e exação.

A ausência[87] de Defensor da Fazenda às sessões não impede que o TARF, ou qualquer de suas Câmaras, delibere. Em caso de impedimento, o próprio Defensor da Fazenda deve providenciar no comparecimento do seu suplente.

13. Serviços Auxiliares

O TARF conta, para a execução de seus serviços administrativos, além de funcionários do Quadro de Pessoal Efetivo da Secretaria da Fazenda, designados, mediante ato próprio, pelo titular da Pasta Fazendária, com pessoal contratado por empresas prestadoras de serviços e estagiários, todos subordinados diretamente ao Secretário-Geral do Tribunal.[88]

14. Avocação de julgamento pelo Secretário de Estado da Fazenda

Se, por falta de *quorum*, decorrente de ausência de Juízes representantes dos contribuintes e/ou da Organização das Cooperativas do Estado do Rio Grande do Sul, o Plenário do TARF ou qualquer de suas Câmaras deixarem de se reunir por cinco sessões consecutivas, o Secretário de Estado da Fazenda pode avocar o julgamento dos processos pendentes, incluídos na pauta das sessões não realizadas, proferindo decisão irrecorrível na esfera administrativa.[89]

15. Súmulas de Jurisprudência do TARF

A condensação da jurisprudência predominante do Tribunal em súmulas[90] faz-se por proposta, de qualquer de seus integrantes, dirigida ao plenário, indicando o enunciado e instruída, pelo menos, com três decisões unânimes, de cada uma das Câmaras.

A proposta deve ser apreciada em sessão realizada, pelo menos, sete dias após sua apresentação (com distribuição de cópia da proposição aos juízes) e se aprovada por maioria absoluta de seus membros, entra em vigor na data de sua publicação no Diário Oficial do Estado.

As súmulas do Tribunal são numeradas sequencialmente e, quando aplicadas, dispensam maiores considerações a respeito da matéria.

---

[87] As férias e as licenças dos Defensores da Fazenda são concedidas pelo Secretário da Fazenda.

[88] O Tribunal conta, atualmente, com sete Técnicos do Tesouro do Estado (Jorge Luiz Brito Wincher, Ledi Maria Rossatto, Agostinho Toniolo, Laudina Maria Foletto, João Carlos Ribeiro Noronha, Leandro Moraes Bersagüi e Stela Maris de Albuquerque Fontoura), sete servidores contratados por empresas prestadoras de serviços e quatro vagas para estagiários.

[89] Norma introduzida na Lei n° 6.537/73, pelo art. 1°, XXVI, da Lei n° 8.694/88 (DOE 18/07/88).

[90] Atualmente, o Tribunal tem 19 súmulas em vigor.

Por proposta de qualquer dos integrantes do Tribunal, o enunciado de súmula pode ser alterado ou revogado, por maioria absoluta do Pleno, passando a produzir efeitos a partir da data de sua publicação no Diário Oficial do Estado.

16. Regimento Interno

Segundo a Lei nº 6.537/73, o Regimento Interno do TARF deve conter, no mínimo:

a) a distribuição proporcional dos processos a relatar, segundo a ordem cronológica da autuação;

b) a rigorosa igualdade de tratamento às partes;

c) a publicação das pautas de julgamento no Diário Oficial do Estado, com quarenta e oito horas de antecedência, no mínimo;

d) o direito de vista dos autos pelo sujeito passivo;

e) o direito de defesa oral nos recursos;

f) a realização de três sessões semanais, no mínimo, para cada uma das Câmaras e de duas mensais, no mínimo, para o Plenário;

g) a composição e a competência das Câmaras, e a competência do Plenário;

h) os requisitos essenciais de admissibilidade do recurso extraordinário com base em divergência jurisprudencial, previstos no § 1º do art. 63 da Lei nº 6.537/73.

O atual Regimento Interno do TARF foi aprovado pela Resolução TARF nº 001/2002[91] (DOE de 21/11/02).

17. A atuação do sujeito passivo junto ao Tribunal

A intervenção do sujeito passivo[92] pode ser feita diretamente ou por intermédio de procurador. Este deve ser advogado inscrito na Ordem dos Advogados do Brasil.

As pessoas jurídicas são representadas por seus dirigentes legalmente constituídos.

A intervenção de dirigentes ou procuradores não produz nenhum efeito se, no ato, não for feita a prova de que os mesmos são detentores dos poderes de representação.[93]

---

[91] Alterada pela resolução TARF nº 001/2009 (DOE 09/09/09).
[92] Em se tratando de recurso, não se pode perder de vista que só tem interesse para agir aquele que resultou vencido na decisão anterior e no limite de sua sucumbência.
[93] É lícito, porém, ao procurador que não puder apresentar junto com a defesa prova de habilitação, prestar caução "de rato".

Parte II

PRINCÍPIOS DO PROCESSO ADMINISTRATIVO TRIBUTÁRIO

— 2 —
Princípios do Processo Administrativo Tributário: o Princípio da Legalidade

RAFAEL KORFF WAGNER

Advogado tributarista, professor do curso de especialização em direito tributário da PUCRS e membro do Instituto de Estudos Tributários – IET

Sumário: 1. Introdução; 2. Conteúdo jurídico do princípio da legalidade; 3. Processo administrativo tributário *x* Princípio da legalidade; 4. Conclusão.

1. Introdução

O presente trabalho busca estudar o princípio da legalidade e sua correlação com o processo administrativo tributário.

2. Conteúdo jurídico do princípio da legalidade

Desde suas origens históricas, o Estado Democrático de Direito fundamenta-se no primado da lei, concebida como "expressão da vontade geral institucionalizada". Assim, o Princípio da Legalidade surge ante a necessidade de consentimento popular para a imposição de direitos e obrigações, consagrando o modelo liberal em sua fórmula clássica do governo de leis, e não de homens, a caracterizar o sentido impessoal e representativo do poder político. Lei não é qualquer ato de vontade emanado dos agentes públicos estatais, mas, ao revés, identifica uma peculiar espécie normativa, dotada de caráter geral e abstrato, normalmente produzida pelo órgão de representação popular, isto é, pelo Legislativo.

Nos países em que o direito se filia à tradição romano-germânica, como é o caso do Brasil, somente a lei está apta a inovar, originariamente, na ordem jurídica.

Do ponto de vista histórico, o princípio da legalidade é assim definido por Alberto Xavier:[1]

---
[1] Alberto Xavier, Os *Princípios da Legalidade* e *da Tipicidade da Tributação*, p. 6.

A verdade é que, a partir do século XI, tinha-se já definitivamente enraizado nos povos europeus a idéia de que os tributos não poderiam ser cobrados, sem que tivessem sido criados por lei; e, com efeito, o art. XII da Magna Carta, ao estabelecer que "no scutage or aid shall be imposed on our kingdom unless by the common counsel of our kingdom", limitou-se a consagrar formalmente uma regra que – mercê de uma prática reiterada – já tinha sido consuetudinariamente imposta.

E, no mesmo sentido, Luciano Amaro:[2]

> O princípio é informado pelos ideais de justiça e segurança jurídica, valores que poderiam ser solapados se à administração pública fosse permitido, livremente, decidir quando, como e de quem cobrar tributos. Esse princípio é multissecular, tendo sido consagrado, na Inglaterra, na Magna Carta de 1215, do Rei João Sem Terra, a quem os barões ingleses impuseram a necessidade de obtenção prévia de aprovação dos súditos para a cobrança de tributos (*no taxation without representation*).

Pelo comando prescritivo do artigo 5°, inciso II, da Constituição Federal de 1988, o princípio da legalidade se mostra de forma expressa, dispondo que "ninguém será obrigado a fazer ou deixar de fazer algo senão em virtude de lei".

Ainda que o art. 5°, II, da CF/88 se refira a todo o ordenamento jurídico pátrio, inclusive o tributário, sendo garantia ao cidadão de proteção de seus direitos contra abusos e arbitrariedades do poder estatal, houve por bem o legislador constituinte de, especificamente em relação ao direito tributário, reforçar tal princípio, mediante a inserção no Texto Magno, como uma das limitações ao poder de tributar, do art. 150, I, que dispõe que: "Sem prejuízo de outras garantias asseguradas ao contribuinte, é vedado à União, aos Estados, ao Distrito Federal e aos Municípios: I – exigir ou aumentar tributos sem lei que o estabeleça".

No campo tributário, historicamente, o princípio da legalidade já encontrava assento explícito em sede constitucional no texto de 1946 (art. 141, §34); bem como no art. 153, § 29, da Emenda Constitucional n. 1, de 17.10.1969.

Vê-se, da Constituição Federal vigente, que o contribuinte somente será obrigado a recolher o tributo ou cumprir com qualquer obrigação pecuniária desde que a lei assim o determine.

Portanto, verifica-se do dispositivo em questão que no Direito Tributário a lei assume relevante papel, assumindo importância maior do que em outros ramos do direito.

Isso porque o Princípio da Legalidade consiste numa limitação constitucional ao poder de tributar, segundo a qual o contribuinte, por meio de seus representantes no Parlamento, consente, ao menos em tese, com a criação, majoração ou extinção de tributos contra si exigíveis.

Acresça-se a isso o fato de que Princípio da Legalidade proporciona a garantia e a segurança conferidas ao cidadão-contribuinte em face do poder tributante dos entes federados, na medida em que se erige como

---

[2] Luciano Amaro, *Direito Tributário Brasileiro*, p. 109.

uma limitação ao poder tributante. É vedada, portanto, à Fazenda Pública (federal, estadual, municipal ou distrital) ousar cobrar validamente qualquer tributo se inexistir uma lei que a tanto a autorize.

No regime republicano, por excelência, as pessoas só devem pagar tributos no qual consentirem. Este consentimento há de ser dado por meio de lei, votada e aprovada por seus representantes no Parlamento em conformidade com a Constituição Federal. Como corolário, temos que a instituição de tributo por meio de lei realiza um dos escopos do Direito: a segurança jurídica das relações, à qual o Fisco não se subtrai.

Ao exigir lei para a instituição ou majoração de tributos, a Constituição assegura ao cidadão a segurança jurídica no sentido de que seu patrimônio somente será atingido em consequência de lei em sentido formal. E assim o é porque essa lei tem sua validade condicionada à competência do seu órgão produtor, bem como ao processo de sua elaboração que o próprio texto constitucional impõe, permitindo assim ao contribuinte a previsibilidade que lhe é necessária para a organização de suas atribuições.

Pelo princípio da reserva de lei formal, ou estrita legalidade tributária, por conseguinte, tem-se a garantia de que nenhum tributo será instituído nem aumentado exceto por meio de lei, como garantia constitucional assegurada ao contribuinte.

Nas palavras do Prof. Humberto Ávila,[3] o princípio da estrita legalidade em matéria tributária pode ser visto como um princípio ou uma regra, sendo de fundamental relevância para a ordem jurídica:

> O dispositivo constitucional segundo o qual se houver instituição ou aumento de tributo, então a instituição ou aumento deve ser veiculado por lei, é aplicado como regra se o aplicador, visualizando o aspecto imediatamente comporta mental, entendê-lo como mera exigência de lei em sentido formal para a validade da criação ou aumento de tributos; da mesma forma, pode ser aplicado como princípio se o aplicador, desvinculando-se do comportamento a ser seguido no processo legislativo, enfoca o aspecto teleológico, e concretizá-la como instrumento de realização do valor liberdade para permitir o planejamento tributário e para proibir a tributação por meio de analogia, e como meio de realização do valor segurança, para garantir a previsibilidade pela determinação legal dos elementos da obrigação tributária e proibir a edição de regulamentos que ultrapassem os limites legalmente traçados.

Em matéria tributária, tem-se que o ordenamento jurídico contempla a reserva formal da lei, mediante a fixação precisa e determinada do órgão titular competente para sua expedição; e a reserva material da lei, com a característica de ordem abstrata, geral e impessoal.

Estabelecida tal premissa, a lei em sentido formal é aquela prevista no corpo constitucional, no art. 59, incisos II e III (leis complementar e ordinária, respectivamente). Deste modo, a instituição de tributos, estabelecida no art. 150, I, da Constituição Federal de 1988 e no art. 97, incisos I a VI, do Código Tributário Nacional, somente pode-se dar-se a lei pro-

---
[3] Humberto Ávila, *Teoria dos Princípios*, p. 33.

posta, discutida e aprovada nos moldes preconizados em conformidade ao processo legislativo também previsto na Constituição.

Igualmente, reconhecer que um tributo só pode ser instituído por lei implica aceitar que somente uma outra lei, oriunda do Poder competente, poderá extingui-lo, pois não se destinando à vigência temporária, a lei terá vigor até que outra a modifique ou revogue (Lei de Introdução às normas do Direito Brasileiro, art. 2º).

Assim sendo, temos que a legalidade é o mais importante dos princípios tributários, impeditivo de que a União, Estados, Distrito Federal e Municípios criem, exijam ou majorem tributos não previstos em lei (com exceções previstas no próprio texto magno).

Como desdobramento natural do princípio, o Fisco encontra na legalidade um limite intransponível, devendo a lei tributária conter todos os elementos indispensáveis à caracterização material e formal do tributo.

O art. 146 da Magna Carta reserva à lei complementar o papel de dispor sobre conflitos de competência em matéria tributária entre a União, os Estados, o Distrito Federal e os Municípios; regular as limitações constitucionais ao poder de tributar; estabelecer normas gerais em matéria de legislação tributária, especialmente sobre definição de tributos e de suas espécies, bem como, em relação aos impostos discriminados na Constituição, a dos respectivos fatos geradores, bases de cálculo e contribuintes; obrigação, lançamento, crédito tributário, prescrição e decadência; adequado tratamento tributário ao ato cooperativo praticado pelas sociedades cooperativas. Não se esgotam, nestes itens, todavia, o leque constitucional reservado à lei complementar, pois por força do art. 154, I, do Diploma Maior, a criação de novos tributos só poderá ocorrer por referida modalidade normativa (competência residual da União). Ademais, só podem ser instituídos por lei complementar empréstimos compulsórios (art. 148), o imposto sobre grandes fortunas (art. 153, VII), além de outras fontes alternativas destinadas à manutenção ou expansão de seguridade social (art. 195, § 4º).

Em conclusão, a Lei Maior confere ao contribuinte o direito subjetivo de submeter-se somente àquelas exigências tributárias legalmente constituídas. Somente pela lei é que surge a imposição normativa e o dever de adimplir o pagamento do tributo. Deste modo, é forçoso reconhecer que o princípio da legalidade é, de fato, corolário do primado da segurança jurídica, pois mantém contido na cela constitucional a avidez fiscal do Estado.

3. Processo administrativo tributário x Princípio da legalidade

Consoante explicitado, o princípio da legalidade legitima todo o agir tributário, de forma a estabelecer o caráter objetivo e impessoal da autoridade administrativa que atua no processo administrativo-fiscal. Por conseguinte, a autoridade administrativa é obrigada a observar e agir em conformidade com as normas jurídicas que disciplinam e instrumentalizam sua atuação e que estabelecem a relação jurídica entre Fisco e contribuinte.

Ao conceituarmos o processo administrativo tributário, podemos afirmar ser o mesmo uma sucessão de atos para atingir determinado fim, a saber, o controle de legalidade do lançamento fiscal em sede administrativa. Sua finalidade é pôr fim ao litígio entre a administração e o contribuinte após a apresentação da impugnação administrativa.

A conceituação de "processo administrativo tributário" parte da premissa de que o termo "processo", em sentido jurídico, seja ele administrativo ou judicial, como gênero, pode ser definido como a sucessão ordenada de formalidades, seguindo prazos estabelecidos tendentes à prática ou à execução de um ato da autoridade pública.

O processo é, assim, instrumento indispensável a que o direito atinja os fins a que se destina, sendo o processo administrativo tributário, por sua vez, aquele conjunto de atos para regular a situação que envolve a atuação da administração pública e o contribuinte, do qual participam os órgãos da administração judicante que são encarregados de proferir uma determinada decisão.

Desta forma, processo administrativo seria a sequência de atos que se põem de forma ordenada para que se obtenha uma decisão administrativa. Como traço caracterizador do processo administrativo vislumbra-se a existência de uma controvérsia suscitada pelo administrado a ser resolvida no âmbito da administração.

Nesse sentido, o processo administrativo é um instrumento para a realização de uma ordem jurídica justa dentro da Administração Pública; e, por isso mesmo, deve obedecer a determinados procedimentos cujas garantias individuais dos cidadãos estejam presentes, dentre esses, o respeito e a observância ao Princípio da Legalidade.

Assim, *ultima ratio*, destina-se o processo administrativo a aferir a correta aplicação da lei tributária, realizando o controle da legalidade do lançamento fiscal em sede administrativa.

Com muita propriedade, Rui Barbosa Nogueira[4] pontifica:

---

[4] NOGUEIRA, Rui Barbosa. O processo administrativo tributário: o lançamento, o auto de infração e o procedimento contencioso. A consulta. As instâncias administrativas fiscais. *Revista dos Tribunais*, v. 230, p. 3, 1954.

O processo é a forma de exame das possíveis obrigações e, como elas, igualmente regulado por lei, e, por isso mesmo, a própria forma de proceder também constitui um direito assegurado às partes. Para que a solução não venha ser errada ou resulte injustiça, a lei prevê um método, uma certa ordem. O processo fiscal é, pois, um ordenamento do modo de proceder para que tanto a imposição como a arrecadação e fiscalização sejam feitas na medida e na forma previstas na lei.

Segundo pontificado pela Profª. Odete Medauar,[5] a finalidade maior do processo administrativo tributário é a realização da justiça, podendo-se-lhe atribuir, ainda, a finalidade de funcionar como: a) garantia do administrado; b) meio para melhoria do conteúdo das decisões administrativas; c) instrumento para legitimação do poder; d) modo de controle interno da função administrativa; e) instrumento de aproximação entre administração e o contribuinte; f) modo de sistematização da atuação administrativa, além da finalidade de facilitar o controle externo da administração.

Ou seja, o processo administrativo tributário possui a finalidade de funcionar como meio de controle do ato administrativo e de aplicação da lei tributária pela administração, após a realização do lançamento fiscal.

Sendo a finalidade do processo administrativo tributário o deslinde de uma controvérsia entre a administração e o administrado no âmbito da própria administração, o mesmo funciona como um instrumento de garantia de defesa dos administrados em face da própria administração.

Entendemos, assim, que o processo administrativo tributário tem como finalidade o controle da legalidade e da legitimidade do lançamento, sendo sua finalidade precípua a de funcionar como garantia do administrado, no caso específico do contribuinte, de se defender contra qualquer ato da administração em matéria tributária que não se amolda aos preceitos legais.

Através do processo administrativo tributário, portanto, faz-se valer o princípio maior da legalidade, de forma a tornar a administração menos autoritária e mais disciplinada na sua atuação.

4. Conclusão

Diante do exposto, concluímos que o processo administrativo tributário serve como instrumento de controle da legalidade do lançamento fiscal no âmbito da administração, constituindo-se em relevante mecanismo de garantia do contribuinte contra abusos do poder estatal em matéria tributária.

---

[5] MEDAUAR, Odete. *A processual idade no Direito administrativo*. São Paulo: Revista dos Tribunais, 1993. p. 61-69.

— 3 —
Princípio do devido processo legal, do contraditório e da ampla defesa

JAMES MARINS

Professor Titular da Pontifícia Universidade Católica do Paraná no Programa de Mestrado e Doutorado em Direito Econômico e Social, Professor licenciado de Direito Processual Civil da PUC-SP, Pós-Doutor em Direito do Estado pela Universidade de Barcelona (ES), Doutor em Direito do Estado pela PUC-SP, Presidente do Instituto Brasileiro de Procedimento e Processo Tributário, Advogado em Curitiba – Paraná, Brasil.

Sumário: 1. Noções introdutórias; 2. Princípios do Procedimento e do Processo Administrativo; 2.1. Quadro de princípios; 3. Princípios do Processo Administrativo Tributário; 3.1. Princípio do devido processo legal; 3.2. Princípio do contraditório; 3.3. Princípio da ampla defesa; 3.4. Princípio do duplo grau de cognição; 3.5. Princípio do julgador competente; Referências bibliográficas.

1. Noções introdutórias

Assim como ocorreu nos países europeus e em diversos países latino-americanos no campo da denominada "justiça administrativa",[1][2] o sistema brasileiro de solução administrativa das lides tributárias é fruto de lenta evolução legislativa que vem tendendo, de forma desordenada e tímida, à edição de normas especificamente voltadas ao *Processo Admi-*

---

[1] Consulte-se nosso *Direito Processual Tributário Brasileiro - Administrativo e Judicial*, 5ª ed., São Paulo: Dialética, 2010, especialmente o Capítulo 5 (Princípios do Procedimento e do Processo Administrativo Tributário), p. 135-178, que condensamos e atualizamos para a presente publicação.

[2] Cf. na doutrina estrangeira: Eduardo García de Enterría, *Hacia una Nueva Justicia Administrativa*, 2ª ed., Madrid: Civitas, 1989, p. 73 e 74; Vera Parisio (coord.). *Il Ruolo della Giustizia Amministrativa in uno Stato Democratico*, Milão: Giuffrè, 1999; Javier Barnes Vazquez (coord.). *La Justicia Administrativa en el Derecho Comparado*, Madrid: Civitas, 1993; Sergio Trovato, *Lineamenti del Nuovo Processo Tributario*, Padova: Cedam, 1996, p. 2; Francesco Tesauro, *Lineamenti del Processo Tributario*, República de San Marino: Maggioli, 1991, p. 61 e 62. Cf. também, do mesmo autor *Istituzioni di Diritto Tributário*, cit., p. 292 e 293; Ferreiro Lapatza, *Curso de Derecho Financiero Español*, 18ª ed., Madrid: Marcial Pons, 1996, p. 521-541; Vicente Oscar Díaz, *Principio de Seguridad Jurídica en los Procesos Tributarios*, Buenos Aires: Depalma, 1994, p. 56; Carlos M. Giuliani Fonrouge e Susana Camila Navarrine, *Procedimiento Tributario*, Buenos Aires: Depalma, 1992, p. 747.

nistrativo – o que se observa especialmente pela edição da Lei nº 9.784/99 – sem que, no entanto, se verifique o necessário empenho na criação de norma geral (nacional) que regulamente a matéria de forma ampla e sistemática. Subsistem entre nós as normas processuais existentes na Constituição Federal de 1988, no Código Tributário Nacional, no Decreto nº 70.235/72, na Lei nº 9.784/99 (LGPAF) e nas legislações estaduais e municipais. É notável que especificamente no campo da tributação o surgimento do Processo Administrativo brasileiro remonte de 1889, mas sua revigoração constitucional dê-se somente a partir da Constituição Federal de 1988 que consagrou o Processo Administrativo como garantia fundamental, individual do cidadão e informado pelos princípios do contraditório e da ampla defesa (art. 5º, LV).[3][4]

---

[3] Sobre a evolução constitucional brasileira especificamente em relação ao chamado *contencioso administrativo*, consulte-se o estudo de Marisa Zandonai Moreira, "Conselhos de Contribuintes e Recursos Fiscais no Estado do Paraná", *Processo Tributário – Administrativo e Judicial* (coord. James Marins e Gláucia Vieira Marins), Curitiba: Juruá, 2000, p. 93-99.

[4] Há, no Brasil, valiosa contribuição para o estudo do Processo Administrativo Tributário, podendo ser destacados, entre outros trabalhos, os seguintes: MACHADO, Hugo de Brito. Aspectos do direito de defesa no processo administrativo tributário. *Revista Dialética de Direito Tributário*, São Paulo, n. 175, p. 106-116, abr. 2010; MARTINS, Ives Gandra da Silva, *Processo Administrativo Tributário*. 2. ed. São Paulo: RT, 2002; SILVA, Vládia Pompeu. A concomitância entre o processo administrativo e judicial e a configuração da renúncia à via administrativa: uma análise dos efeitos oriundos de ações coletivas. *Revista Dialética de Direito Tributário*, São Paulo, n. 186, p. 102-109, mar. 2011; MORAES, Suzane de Farias Machado. Alguns aspectos do processo administrativo fiscal. *Revista Dialética de Direito Tributário*, São Paulo, n. 95, p. 125-134, ago. 2003; MARTINS, Natanael; DI PIETRO, Juliano. A ampla defesa e a inconstitucionalidade no processo administrativo: limites da portaria nº 103/2002. *Revista Dialética de Direito Tributário*, São Paulo, n. 103, p. 98-117, abr. 2004; BOITEUX, Fernando Netto. Aspectos (pouco examinados) do processo administrativo fiscal. *Revista Dialética de Direito Tributário*, São Paulo, n. 119, p. 33-46, ago.2005; MACHADO, Hugo de Brito. Conferência secreta no processo administrativo fiscal. *Revista Dialética de Direito Tributário*, São Paulo, n. 110, p. 41-45, nov. 2004; CARNEIRO, Daniel Zanetti Marques. Considerações sobre a prova emprestada no processo administrativo fiscal. *Revista Dialética de Direito Tributário*, São Paulo, n. 153, p. 29-37, jun. 2008; BOTTALLO, Eduardo Domingos. *Curso de processo administrativo tributário*. São Paulo: Malheiros, 2006; JANCZESKI, Célio Armando. Da duração razoável do processo administrativo fiscal e seus reflexos na prescrição intercorrente e na fluência dos juros de mora. *Revista Dialética de Direito Tributário*, São Paulo, n. 171, p. 18-27, dez. 2009; XAVIER, Alberto. Da inconstitucionalidade da exigência de garantia como condição de admissibilidade de recursos no processo administrativo em geral e no processo administrativo fiscal em particular. *Revista Dialética de Direito Tributário*, São Paulo, n. 101, p. 7-35, fev. 2004; MURBACH, Juliano Huck. Da nulidade de execução fiscal lastreada em certidão de dívida ativa constituída sem o exaurimento de processo administrativo. *Revista Dialética de Direito Tributário*, São Paulo, n. 151, p. 67-73, abr. 2008; DABUL, Alessandra. *Da prova no processo administrativo tributário*. Curitiba: Juruá, 2004; MACHADO, Schubert de Farias. A decisão definitiva no processo administrativo tributário e o ingresso da Fazenda Pública em juízo. *Revista Dialética de Direito Tributário*, São Paulo, n. 76, p. 102-118, jan. 2002; CÔELHO, Sacha Calmon Navarro; DERZI, Misabel Abreu Machado. Denúncia penal antes do término do processo administrativo tributário-impossibilidade. *Revista Dialética de Direito Tributário*, São Paulo, n. 118, p.119-139, jul/2005; ROCHA, Sérgio André. Duração razoável do processo administrativo fiscal. *Revista Dialética de Direito Tributário*, São Paulo, n. 142, p. 74-86, jul. 2007; TAVARES, Alexandre Macedo. As vias de repressão dos contribuintes (Procedimento Administrativo e Processo Penal) sob o prisma da garantia do *non bis in idem*. *Revista Dialética de Direito Tributário*, São Paulo, n. 138, mar. 2007; FISCHER, Octavio Campos. Recurso hierárquico e devido processo constitucional: o processo administrativo tributário não pertence à administração pública!. *Revista Dialética de Direito Tributário*, São Paulo, n. 141, p. 127-142, jun. 2007. FEITOSA, Celso Alves. A questão da prescrição intercorrente no processo administrativo fiscal. *Revista Dialética de Direito Tributário*. São

Esta nova dimensão constitucional assume proporções que ainda não foram adequadamente assimiladas em nosso sistema, *cumprindo à doutrina reescrever o Direito Processual Administrativo – e em particular em sua vertente processual tributária – a partir dessas cláusulas.*

2. Princípios do Procedimento e do Processo Administrativo

Afigura-se visível a linha divisória entre o procedimento e o Processo Administrativo Tributário, e é a partir da identificação dos primados que governam cada campo que se tornam mais palpáveis as diferenças entre seus regimes jurídicos.

Como não há uniformidade doutrinária sobre os conjuntos de princípios do procedimento e do processo, torna-se necessário envidar esforço aglutinador das diversas classificações propostas com o objetivo de isolar, ora para o procedimento, ora para o processo, o cerne doutrinário de seu regime lógico-jurídico.

Do ponto de vista dogmático, embora o Código Tributário Nacional e o Decreto nº 70.235/72 não tenham adotado de forma expressa um sistema de princípios do procedimento e do processo, o advento da Lei nº 9.784, de 29 de janeiro de 1999 (Lei Geral do Processo Administrativo Federal – LGPAF), inseriu no sistema importante referencial principiológico de Direito positivo ao elencar os princípios, critérios, direitos e deveres informativos do Processo Administrativo no âmbito federal.[5]

Paulo, n. 94, p. 18-21, jul. 2003; MACHADO, Raquel Cavalcanti Ramos. A prova no processo tributário – presunção de validade do ato administrativo e ônus da prova. *Revista Dialética de Direito Tributário*, São Paulo , n. 96 , p. 77-88, set./2003; SAVARIS, José Antonio. O processo administrativo fiscal e a lei 9.784/99. *Revista Dialética de Direito Tributário*, São Paulo, n. 94, p. 79-97, jul. 2003; MACHADO, Tiziane. O processo administrativo fiscal – a responsabilidade do julgador e a intimação do contribuinte. *Revista Dialética de Direito Tributário*, São Paulo, v. 97, p. 96-103, out. 2003. MARTINS, Ives Gandra da Silva. Processo administrativo: decisão que anula outra anterior, com base na Lei Complementar – irretroatividade da Lei Ordinária. *Revista Dialética de Direito Tributário*, São Paulo, n. 171, p. 165-185, dez. 2009; CASTARDO, Hamilton Fernando. *Instituições de processo administrativo fiscal*. Campinas: Apta, 2004. BITTAR, Djalma. Prescrição intercorrente em processo administrativo de consolidação do crédito tributário. *Revista Dialética de Direito Tributário*, São Paulo, n. 72 , p. 18-22, set. 2001; PIMENTA, Marcos Rogério Lyrio. A prescrição intercorrente no processo administrativo tributário. *Revista Dialética de Direito Tributário*, São Paulo, n. 71 , p. 119-126, ago. 2001. XAVIER, Alberto. *Princípios do processo administrativo e judicial tributário*. Rio de Janeiro: Forense, 2005; PINTO, Adriano. Processo administrativo – recurso hierárquico. *Revista Dialética de Direito Tributário*, São Paulo, n. 92, maio 2003; SALOMÃO, Marcelo Vieira (coord.), *Processo Administrativo Tributário: federal e estadual*. São Paulo: MP, 2005; MUSSOLINI JÚNIOR, Luiz Fernando. *Processo Administrativo Tributário – das decisões terminativas contrárias à Fazenda Pública*. 3. ed. Barueri: Manole, 2003; MARINS, James Marins. *Processo Administrativo Tributário: aspectos sobre a prova*. Curitiba: Champagnat. v. 3, n. 1, p. 41-70, 2000; XAVIER, Alberto. *Teoria Geral do Ato do Procedimento, do Processo Tributário*, Rio de Janeiro: Forense, 1998; CASTRO, Alexandre Barros, *Procedimento Administrativo Tributário*, São Paulo, 1996; SEIXAS FILHO, Aurélio Pitanga, *Princípios Fundamentais do Direito Administrativo Tributário – a Função Fiscal*, Rio de Janeiro, 1996; MARINS, James; MARINS, Gláucia Vieira (coord.), *Processo Tributário – Administrativo e Judicial*, Curitiba: Juruá, 2000.

[5] O procedimento e o Processo Fiscal federal rege-se especificamente pelo Decreto nº 70.235/72, que não elencou expressamente princípios vetores. No entanto, a Lei nº 9.784/99 (Lei Geral do Processo

Além disso, por se tratar de atividade administrativa *lato sensu*, tal regime deverá considerar os primados constitucionais do Direito Administrativo que lhes sejam aplicáveis, como os previstos no art. 37 da Constituição Federal de 1988 com a redação da Emenda Constitucional nº 19/98 (*postulados da legalidade, finalidade, razoabilidade, proporcionalidade, motivação, impessoalidade, publicidade, moralidade, responsabilidade e eficiência*).

No campo *processual* administrativo, além dos princípios gerais que governam a Administração Pública, projetam-se constitucionalmente normas valiosas e de incisivo alcance, que fazem expressas *as garantias inerentes à* "autoridade julgadora competente", "devido processo legal" e à "ampla defesa", *cláusulas constitucionais consagradas respectivamente no art. 5º, incisos LIII, LIV e LV, da CF/88 e que galvanizam os princípios fundamentais da liberdade e da propriedade, pilares fundamentais do Estado de Direito que estão profundamente permeados aos assuntos relativos à tributação.*

A principal dificuldade, no entanto, circunscreve-se à tarefa de discernir entre os princípios próprios do procedimento e os princípios próprios do processo. A doutrina de Direito Administrativo e de Direito

Administrativo Federal – LGPAF) que se aplica a todos os Processos Administrativos no âmbito federal trouxe grande gama de premissas que foram denominadas ora de *princípios*, ora de *critérios*, ora de *direitos e deveres*, sempre com o escopo declarado de *proteção dos direitos dos administrados* e para o *melhor cumprimento dos fins da Administração*. Como princípios, reafirma no art. 1º os princípios constitucionais da legalidade, finalidade, motivação, razoabilidade, proporcionalidade, moralidade, ampla defesa, contraditório, segurança jurídica, interesse público e eficiência, que devem presidir a atuação da Administração Pública. São os seguintes os critérios (incs. I a XIII do parágrafo único do art. 2º da LGPAF): I – atuação conforme a lei e o Direito; II – atendimento a fins de interesse geral, vedada a renúncia total ou parcial de poderes ou competências, salvo autorização em lei; III – objetividade no atendimento do interesse público, vedada a promoção pessoal de agentes ou autoridades; IV – atuação segundo padrões éticos de probidade, decoro e boa-fé; V – divulgação oficial dos atos administrativos, ressalvadas as hipóteses de sigilo previstas na Constituição; VI – adequação entre meios e fins, vedada a imposição de obrigações, restrições e sanções em medida superior àquelas estritamente necessárias ao atendimento do interesse público; VII – indicação dos pressupostos de fato e de direito que determinarem a decisão; VIII – observância das formalidades essenciais à garantia dos direitos dos administrados; IX – adoção de formas simples, suficientes para propiciar adequado grau de certeza, segurança e respeito aos direitos dos administrados; X – garantia dos direitos à comunicação, à apresentação de alegações finais, à produção de provas e à interposição de recursos, nos processos de que possam resultar sanções e nas situações de litígio; XI – proibição de cobrança de despesas processuais, ressalvadas as previstas em lei; XII – impulsão, de ofício, do Processo Administrativo, sem prejuízo da atuação dos interessados; XIII – interpretação da norma administrativa da forma que melhor garanta o atendimento do fim público a que se dirige, vedada aplicação retroativa de nova interpretação. São os seguintes os *direitos dos administrados* (art. 3º): I – ser tratado com respeito pelas autoridades e servidores, que deverão facilitar o exercício de seus direitos e o cumprimento de suas obrigações; II – ter ciência da tramitação dos Processos Administrativos em que tenha a condição de interessado, ter vista dos autos, obter cópias de documentos neles contidos e conhecer as decisões proferidas; III – formular alegações e apresentar documentos antes da decisão, os quais serão objeto de consideração pelo órgão competente; IV – fazer-se assistir, facultativamente, por advogado, salvo quando obrigatória a representação, por força de lei. São os seguintes os *deveres dos administrados* (art. 4º), que, como se verá mais adiante, expressam o *dever de colaboração* do indivíduo para com a Administração: I – expor os fatos conforme a verdade; II – proceder com lealdade, urbanidade e boa-fé; III – não agir de modo temerário; IV – prestar as informações que lhe forem suscitadas e colaborar para o esclarecimento dos fatos.

Tributário, ao deixar de traçar a linha divisória entre esses dois campos, mais do que dar azo a mero problema terminológico, dificulta a compreensão das peculiaridades inerentes a regimes jurídicos necessariamente distintos.

Tão formidável é a dificuldade científica de definição do núcleo lógico da disciplina, que se recolhe na doutrina de Direito Administrativo e de Direito Tributário cinquenta e um princípios informativos do procedimento e do Processo Administrativo:[6][7] acessibilidade aos elementos do

---

[6] Entre os administrativistas encontramos no Brasil vários conjuntos principiológicos nas obras de Celso Antônio Bandeira de Mello, Hely Lopes Meirelles, Lucia Valle Figueiredo, Odete Medauar e Romeu Felipe Bacellar Filho, evidenciando a existência de diversidade de tratamento classificatório em que não aparece com clareza a linha distintiva entre o regime procedimental e o processual. Com efeito, Celso Antônio identifica no ordenamento positivo brasileiro onze primados aplicáveis ao "procedimento administrativo": audiência do interessado; acessibilidade aos elementos do expediente; ampla instrução probatória; motivação; revisibilidade; representação e assessoramento; lealdade e boa-fé; verdade material; oficialidade; gratuidade; informalismo. Destaca o autor que os oito primeiros aplicam-se a todos os tipos de procedimentos, enquanto os princípios da oficialidade e da gratuidade não se aplicam obrigatoriamente aos procedimentos ampliativos de Direito provocados pelos particulares. Aos procedimentos concorrenciais não se aplica o princípio do informalismo (ob. cit., p. 361). Para Hely Lopes Meirelles, o Processo Administrativo está sujeito a cinco princípios de observância constante: legalidade objetiva; oficialidade; informalismo; verdade material e garantia de defesa (ob. cit., p. 615 e 616). Lucia Valle Figueiredo identifica seis "princípios *peculiares* ao procedimento administrativo: verdade material; oficialidade, com limites; indisponibilidade; informalismo a favor do administrador; economia processual e gratuidade" (*Curso de Direito Administrativo*, cit., p. 284). Odete Medauar refere-se ao fato de que "o rol dos princípios do processo administrativo varia de autor para autor" e aponta como "núcleo comum" os princípios do contraditório, da ampla defesa, da oficialidade, da verdade material e do formalismo moderado (*A Processualidade no Direito Administrativo*, cit., p. 95 e ss.). Romeu Felipe Bacellar Filho propõe o exame dos "princípios constitucionais da Administração Pública aplicados ao processo administrativo disciplinar": legalidade; formalismo moderado; oficialidade; impessoalidade; moralidade (lealdade e boa-fé); publicidade; informação dos atos processuais (certidão, vista e informação); motivação dos atos processuais e eficiência. Além disso também examina os demais princípios do Processo Administrativo disciplinar: devido processo legal; contraditório; ampla defesa, juiz natural (ob. cit., p. 155 e ss. e 199 e ss.).

[7] Entre os tributaristas que examinam o sistema brasileiro recolhemos expressiva amostragem dos diversos conjuntos de princípios do procedimento e do Processo Tributário em textos de Paulo de Barros Carvalho, Alberto Xavier, Geraldo Ataliba, Aurélio Pitanga Seixas Filho e Mary Elbe Queiroz Maia, nos quais se evidencia a necessidade de uniformização doutrinária que deve partir, antes de mais nada, da diferenciação entre procedimento e Processo Fiscal. Senão, vejamos: Paulo de Barros Carvalho identifica os seguintes primados a governar o *iter* processual: princípio da legalidade objetiva; princípio da oficialidade; princípio do informalismo a favor do interessado; princípio do devido processo; princípio da contradição; e outros, *exteriores ao procedimento*: caráter escrito do procedimento; ausência de custas; rapidez, simplicidade e economia (*Processo...*, cit., p. 282 e ss.). Alberto Xavier refere-se aos "princípios fundamentais do procedimento administrativo de lançamento": verdade material; dever de investigação da Administração; dever de colaboração dos particulares; imparcialidade do Fisco; ampla defesa: contraditório, devido processo legal, fundamentação expressa (*Do Lançamento...*, cit., p. 113 e ss.). Geraldo Ataliba, ainda por ocasião da Emenda Constitucional nº 7/77, examinou os "princípios retores do contencioso fiscal da União", referindo-se aos seguintes: ampla defesa; igualdade das partes; lealdade processual; celeridade e economia processual; dever de sigilo e veracidade; ampla competência decisória; responsabilidade funcional e processual; ausência de garantia de instância; gratuidade; definitividade; supletividade das leis civis e penais. Posteriormente, em aula dedicada aos princípios constitucionais do processo e do procedimento em matéria tributária, e já tendo em conta o texto da Constituição de 1988, Ataliba destaca os princípios da legalidade, impessoalidade, indisponibilidade do interesse público, responsabilidade do Estado e de seus agentes, verdade material e informalismo a favor do acusado, direito de petição, documentação, autotutela, publicidade e ampla defesa (Geraldo Ataliba, "Princípios Constitucionais do Processo e

expediente; ampla competência decisória; ampla defesa; ampla instrução probatória; audiência do interessado; ausência de custas; ausência de garantia de instância; autotutela; caráter escrito do procedimento; celeridade; cientificação; contraditório; definitividade; dever de colaboração dos particulares; dever de investigação da Administração; dever de sigilo e veracidade; devido processo legal; direito de petição; discricionariedade; documentação; duplo grau de cognição; economia processual; eficiência; formalismo moderado; fundamentação expressa; garantia de defesa; gratuidade; igualdade das partes; imparcialidade do Fisco; impessoalidade; indisponibilidade do interesse público; informação dos atos processuais; informalismo a favor do acusado; inquisitoriedade; juiz natural; lealdade e boa-fé; lealdade processual; legalidade; legalidade objetiva; moralidade; motivação dos atos processuais; oficialidade; publicidade; representação e assessoramento; responsabilidade do Estado e de seus agentes; responsabilidade funcional e processual; revisibilidade; segurança jurídica, simplicidade; verdade material e vinculação.

O elevado número de princípios dificulta a lapidação do *sistema procedimento-processo administrativo*, sobretudo tendo-se em conta o fato de que, em geral, o elenco de princípios feito pela doutrina não observa a necessária diferença entre procedimento e processo. O princípio da ampla defesa, por exemplo, ora aparece como informativo do "procedimento administrativo", ora como princípio diretor do "Processo Administrativo", ensejando irremediável distorção na natureza jurídica dos institutos. Ao adotarmos o critério da lide (ou da "litigiosidade administrativa"), poderemos identificar, com precisão, quais as premissas aplicáveis à atividade administrativa procedimental, enquanto o procedimento se apresente como pressuposto objetivo para a validade do ato administrativo e quais aquelas aplicáveis à atividade administrativa processual, isto é, atividade voltada para a solução de lide formalizada perante os órgãos competentes da Administração.

Como foi visto, na atividade administrativa fiscal, o domínio procedimental vai desde a fiscalização até a formalização da pretensão do Estado através do *ato administrativo de lançamento* ou de aplicação de penalidades e o campo processual terá início somente com a resistência formal do contribuinte a essa pretensão através da impugnação administrativa aos termos do ato de lançamento ou de aplicação de penalidade.

Procedimento em Matéria Tributária", *Revista de Direito Tributário* 46/118, esp. p. 119). Aurélio Pitanga Seixas Filho examina o que denomina de "princípios que regem a função do Fisco": legalidade; legalidade objetiva (imparcialidade); legalidade objetiva (oficialidade); discricionariedade; verdade material: dever de investigar (*Princípios Fundamentais do Direito Administrativo Tributário – a Função Fiscal*, Rio de Janeiro, Forense, 1995, p. 9 e ss.). Mary Elbe Queiroz Maia, ao examinar os aspectos jurídicos referentes à execução e controle do lançamento tributário, identifica os seguintes "princípios informadores da atividade administrativo-tributária": legalidade; verdade material; inquisitoriedade; oficialidade (*Do Lançamento Tributário – Execução e Controle*, São Paulo: Dialética, 1999, p. 99).

A atividade administrativa fiscalizadora e lançadora de tributos não é, em rigor, etapa litigiosa, e seu regime jurídico – marcado pelo princípio da inquisitoriedade – estabelece menor número de amarras à Administração fiscal. Isso porque ao dever de fiscalização cometido à Administração corresponde a obrigação do contribuinte de suportá-la, desde que realizada dentro dos estritos parâmetros legais.

Realizado o procedimento fiscalizatório ou apuratório e formalizado, o ato de lançamento, que pode vir no bojo de auto de infração, estabelece-se pretensão fiscal sobre a esfera patrimonial do contribuinte e abre-se a oportunidade de resistência a essa pretensão através da impugnação administrativa ao ato de lançamento que, quando tempestivamente formalizada, instala a lide administrativa e enseja o início da etapa processual.

Essa etapa administrativa processual, por conter a litigiosidade administrativa, submete-se ao regime jurídico de processo, com todas as suas garantias de raiz constitucional.

Há, naturalmente, *premissas comuns* ao procedimento e ao processo, como os primados da legalidade objetiva, da verdade material, do dever de investigação da Administração, do dever de colaboração do administrado e da oficialidade, mas existem relevantes implicações dessa transformação do *procedimento de lançamento* em *processo de julgamento administrativo* que podem ser vislumbradas comparativamente quando se isola – à luz do critério da lide – a gama de *princípios próprios do procedimento,* como o princípio da inquisitoriedade, o princípio da cientificação, o princípio do formalismo moderado, o princípio da fundamentação, o princípio da acessibilidade, o princípio da celeridade e o princípio da gratuidade e pode o estudioso contrastá-los com outra gama de *princípios que são próprios do processo,* como o princípio do devido processo legal, o princípio do contraditório, o princípio da ampla defesa, o princípio do duplo grau de cognição, o princípio da ampla competência decisória, o princípio da ampla instrução probatória, o princípio do julgador competente.

As diferenças entre o grupo de princípios aplicável definem a diferença da natureza jurídica da ação estatal: formalizadora (fiscalizatória ou apuratória) ou julgadora do litígio.

Esta afirmativa pode ser observada comparativamente: com o início do procedimento deve ser atendido o *princípio da cientificação,* segundo o qual o contribuinte deve ser formalmente comunicado de que o procedimento fiscalizatório está sendo realizado. O *princípio da cientificação,* no entanto, não implica abertura de contraditório, pois o *princípio do contraditório* irá presidir somente a etapa processual. Não há contraditório no procedimento administrativo, mesmo que o contribuinte seja chamado a se pronunciar ou a oferecer explicações sobre atos ou documentos de interesse tributário.

Do mesmo modo, embora se aplique tanto ao procedimento como ao Processo Administrativo o *princípio comum da verdade material*, não haverá espaço para o *princípio da amplitude probatória* que somente terá lugar na etapa processual. Isto significa que, conquanto o contribuinte esteja jungido ao *princípio do dever de colaboração* para com a atividade administrativa, não lhe é lícito, no âmbito do mero procedimento, exigir a realização desta ou daquela produção probatória, pois que esse direito somente lhe estará assegurado após estabelecida a pretensão através do ato de lançamento quando da fixação da etapa litigiosa, pois, convém sublinhar, até que seja formalizado o ato de lançamento (ou aplicada penalidade, como a multa) não há ainda pretensão fiscal e portanto – em regra – não há lide na etapa fiscalizatória ou apuratória, exceto em casos bastante especiais.

Mas há também, em variadas hipóteses, *regras de procedimento que informarão subjacentemente o processo* que se assenta sobre determinado procedimento, já que onde há processo existe – subjacentemente, insista-se – um procedimento, mas onde há procedimento não há necessariamente processo. Os princípios do processo, contudo, não se aplicam ao procedimento e há também premissas informadoras do procedimento que se afiguram antagônicas à ideia de processo.

Quando se dá a passagem, ou melhor, a alomorfia procedimento-processo, o *iter* administrativo irá reger-se pelas regras de procedimento que remanesçam subjacentemente aplicáveis, como formalismo moderado, fundamentação, acessibilidade, gratuidade e celeridade, às quais se agregarão as regras de processo, isto é, devido processo legal, contraditório, ampla defesa, duplo grau de cognição, ampla competência decisória, ampla instrução probatória e julgador competente. Não mais será aplicável, então, o princípio da inquisitoriedade, que muito embora presida a etapa procedimental, se apresenta antagônico ao sistema de garantias do processo.

2.1. Quadro de princípios

Podemos representar esquematicamente o conjunto de primados que orbitam o procedimento e o Processo Fiscal, através do seguinte quadro, para, em seguida, passarmos aos aspectos conceituais e legais de cada princípio:

Procedimento e Processo Administrativo Tributário
— Quadro Principiológico —

Princípios Constitucionais Gerais da Administração Pública
Princípio da legalidade, Princípio da finalidade, Princípio da razoabilidade, Princípio da proporcionalidade, Princípio da motivação, Princípio da impessoalidade, Princípio da publicidade, Princípio da moralidade, Princípio da responsabilidade e Princípio da eficiência.
Princípios comuns ao Procedimento e ao Processo Administrativo Tributário
Princípio da legalidade objetiva, Princípio da vinculação, Princípio da verdade material, Princípio da oficialidade, Princípio do dever de colaboração, Princípio do dever de investigação.

Princípios do Procedimento Administrativo Fiscal	Princípios do Processo Administrativo Tributário
Princípio da inquisitoriedade	Princípio do devido processo legal
Princípio da cientificação	Princípio do contraditório
Princípio do formalismo moderado	Princípio da ampla defesa
Princípio da fundamentação	Princípio da ampla instrução probatória
Princípio da acessibilidade	Princípio do duplo grau de cognição
Princípio da celeridade	Princípio do julgador competente
Princípio da gratuidade	Princípio da ampla competência decisória

3. Princípios do Processo Administrativo Tributário

A etapa processual tributária inicia-se após a notificação de lançamento que abre para o contribuinte o prazo legal de 30 dias para que promova, quando necessário, sua impugnação. A *notificação de lançamento* formaliza a *pretensão* tributária do Estado sobre a esfera jurídica econômica financeira do contribuinte e a *impugnação* a esta pretensão *formaliza a resistência* do cidadão-contribuinte e oficializa a existência da *lide fiscal*.

É a partir da impugnação tempestivamente formalizada que se tem por transformado o procedimento em processo passando a incidir, no *iter* administrativo, os princípios do Processo Administrativo Tributário, que são os seguintes:

i) Princípio do devido processo legal;
ii) Princípio do contraditório;

iii) Princípio da ampla defesa;
iv) Princípio da ampla instrução probatória;
v) Princípio do duplo grau de cognição;
vi) Princípio do julgador competente;
vii) Princípio da ampla competência decisória.

3.1. Princípio do devido processo legal

A conhecida cláusula do *due process of law*, de amplíssimo valor, biparte-se nos princípios do devido processo legal substancial (*substantive due process*) e do devido processo legal processual (*procedural due process*).[8] Em sua vertente substantiva a cláusula do devido processo legal compreende os postulados de direito material, como, no Direito Tributário por exemplo, as garantias concernentes ao princípio da legalidade, princípio da isonomia, princípio da capacidade contributiva, princípio da anterioridade, princípio do não confisco etc.

Em seu sentido estritamente processual (*procedural due process*), o princípio do devido processo legal expressa as garantias elementares das quais derivam inumeráveis princípios de processo, seja administrativo ou judicial, pois, como ensinam Nelson Nery Junior e Rosa Maria de Andrade Nery, "O tipo de processo (civil, penal ou administrativo) é que determina a forma e o conteúdo da incidência do princípio".[9]

As garantias individuais elementares do Processo Administrativo Tributário devem ser observadas no âmbito do processo fiscal da União, Estados, Distrito Federal e Municípios, uma vez que representam as implicações jurídicas mais diretas das cláusulas constitucionais expressas do devido processo legal, em seu sentido processual, especialmente quanto ao direito à autoridade administrativa competente, ao contraditório e à ampla defesa com os meios e recursos a ela inerentes.[10]

Como o *direito ao processo* corresponde ao *direito a uma estrutura lógica de garantias,* seus princípios, no regime constitucional brasileiro, exprimem uma amálgama de garantias individuais de raiz constitucional. É

---

[8] Manifestando-se a este respeito, Nelson Nery Junior (*Princípios do Processo Civil na Constituição Federal,* São Paulo, RT, 1992, p. 31) oferece estudo explicativo no seguinte sentido: "A cláusula *due process of law* não indica somente a tutela processual, como à primeira vista pode parecer ao intérprete menos avisado. Tem sentido genérico, como já vimos, e sua caracterização se dá de forma bipartida, pois há o *substantive due process* e o *procedural due process,* para indicar a incidência do princípio em seu aspecto substancial, vale dizer, atuando no que respeita ao Direito material, e de outro lado, a tutela daqueles direitos por meio do processo judicial ou administrativo."

[9] Nelson Nery Junior e Rosa Maria de Andrade Nery, *Código de Processo Civil Comentado,* São Paulo: RT, 1999, p. 93.

[10] Alberto Xavier, *Do Lançamento...,* cit., p. 113 e ss.; Paulo de Barros Carvalho, *Processo...,* cit., p. 282 e ss.

por essa razão que o *processo contemporâneo* mais que representar um mero *cedere pro,* ou *procedere,* se afigura como a justaposição orgânica e coerente de princípios garantidores do *procedural due process.*

O rol das *garantias individuais* abaixo nominadas (sob a forma de *princípios do Processo Administrativo*) representa, em seu conjunto, verdadeira *conditio sine qua non* da validade constitucional[11] do Processo Administrativo Tributário brasileiro, justamente por encontrarem radicação constitucional no art. 5°, incs. LIII, LIV e LV, da CF/88: a) direito de impugnação administrativa à pretensão fiscal (art. 5°, LIV); b) direito a autoridade julgadora competente (art. 5°, LIII); c) direito ao contraditório (art. 5°, LV); d) direito à cognição formal e material ampla (art. 5°, LV); e) direito à produção de provas (art. 5°, LV); f) direito a recurso hierárquico (art. 5°, LV).

Estas garantias processuais administrativas individuais constituem-se no núcleo constitucional do Processo Administrativo e devem ser disciplinadas no patamar ordinário – em lei nacional do âmbito da competência privativa da União – em obediência a determinados contornos mínimos que não podem ser olvidados pela legislação, como veremos sucintamente abaixo e como se examinará, mais de espaço, quando do estudo da legislação processual administrativa infraconstitucional.

O Processo Administrativo Fiscal será inválido por aviltamento a garantias constitucionais individuais do cidadão-contribuinte se não observar eficazmente quaisquer de suas garantias principiológicas: será inválido o Processo Fiscal que não observe o direito ao contraditório; será inválido o processo que deixe de assegurar a ampla defesa ao contribuinte; será inválido se não se prestar para a produção das provas necessárias ao conhecimento da matéria alegada; será inválido se não for assegurado o princípio do duplo grau de cognição e se deixar de observar o princípio do julgador competente.

3.2. Princípio do contraditório

O crédito fiscal do Estado cristalizado no ato de lançamento e notificado ao contribuinte exprime pretensão do ente tributante sobre o patrimônio do cidadão. Pretensão de tal natureza, por submeter-se à cláusula constitucional segundo a qual ninguém será privado de seus bens sem o devido processo legal (art. 5°, LIV), somente será válida quando obedecer

---

[11] "La formulación de los principios constitucionales en materia financiera es, pues, un campo de estudio tan transcendental para el jurista como evanescente, en cuanto se encierra en ellos toda la enorme carga de ideales e ideologías que se traslucen en los preceptos que componen lo que puede denominarse 'Constitución financiera o fiscal'; de contraposición de valores e intereses en juego que lleva consigo la lucha de la sociedad por una justa distribución de la carga fiscal y del gasto público, lo que es lo mismo por un Derecho Financiero y tributario justo." (Alvaro Rodriguez Bereijo, Los Fundamentos Constitucionales del Control Interno de la Actividad Financiera del Estado, *Revista Trimestral de Direito Público* 6/10).

às garantias materiais e processuais dos contribuintes[12] (*substantive due process* e *procedural due process*).

A impugnação administrativa é a resistência formal do contribuinte à pretensão fiscal do Estado sobre seus bens, e é direito que se assegura ao cidadão como meio de ver vivificado o primado da legalidade através do devido processo legal.

A impugnação formulada pelo contribuinte caracteriza o conflito de interesses deduzido administrativamente, *i.e.*, instala o litígio administrativo[13] [14] entre o órgão exator e o contribuinte e – já havendo formalmente "litigantes" – faz nascer o Processo Administrativo que recebe a incidência da norma constitucional garantidora da ampla defesa[15] (art. 5º, LV).

O *direito à impugnação administrativa*, enquanto concreção do devido processo legal, deve ser apto a impedir que o contribuinte seja "privado de seus bens" sem o devido processo legal (material e processual), o que somente se realiza plenamente quando a solução do litígio atender aos imperativos decorrentes da ampla defesa no contexto do Processo Administrativo Tributário, sobretudo porque a relação tributária se apresenta

---

[12] "L'oggetto del processo non è determinato soltanto da regole puramente processuali, ma trova la sua ragione nei principi fondamentali e constituzionali della prestazione tributaria: se il tributo nasce dalla legge (art. 23 Cost.) e non può subire consizionamenti dal potere amministrativo, nel processo, quale che sia, deve essere consentito l'accertamento pieno dell'obbligazione." (Carlo Bafile, *Il Nuovo Processo Tributario*, Padova: Cedam, 1994, p. 13).

[13] Esse litígio administrativo – convém sublinhar – pode nascer de duas ordens de pretensões administrativas sobre a esfera jurídica do contribuinte: a pretensão tributária propriamente dita e a pretensão administrativa punitiva. Isto é, além do ato de formalização da obrigação tributária há várias espécies de atos que surgem a partir dos distintos vínculos patrimoniais (regra-matriz sancionatória): i) ato de imposição de multa por não pagamento; ii) ato de imposição de multa de mora e iii) ato de imposição de sanção instrumental.

[14] Como se pode perceber, a impugnação do contribuinte à pretensão do Fisco vem a ser a etapa natural de instauração do *Processo Administrativo Tributário*, como exteriorização do princípio da ampla defesa diretamente aplicado ao Processo Administrativo. "El ciclo del impuesto puede desarrollarse sin necesidad de una discusión del gravamen por parte del contribuyente, en uso de los recursos legales. Cuando se impugna la obligación tributaria declarada en la liquidación oficial, dicha discusión forma parte del ciclo impositivo. Si el contribuyente no establece acción contra el impuesto y lo paga voluntariamente, la etapa del cobro coactivo no se presenta. De todas maneras, las etapas fundamentales son la declaración de renta, la liquidación y el paga del tributo. El paz y salvo es una etapa de dicho ciclo que no implica la cancelación total o definitiva del impuesto, si media reclamación contra él, pues no siempre tiene carácter de finiquito." (Alejandro Ramirez Cardona, *El Proceso Tributario*, 2ª ed., Bogotá: Temis, 1967).

[15] Apesar da afirmativa de que no Processo Administrativo há incidência do princípio da ampla defesa, deve-se ver com cautela a abrangência deste princípio nesta seara. Justifica-se mais uma vez a exata compreensão e delimitação do momento de formalização do *Processo Administrativo Tributário*, ressaltando-se a distinção patente entre *processo e procedimento*, inclusive no que diz respeito ao princípio do contraditório. Isto porque em muitos casos "não se pode afirmar que o conceito de procedimento abranja o de contraditório. Há procedimentos onde não se impõe a questão do contraditório e da ampla defesa. A emissão de ato administrativo não destinado a reduzir órbita de interesses privados pode ser subordinada à observância de certos procedimentos. Também em tais hipóteses, o procedimento retrata instrumento de controle do exercício de competência, ainda que não haja cabimento em aludir a contraditório." (Marçal Justen Filho, "Considerações sobre o 'Processo Administrativo Fiscal", *Revista de Dialética de Direito Tributário* 33/109).

como modalidade *sui generis* no campo obrigacional (a obrigação tributária, por prescindir do consentimento direto do sujeito passivo, reclama a implementação de grande conjunto de garantias para que se aperfeiçoe e gere efeitos patrimoniais).

Além da formulação da impugnação administrativa à pretensão fiscal – iniciado o processo, portanto – assiste ao contribuinte o direito de manifestar-se,[16] na oportunidade prevista em lei, sobre as informações, pareceres, decisões, perícias e documentos formulados ou apresentados pelo órgão exator ou pela procuradoria, conforme o caso. O *direito a ser ouvido* revela-se como uma das mais importantes manifestações do princípio da ampla defesa.[17]

Não é lícito à Administração, no âmbito processual, produzir informações, argumentos ou elementos de fato ou de direito, sem que seja concedida ao contribuinte a oportunidade de se manifestar.[18] Tal prerrogativa, doutra parte, quando não exercida transmuda-se em ônus para o contribuinte.

3.3. Princípio da ampla defesa

Todo Processo Administrativo, para que se afigure constitucionalmente válido, deve ensejar ao particular a possibilidade de ver conheci-

---

[16] O princípio do contraditório deve ser considerado como verdadeira baliza processual, no âmbito administrativo representando instrumento de defesa do contribuinte contra abusos cometidos pela Administração Pública. Portanto, "es necesario precisar que todo abuso de la administración de su posición dominante durante las fases de verificación y reclamación, no pueden ser catalogadas como funciones absolutas del orden público, dado que en todos los casos el contribuyente debe estar protegido institucionalmente contra las eventuales arbitrariedades, en especial hacia las que intentan interdictar el derecho de defensa" (Vicente Oscar Días, *La Seguridad Jurídica en los Procesos Tributarios*, Buenos Aires: Depalma, 1994, p. 55). Veja-se também a obra de José Souto Maior Borges, *O contraditório no Processo Judicial: uma visão dialética*. São Paulo: Malheiros, 1996.

[17] Romeu Felipe Bacellar Filho, *Princípios Constitucionais do Processo Administrativo Disciplinar*, São Paulo: Max Limonad, 1998; Alberto Xavier, *Do Lançamento...*, cit., p. 113 e ss.; Paulo de Barros Carvalho, *Processo...*, cit., p. 282 e ss.

[18] Os atos decorrentes de Processo Administrativo que não observou o princípio do contraditório devem ser considerados inválidos, conforme já se manifestou o Supremo Tribunal Federal: "CADIN – INCLUSÃO NESTE CADASTRO FEDERAL, DO ESTADO DO RIO GRANDE DO SUL (...) Doutrina. Precedentes. LIMITAÇÃO DE DIREITOS E NECESSÁRIA OBSERVÂNCIA, PARA EFEITO DE SUA IMPOSIÇÃO, DA GARANTIA CONSTITUCIONAL DO DEVIDO PROCESSO LEGAL. – A Constituição da República estabelece, em seu art. 5º, incisos LIV e LV, considerada a essencialidade da garantia constitucional da plenitude de defesa e do contraditório, que ninguém pode ser privado de sua liberdade, de seus bens ou de seus direitos sem o devido processo legal, notadamente naqueles casos em que se viabilize a possibilidade de imposição, a determinada pessoa ou entidade, seja ela pública ou privada, de medidas consubstanciadoras de limitação de direitos. – A jurisprudência dos Tribunais, especialmente a do Supremo Tribunal Federal, tem reafirmado o caráter fundamental do princípio da plenitude de defesa, nele reconhecendo uma insuprimível garantia, que, instituída em favor de qualquer pessoa ou entidade, rege e condiciona o exercício, pelo Poder Público, de sua atividade, ainda que em sede materialmente administrativa ou no âmbito político-administrativo, sob pena de nulidade." (Acórdão unânime Pleno do STF, Referendo – TA – Ação Civil Orginária 1.534 RS, Rel. Min. Celso de Melo, *DJU* 17.03.2011).

das e apreciadas todas as suas alegações de caráter formal e material e de produzir todas as provas necessárias à comprovação de suas alegações.[19] A ampla defesa, desse modo, biparte-se no *direito à cognição formal e material ampla* (que corresponde ao princípio da ampla competência decisória) e no direito à produção de provas (que corresponde ao princípio da ampla produção probatória), como veremos abaixo:

a) Princípio da ampla competência decisória.

Toda a matéria de defesa produzida pelo contribuinte deve ser conhecida e apreciada pelo órgão da Administração encarregado do julgamento do conflito fiscal. Não pode se escusar a autoridade julgadora – em homenagem à garantia constitucional da ampla defesa – de apreciar matéria formal ou material, de Direito ou de fato, questões preliminares ou de mérito.

Quer se tratem de questões concernentes à mera irregularidade formal do auto de infração, quer se trate de alegação de ilegalidade ou inconstitucionalidade de norma jurídica tributária, toda a matéria de defesa deve ser formalmente apreciada. Não se realiza a ampla defesa sem o direito à cognição formal e material ampla, pois em se recusando a Administração a apreciar qualquer dos elementos fáticos ou jurídicos que estejam contidos na impugnação formulada haverá restrição do direito de ampla defesa, a macular o Processo Administrativo Fiscal.

Não pode, por isso mesmo, ser o julgador administrativo estreitado – por razões normativas ou meramente hierárquicas – em sua missão de apreciar a lide em todas as suas vertentes; não é lícito ao órgão julgador deixar de apreciar argumentos de ilegalidade ou de inconstitucionalidade[20] da norma tributária ensejadora da pretensão sob pena de, incorrendo

---

[19] Romeu Felipe Bacellar Filho, *Princípios Constitucionais do Processo Administrativo Disciplinar*, São Paulo: Max Limonad, 1998; Alberto Xavier, *Do Lançamento...*, cit., p. 113 e ss.; Geraldo Ataliba, "Princípios Constitucionais do Processo e Procedimento em Matéria Tributária", *Revista de Direito Tributário* 46/118.

[20] Já manifestou-se neste sentido Celso Alves Feitosa ("Da Possibilidade dos Tribunais Administrativos, que julgam Matéria Fiscal, decidirem sobre Exação com Fundamento em Norma Considerada Ilegítima em Oposição à Constituição Federal", *Processo Administrativo Fiscal*, São Paulo: Dialética, 1997, p. 17/19), nos seguintes termos: "A questão em exame: constitucionalidade de lei ou norma menor, ao caso concreto, pelos órgãos administrativos julgadores, é polêmica, como indica a falta de posição mais precisa do Poder Judiciário. Das pesquisas emergem decisões, do Poder Judiciário, no sentido de que há legitimidade para o enfoque. (...) A questão foi enfrentada pelo Plenário do Tribunal de Impostos e Taxas, com relatório do juiz Dr. Ademir Ramos da Silva, Agente Fiscal de Rendas, com votos registrados por escrito dos demais seguintes juízes: José Manoel da Silva, Djalma Bittar (representante dos contribuintes), Paulo Gonçalves da Costa Júnior, Eliana Maria Barbieri Bertachini (membros da Procuradoria da Fazenda Estadual) e Dr. Luiz Fernando de Carvalho Accácio, Agente Fiscal de Rendas. Da votação resultaram mais de 30 votos favoráveis à tese de que não é vedado ao TIT julgar, por suas Câmaras, ilegitimidade de norma inferior em relação ao texto constitucional, contra três votos pela vedação total e um voto no sentido de que o exame só seria possível para o caso de inconstitucionalidade material, com possibilidade de acesso da Fazenda Pública questionar a decisão perante o Poder Judiciário, enquanto um, no sentido de que a matéria não poderia ser colocada nos termos propostos. (...) E, mais adiante, reportando-nos à transcrição do voto proferido pelo i. julgador

em cerceamento de defesa, ferir a Constituição e tornar nulo o Processo Administrativo Tributário.

b) Princípio da ampla instrução probatória.

Do âmago do princípio da ampla defesa emerge o direito à produção de provas, ou, mais propriamente, o direito à utilização de todos os meios de prova pertinentes à lide submetida a julgamento administrativo.[21] Estes meios de prova poderão ser materiais, como a apresentação de documentos técnicos – a produção de perícias contábeis ou a apresentação de pareceres jurídicos –, ou ainda meios pessoais, testemunhais, conforme demandar a natureza da lide.

Esta garantia, consectário insuprimível do conteúdo jurídico do direito à ampla defesa, é conferida expressamente aos litigantes em Processo Administrativo através do art. 5º, LV, da CF/88. Não podem, por isso mesmo, a legislação processual administrativa ou o órgão julgador obstacularizem o exercício do direito à prova, sob pena de incidência em cerceamento de defesa,[22] nem criar presunções fazendárias absolutas ou presunções relativas que colimem inverter o *onus probandi* ou exigir prova negativa (a chamada *prova perversa*).

Somente a *prova ilícita*[23] poderá ser legalmente descartada como objeto de apreciação no Processo Administrativo, por força da expressa pre-

---

Ademir Ramos da Silva: Dr. Ademir Ramos da Silva (relator) – Todavia a perspectiva sob a qual avoco o assunto impõe um descortinar do tema de maneira a sobressair, extreme de dúvida, a natureza da função exercida pelo Tribunal de Impostos e Taxas. E essa função, induvidosamente é a jurisdicional. Não se permite espanto a respeito dessa afirmação, por ser o Egrégio Tribunal de Impostos e Taxas órgão Executivo. De fato o Executivo exerce função jurisdicional, pois é ela um complemento natural da função administrativa (Bielsa, *Derecho Administrativo*, 6ª ed., Buenos Aires: La Ley, 1966, v. 55, p. 122). (...) Das definições e do próprio conceito de jurisdição já brota a inteligência de que, o que faz o Tribunal de Impostos e Taxas, é exercício de jurisdição".

[21] Cf. Celso Antônio Bandeira de Mello, *Curso de Direito Administrativo*, 9ª ed., São Paulo: Malheiros, p. 246.

[22] Em decisão do próprio Conselho de Contribuintes pode-se observar a importância e a aplicação do direito à produção de provas: "Nulidade de Decisão de Primeira Instância – nula é, por cerceamento do direito de defesa, a decisão de primeira instância que deixe de motivar a não aceitação dos documentos juntados ao expediente impugnatório. Preliminar de nulidade acolhida." (Acórdão unânime da 6ª Câmara do 1º Conselho de Contribuintes – nº 106-10.701, Rela. Consa. Sueli Efigênia Mendes de Britto, julgamento em 26.02.2009)

[23] Veja-se o seguinte acórdão do TIT-SP, determinando o arquivamento do Processo Administrativo em virtude da utilização de prova ilícita: "Arquivos Magnéticos – Leitura de dados pelo Fisco sem o Expresso Consentimento da Interessada e sem Ordem Judicial que a Suprisse – Provido o Recurso – Decisão Unânime. (...) Não posso compreender, de sua parte, o processo administrativo, cuja importância foi reconhecida pelo inciso LV do artigo 5º da Constituição Federal, como desatrelado dos princípios constitucionais, notadamente aqueles atinentes a Garantias Fundamentais do Estado de Direito, a ponto de considerar como válida prova que o próprio Guardião Constitucional já declarou, em mais de uma oportunidade, como de inadmissível acolhida (AP citada; EDINQ – 31/96-DF). Nessas condições, como salvaguarda de sua evidência, para proceder a abertura dos arquivos magnéticos e leitura dos dados ali constantes, deveria o fisco ter colhido expressa concordância da autuada ou, na recusa, obter a competente autorização judicial para assim proceder, cuidando, ainda, de adotar os procedimentos necessários a manter intocados os registros. Diante do exposto e o mais que dos autos consta, *dou provimento* ao recurso, julgando ilícita a prova obtida, mediante leitura de dados contidos

visão do art. 5º, inciso LVI, da CF/88 ("são inadmissíveis, no processo, as provas obtidas por meios ilícitos"). Deve, ainda, ser assegurada igualdade de condições entre a Fazenda Pública e o contribuinte no que concerne aos meios de prova disponíveis.

3.4. Princípio do duplo grau de cognição

A ideia de *revisão recursal dos julgamentos administrativos ou judiciais* atende a necessidades de qualidade e segurança da prestação estatal julgadora e é imperativo jurídico expresso no art. 5º, LV, da CF/88. Representa, o direito a recurso, manifestação axiomática do direito à ampla defesa.[24]

Para que se dê cumprimento ao dispositivo constitucional em tela, a estrutura administrativa destinada ao julgamento das lides fiscais deve comportar ao menos uma etapa de revisão dos julgamentos fiscais.[25] [26]

Não podem, União, Estados, Distrito Federal ou Municípios, instituir, no âmbito de sua competência, a denominada "instância única" para o julgamento das lides tributárias deduzidas administrativamente, sob pena de irremediável mutilação da regra constitucional e consequente

---

nos arquivos magnéticos do computador sem o expresso consentimento da interessada e sem ordem judicial que a suprisse, determinando, por conseguinte, o arquivamento dos autos." (Decisão unânime da 6ª Câmara Suplementar do TIT/SP, Proc. DRT-3 nº 1.093/05, Rel. José Luiz Melo, julgamento em 15.10.2008)

Não obstante, o Superior Tribunal de Justiça (Acórdão unânime da 5ª Turma do Superior Tribunal de Justiça, RMS nº 8.116/SC, Rel. Ministro Gilson Dipp, julgamento em 16.09.2009, *DJU* 11.10.2009) entendeu de forma diversa no seguinte julgado: "RMS – Constitucional – Administrativo – Processual Civil – Fiscal de Tributos – Processo Administrativo Disciplinar – Perícia Indeferida – Cerceamento de Defesa Inocorrente. A Constituição da República (art. 5º, LIV e LV) consagrou os princípios do devido processo legal, do contraditório e da ampla defesa, também, no âmbito administrativo. A interpretação do princípio da ampla defesa visa a propiciar ao servidor oportunidade de produzir conjunto probatório servível para a defesa. A solicitação de realização de perícia tributária/fiscal, em estabelecimento comercial, a fim de comprovar suposta sonegação não é aproveitável ao caso em exame. Inexiste o cerceamento de defesa alegado. Caracteriza-se, assim, tratar-se de prova procrastinatória e inservível para o processo administrativo disciplinar. Recurso conhecido, mas desprovido. (...) Logo, além de nada a ter com a imputação, a perícia, à vista das demais provas, se apresenta desnecessária. Sempre que a perícia for desnecessária, a autoridade pode recusá-la, sem ferimento da garantia constitucional da ampla defesa."

[24] Celso Antônio Bandeira de Mello refere-se ao princípio da *revisibilidade* (*Curso de Direito Administrativo*, 9ª ed., São Paulo: Malheiros, p. 246).

[25] Sobre a importância da existência de revisão dos Processos Administrativos, justamente como forma de disponibilizar ao contribuinte demonstração de impessoalidade e imparcialidade da decisão proferida, Celso Alves Feitosa (*Processo Administrativo Fiscal*, 3º vol., São Paulo, Dialética, 1998, p. 40) observa que "os órgãos julgadores administrativos de segunda instância, formados, em regra, por uma composição paritária – representantes do órgão lançador e de seus segmentos da sociedade –, dão a garantia da impessoalidade e imparcialidade necessária e imprescindível à aplicação da Justiça Fiscal Administrativa".

[26] Passamos a evitar a menção à "revisão hierárquica" ou "recurso hierárquico" pois entendemos que, contemporaneamente, a revisão de julgamentos administrativos fiscais deve se dar em função de competência funcional e não em razão da hierarquia.

imprestabilidade do sistema administrativo processual que, por falta de tal requisito constitucional de validade, não servirá para aperfeiçoar a pretensão fiscal impugnada, remanescendo carente de exigibilidade.

3.5. Princípio do julgador competente

O direito de o cidadão-contribuinte impugnar perante o órgão fazendário a pretensão fiscal e com isso dar início ao Processo Administrativo conduz necessariamente à existência de sistema preparado para receber o pedido de julgamento da lide e tramitá-lo em órgãos previamente destinados para esta finalidade. Tais órgãos devem ser dotados de julgadores administrativos imparciais, competência julgadora previamente estabelecida na legislação e adequados mecanismos prévios de determinação de competência para cada caso concreto que lhes for submetido à apreciação.[27] A atribuição de *competência julgadora pós-lide* caracteriza a constituição de *tribunal de exceção*, figura abominada pelo Direito, por seu caráter anti-isonômico.

Por outras palavras: "A causa deve ser julgada por juiz (autoridade julgadora) imparcial, competente, *pré-constituído* pela lei, isto é, constituído primeiro do que o fato a ser julgado. *A garantia abrange o processo civil, penal e administrativo*".[28]

Este princípio, que expressa o direito fundamental à autoridade julgadora competente, decorre explicitamente da dicção dos incs. XXXVII e LIII do art. 5º da Constituição Federal, segundo os quais *não haverá juízo ou tribunal de exceção* e *ninguém será processado nem sentenciado senão pela autoridade competente*, e condiciona todas as esferas administrativas, Federal, Estaduais e Municipais, a prover estrutura jurídica e funcional aptas para que a lide tributária possa ser conhecida por *julgador ou tribunal administrativo competente*, pré-constituído pela lei, ou seja, constituído de acordo com regras vigentes e válidas antes da formalização da lide tributária.

Referências bibliográficas

ARZUA, Heron. Processo Administrativo Fiscal – Função – Hierarquia – Imparcialidade e Responsabilidade do Julgador Administrativo. *Revista Dialética de Direito Tributário* 33/4.

BITTAR, Djalma. *Prescrição intercorrente em processo administrativo de consolidação do crédito tributário*. Revista Dialética de Direito Tributário. São Paulo, n. 72, p. 18-22, set. 2001.

BOITEUX, Fernando Netto. *Aspectos (pouco examinados) do processo administrativo fiscal*. Revista Dialética de Direito Tributário. São Paulo, n. 119, p. 33-46,, ago.2005.

BORGES, José Souto Maior. *O contraditório no processo judicial: uma visão dialética*. São Paulo: Malheiros, 1996.

---

[27] Sobre a aplicação do princípio do julgador competente e sua comparação com o princípio do juiz natural, veja-se Romeu Felipe Bacellar Filho, *Princípios Constitucionais do Processo Administrativo Disciplinar*, São Paulo: Max Limonad, 1998.

[28] Nelson Nery Junior e Rosa Maria de Andrade Nery, ob. cit., p. 92.

BOTTALLO, Eduardo Domingos. *Curso de processo administrativo tributário*. São Paulo: Malheiros, 2006

CABRAL, Antônio da Silva . *Processo Administrativo Fiscal*. São Paulo: Saraiva, 1993.

CARNEIRO, Daniel Zanetti Marques. *Considerações sobre a prova emprestada no processo administrativo fiscal*. Revista Dialética de Direito Tributário. São Paulo, n.153 , p.29-37, jun. 2008.

CARDONA, Alejandro Ramirez. *El Proceso Tributario*. 2ª ed. Bogotá: Temis, 1967.

CARVALHO, Paulo de Barros Carvalho. "Processo Administrativo Tributário" (Trabalho apresentado ao I Congresso Internacional de Estudos Tributários). *Revista de Direito Tributário* 9-10/276.

CASTARDO, Hamilton Fernando. *Instituições de processo administrativo fiscal*. Campinas: Apta, 2004.

CASTRO, Alexandre Barros. *Procedimento Administrativo Tributário*. São Paulo: Saraiva, 1996.

CÔELHO, Sacha Calmon Navarro; DERZI, Misabel Abreu Machado. *Denúncia penal antes do término do processo administrativo tributário - impossibilidade*. Revista Dialética de Direito Tributário. São Paulo , n.118 , p.119-139, jul/2005.

DÍAZ, Vicente Oscar. *Principio de Seguridad Jurídica en los Procesos Tributarios*. Buenos Aires: Depalma, 1994.

DABUL, Alessandra. *Da prova no processo administrativo tributário*. Curitiba: Juruá, 2004.

ENTERRÍA, García de. *Hacia una Nueva Justicia Administrativa*. 2ª ed. Madrid: Civitas, 1989.

FERREIRA GUIMARÃES, Pedrylvio Francisco. *Processo Administrativo-Fiscal e Ação Judicial*. Revista de Direito Tributário 6/138, 1978.

FONROUGE, Carlos M. Giuliani; NAVARRINE, Susana Camila. *Procedimiento Tributario*. Buenos Aires: Depalma, 1992.

FEITOSA, Celso Alves. *A questão da prescrição intercorrente no processo administrativo fiscal*. Revista Dialética de Direito Tributário. São Paulo , n.94 , p.18-21,, jul.2003.

FISCHER, Octavio Campos. *Recurso hierárquico e devido processo constitucional: o processo administrativo tributário não pertence à administração pública!*. Revista Dialética de Direito Tributário. São Paulo , n.141 , p. 127-142, jun. 2007.

JANCZESKI, Célio Armando. *Da duração razoável do processo administrativo fiscal e seus reflexos na prescrição intercorrente e na fluência dos juros de mora*. Revista Dialética de Direito Tributário. São Paulo, n. 171 , p.18-27, dez. 2009.

JUSTEN FILHO, Marçal. Considerações sobre o 'Processo Administrativo Fiscal, *Revista de Dialética de Direito Tributário* 33/109.

LAPATZA, Ferreiro. *Curso de Derecho Financiero Español*. 18ª ed. Madrid: Marcial Pons, 1996.

MACHADO, Hugo de Brito. *Aspectos do direito de defesa no processo administrativo tributário*. Revista Dialética de Direito Tributário. São Paulo, n. 175 , p. 106-116, abr. 2010.

——. *Conferência secreta no processo administrativo fiscal*. Revista Dialética de Direito Tributário. São Paulo , n. 110 , p. 41-45,, nov.2004.

MACHADO, Schubert de Farias. *A decisão definitiva no processo administrativo tributário e o ingresso da Fazenda Pública em juízo*.Revista Dialética de Direito Tributário. São Paulo, n. 76, p. 102-118, jan. 2002

MACHADO, Raquel Cavalcanti Ramos. *A prova no processo tributário – presunção de validade do ato administrativo e ônus da prova*.Revista Dialética de Direito Tributário. São Paulo , n.96 , p.77-88,, set./2003.

MACHADO, Tiziane. *O processo administrativo fiscal – a responsabilidade do julgador e a intimação do contribuinte*. Revista Dialética de Direito Tributário. São Paulo , v.97 , p.96-103,, out.2003.

MARINS, James. *Direito Processual Tributário Brasileiro: administrativo e judicial*. 5. ed. São Paulo: Dialética, 2010.

——. *Defesa e Vulnerabilidade do Contribuinte*. São Paulo: Dialética, 2009.

——. *As limitações constitucionais do substantive Due Process e do Procedural Due Process à imputação de responsabilidade tributária dos sócios e administradores e ao redirecionamento da execução fiscal*. In: FERRAZ, Roberto (Org.). *Princípios e Limites da Tributação:* os princípios da ordem econômica e tributação. 2 ed. São Paulo: Quartier Latin, 2009. p. 711-728

——. *Notas sobre o recurso especial e a súmula vinculante no novo conselho administrativo de recursos fiscais*.In: ROCHA, Valdir de Oliveira (Org.). Grandes questões do Direito Tributário. São Paulo: Dialética, 2009. v.12. p. 241-261.

——. *As alterações do CPC promovidas pela Lei nº 11.382/06 e a Execução Fiscal*. In ROCHA, Valdir de Oliveira (Org.). Grandes questões do Direito Tributário. São Paulo: Quartier Latin, 2008. v.1. p. 629-652.

——. *Princípio da Razoável Duração do Processo e o Processo Tributário*. In: SCHOUERI, Luís Eduardo (Org.). Direito Tributário: homenagem a Paulo de Barros Carvalho. São Paulo: Quartier Latin, 2008, v. 1, p. 629-652.

——. *A (in)aplicabilidade do CPC aos embargos à execução fiscal*. In: SALOMÃO, Marcelo Viana; MARQUEZI JUNIOR, Jorge Silvio; RIBEIRO, Diogo Diniz (Org.). A reforma do CPC e a execução fiscal. São Paulo: MP, 2008. p. 73-87.

——. *Princípios Fundamentais do Direito Processual Tributário*. São Paulo: Dialética, 1998.

——. *Processo Administrativo Tributário: aspectos sobre a prova*. Curitiba: Champagnat. V 3, n 1, p. 41-70, 2000.

——; MARINS, Gláucia Vieira (coords.). *Processo Tributário – Administrativo e Judicial*. Curitiba: Juruá, 2000.

MARTINS, Ives Gandra da Silva. *Processo Administrativo Tributário.* 2 ed. São Paulo: RT, 2002.

——. Processo administrativo: decisão que anula outra anterior, com base na Lei Complementar – irretroatividade da Lei Ordinária. *Revista Dialética de Direito Tributário.* São Paulo, n. 171 , p.165-185, dez. 2009.

MARTINS, Natanael; DI PIETRO, Juliano. *A ampla defesa e a inconstitucionalidade no processo administrativo: limites da portaria n° 103/2002.* Revista Dialética de Direito Tributário. São Paulo, n.103 , p.98-117, abr. 2004.

MORAES, Suzane de Farias Machado. *Alguns aspectos do processo administrativo fiscal.* Revista Dialética de Direito Tributário, São Paulo , n.95 , p.125-134, ago.2003.

MOREIRA, Marisa Zandonai. "Conselhos de Contribuintes e Recursos Fiscais no Estado do Paraná". In: MARINS, James; MARINS, Gláucia (coords.). *Processo Tributário – Administrativo e Judicial.* Curitiba, Juruá, 2000.

MURBACH, Juliano Huck. Da nulidade de execução fiscal lastreada em certidão de dívida ativa constituída sem o exaurimento de processo administrativo. *Revista Dialética de Direito Tributário.* São Paulo , n.151 , p. 67-73, abr. 2008.

MUSSOLINI JÚNIOR, Luiz Fernando. *Processo Administrativo Tributário – das decisões terminativas contrárias à Fazenda Pública.* 3. ed. Barueri: Manole, 2003.

NERY JUNIOR, Nelson. *Princípios do Processo Civil na Constituição Federal.* São Paulo: RT, 1992.

——; NERY ANDRADE, Rosa Maria de.*Código de Processo Civil Comentado.* São Paulo: RT, 1999.

PARISIO, Vera (coord.). *Il Ruolo della Giustizia Amministrativa in uno Stato Democratico.* Milão: Giuffrè, 1999

PIMENTA, Marcos Rogério Lyrio. *A prescrição intercorrente no processo administrativo tributário.* Revista Dialética de Direito Tributário. São Paulo, n. 71 , p. 119-126, ago. 2001.

PINTO, Adriano. *Processo administrativo – recurso hierárquico.* Revista Dialética de Direito Tributário. São Paulo , n.92 , p., maio 2003.

QUEIROZ MAIA, Mary Elbe. *Do Lançamento Tributário – Execução e Controle.* São Paulo: Dialética, 1999.

ROCHA, Sérgio André. *Duração razoável do processo administrativo fiscal.* Revista Dialética de Direito Tributário. São Paulo, n. 142 , p. 74-86,, jul.2007

SALOMÃO, Marcelo Vieira (coord.). *Processo Administrativo Tributário: federal e estadual.* São Paulo: MP, 2005.

SAVARIS, José Antonio. *O processo administrativo fiscal e a lei 9.784/99.* Revista Dialética de Direito Tributário. São Paulo, n. 94 , p. 79-97, jul.2003.

SEIXAS FILHO, Aurélio Pitanga. *Princípios Fundamentais do Direito Administrativo Tributário – a Função Fiscal.* Rio de Janeiro: Forense, 1996.

SILVA, Vládia Pompeu. A concomitância entre o processo administrativo e judicial e a configuração da renúncia à via administrativa: uma análise dos efeitos oriundos de ações coletivas. *Revista Dialética de Direito Tributário.* São Paulo, n.186 , p. 102-109, mar. 2011.

TAVARES, Alexandre Macedo. As vias de repressão dos contribuintes (Procedimento Administrativo e Processo Penal) sob o prisma da garantia do Non Bis in Idem. *Revista Dialética de Direito Tributário.* São Paulo , n.138 , p., mar. 2007.

TROVATO, Sergio. *Lineamenti del Nuovo Processo Tributario.* Padova: Cedam, 1996.

TESAURO, Francesco. *Lineamenti del Processo Tributario.* República de San Marino: Maggioli, 1991.

VAZQUEZ, Javier Barnes (coord.). *La Justicia Administrativa en el Derecho Comparado.* Madrid: Civitas, 1993.

XAVIER, Alberto. Da inconstitucionalidade da exigência de garantia como condição de admissibilidade de recursos no processo administrativo em geral e no processo administrativo fiscal em particular. *Revista Dialética de Direito Tributário.* São Paulo , n.101 , p.7-35, fev. 2004

——. *Princípios do processo administrativo e judicial tributário.* Rio de Janeiro: Forense, 2005.

——. *Teoria Geral do Ato do Procedimento, do Processo Tributário.* Rio de Janeiro: Forense, 1998.

Parte III

QUESTÕES POLÊMICAS DO PROCESSO ADMINISTRATIVO TRIBUTÁRIO

— 4 —

O ônus da prova no Processo Administrativo Tributário

HENRY GONÇALVES LUMMERTZ
Advogado tributarista, Mestre em Direito pela UFRGS.

Sumário: Introdução; O ônus da prova; A definição do ônus da prova; A distribuição do ônus da prova; Introdução; Fatos constitutivos; Defesa direta; Contraprova; Defesa indireta; Conclusão; As presunções e as regras do ônus da prova; Introdução; Presunções simples; Presunções legais relativas; O ônus da prova no Processo Administrativo Tributário; Introdução; Fato gerador; Fatos impeditivos, modificativos ou extintivos; Presunções; Tributos sujeitos a lançamento por homologação; Arbitramento; Conclusão; Bibliografia.

Introdução

O presente capítulo analisa as regras relativas ao ônus da prova aplicáveis no processo administrativo tributário.

Analisa-se especialmente o Processo Administrativo Tributário relativo à constituição do crédito tributário relativo à obrigação tributária principal de pagar o tributo (CTN, art. 113, § 1º).[1]

O estudo é procedido a partir das normas fixadas no Código Tributário Nacional e na legislação estadual, de acordo com os ensinamentos contidos na doutrina de Teoria Geral do Processo, de Processo Civil e de Processo Administrativo Tributário.

O ônus da prova

A definição do ônus da prova

As regras relativas ao ônus da prova são aplicáveis em qualquer procedimento em que se aplique normas jurídicas abstratas em situações de

---
[1] Não é objeto do presente capítulo a aplicação das regras do ônus da prova nos processos administrativos tributários relativos à aplicação de penalidades pecuniárias, que reflete as peculiaridades da estrutura do Direito Tributário Penal.

fato concretas,[2] sendo, por conseguinte, aplicáveis no Processo Administrativo Tributário em que se discute a constituição do crédito tributário.

De fato, pode ocorrer que, esgotada a fase instrutória, o órgão julgador não haja chegado a um juízo de certeza acerca dos fatos, não estando, em consequência, em condições de formar sua convicção para a decisão acerca da manutenção do lançamento ou de suas características. Isso pode ocorrer tanto porque não foi produzida qualquer prova acerca dos fatos relevantes para a decisão, como porque a prova produzida não foi suficiente para que o órgão julgador chegasse a um juízo de certeza.

Ocorre que, sendo vedado o *non liquet*, deve o órgão julgador decidir, mesmo diante do estado de incerteza acerca dos fatos relevantes para a decisão.

Surge, então, a necessidade de uma *regra de julgamento*, que indique qual deva ser a decisão do órgão julgador.[3]

As regras acerca do ônus da prova fornecem essa *regra de julgamento*[4] a ser aplicada pelo órgão julgador, quando este, na fase decisória, não haja logrado formar seu convencimento acerca dos fatos controvertidos, diante da ausência de prova ou de sua insuficiência para a formação de um juízo de certeza acerca dos fatos.[5] As regras acerca do ônus da prova fornecem os meios para o órgão julgador proferir sua decisão quando os fatos não restaram devida e suficientemente provados, permanecendo o órgão julgador em estado de dúvida.[6] Elas constituem um indicativo para o órgão julgador livrar-se do estado de dúvida e exarar sua decisão.[7]

As regras acerca do ônus da prova consubstanciam instrução ao órgão julgador, prescrevendo-lhe de forma clara e categórica qual deve ser o *conteúdo da decisão* que deve ser pronunciada no caso de haver dúvida ou incerteza acerca dos fatos.[8] Elas alcançam ao órgão julgador um critério com base no qual julgar, quando os fatos relevantes para a decisão do litígio hajam permanecido desconhecidos ou incertos.[9] Indicam a quem a decisão deverá ser contrária, caso as provas produzidas no processo

---

[2] ROSENBERG, p. 21.

[3] MICHELI, p. 185.

[4] No presente capítulo, é objeto de estudo o ônus da prova em seu sentido objetivo ou material, refletido em sua função de regra de julgamento. Além desse sentido objetivo, o ônus da prova possui também um sentido subjetivo, identificado com a distribuição dos esforços probatórios entre as partes e o comportamento que as partes assumirão na fase instrutória do processo. Esse sentido objetivo, no entanto, não será objeto de análise no presente capítulo.

[5] ALVES, 2005, p 87; ALVES, 2007, p. 204; CARPES, 2007, p. 34; DINAMARCO, p. 1258; MARINONI, p. 170; MICHELI, p. 186 e 265.

[6] ALVES, 2005, p. 97; MARINONI, p. 189; MICHELI, p. 183; ROSENBERG, p. 2 e 13.

[7] GUILHERME, 2011, p. 146; MARINONI, p. 170; ROSENBERG, p. 2.

[8] ROSENBERG, p. 2, 56 e 58; MICHELI, p. 4.

[9] MICHELI, p. 183.

sejam insuficientes para formar a convicção do órgão julgador acerca da existência dos fatos relevantes para a decisão.[10]

A definição das regras do ônus da prova se dá a partir do próprio modo de aplicação do Direito.

Com efeito, uma norma jurídica só pode ser aplicada quando *estão presentes seus pressupostos fáticos*.[11] Isso porque, para que se possa aplicar uma norma jurídica, deve-se demonstrar que ela incide e, para tanto, é essencial que se faça presente o suporte fático necessário e suficiente.[12]

Diante da ausência de seu suporte fático ou de incerteza em relação a ele, a norma jurídica não pode ser aplicada.[13] Destaque-se: a norma jurídica não pode ser aplicada não apenas quando haja sido demonstrada a inexistência de seu suporte fático, mas também quando haja dúvida acerca da existência dele.[14]

Portanto, a prova da existência e da suficiência do suporte fático da norma jurídica é fundamental para sua aplicação.[15]

Sendo assim, do modo de aplicação do Direito, conclui-se que o ônus de demonstrar a existência do suporte fático de uma determinada norma jurídica deve ser atribuído àquele que pretende a aplicação desta norma.[16]

O conceito fundamental acerca do ônus da prova é, por conseguinte, o de que aquele que pretende ser beneficiado pelos efeitos jurídicos de uma determinada norma jurídica deve provar a existência dos pressupostos fáticos para a aplicação desta mesma norma jurídica, ou seja, *suporta o ônus da prova em relação aos fatos que integram o suporte fático da norma jurídica que pretende ver aplicada*.[17]

E suporta esse ônus porque, como se viu, caso não produza prova suficiente para a formação de um juízo de certeza acerca da existência dos fatos que integram o suporte fático da norma jurídica que lhe favorece, esta norma não poderá ser aplicada.[18] A ausência de prova ou a incerteza em relação à existência dos fatos que compõem o suporte fático da norma

---

[10] CARPES, 2007, p. 34; MARINONI, p. 188; ROSENBERG, p. 2-3.
[11] ROSENBERG, p. 11, 24 e 103.
[12] PONTES DE MIRANDA, p. 17 e 25-26.
[13] ROSENBERG, p. 24.
[14] ROSENBERG, p. 11; THEODORO JÚNIOR, p. 479.
[15] PONTES DE MIRANDA, p. 26.
[16] ROSENBERG, p. 24 e 99 e 107; SILVA, p. 344.
[17] BARBOSA MOREIRA, p. 74; CARNELUTTI, 1999, p. 541; CARPES, 2010, p. 47; DINAMARCO, p. 1255-6; MARINONI, p. 170; MICHELI, p. 272; ROSENBERG, p. 11 e 91.
[18] ROSENBERG, p. 11.

jurídica recaem sobre aquele cujo sucesso no processo depende da aplicação desta mesma norma jurídica.[19]

O ônus da prova é, portanto, o ônus que incumbe à parte de assegurar que seja produzida prova suficiente acerca da existência de um fato controvertido,[20] sob pena de não ser aplicada a norma jurídica cujo pressuposto fático é integrado por este mesmo fato.[21]

As regras relativas ao ônus da prova indicam quem deve evitar que falte prova, sob pena de uma decisão desfavorável;[22] sobre quem recairão as consequências negativas da falta de provas.[23]

Diante da ausência de prova ou de incerteza em relação à existência de algum fato, o órgão julgador não poderá aplicar a norma jurídica cujo suporte fático seja integrado por este fato, devendo decidir contra aquele a quem incumbia o ônus da prova deste fato e, com base nele, pretendia a aplicação da norma.[24] O órgão julgador deve decidir contra aquele a quem incumbia o ônus de prova fato cuja prova revelou-se inexistente ou insuficiente.[25]

Deve-se atentar, no entanto, para a circunstância de a atividade probatória desenvolvida pelas partes estar apenas mediatamente vinculada ao resultado favorável para uma delas, e, reciprocamente, de sua inatividade ser apenas causa mediata do resultado desfavorável.[26]

O cumprimento do ônus da prova não é necessário para que a parte obtenha uma decisão favorável e nem o descumprimento do ônus implica automaticamente uma decisão desfavorável.[27]

Nada impede que os fatos que constituem o suporte fático para a aplicação da norma jurídica sejam provados de ofício[28] ou mesmo pela parte contrária, caso em que a parte obterá uma decisão favorável, mesmo não havendo se desincumbido do ônus da prova a que estava sujeita.[29]

Por outro lado, no caso daquele que busca assegurar o direito no processo, o cumprimento do ônus da prova não assegura uma decisão favorável, na medida em que aquele que se opõe ao reconhecimento do

---

[19] MICHELI, p. 272; ROSENBERG, p. 11.

[20] Vale recordar que os fatos incontroversos não dependem de prova, nos termos do artigo 334 do Código de Processo Civil.

[21] ROSENBERG, p. 15.

[22] ALVES, 2007, p. 208.

[23] ALVES, 2007, p. 208.

[24] ALVES, 2005, p. 94; ALVES, 2007, p. 208; CARPES, 2007, p. 34; MARINONI, p. 170 e 179; ROSENBERG, p. 11, 13, 22-3, 58; XAVIER, p. 340.

[25] ALVES, 2005, p. 94.

[26] MICHELI, p. 92.

[27] MARINONI, p. 179 e 192; MICHELI, p. 92.

[28] Lei nº 6.537/73, artigo 32.

[29] MARINONI, p. 179 e 192; MICHELI, p. 92.

direito pode haver logrado produzir prova suficiente de fato impeditivo, modificativo ou extintivo do direito.

Assim, o ônus probatório conduz não a uma obrigação de produzir a prova, sob pena de uma decisão desfavorável, mas sim a um *risco* de uma decisão contrária, na medida em que, não produzida ou produzida de forma insuficiente a prova, a decisão será contrária à parte a que incumbia o ônus da prova – se a parte a quem incumbe o ônus da prova não produzi-la, ficará na dependência de que ela seja produzida pela outra parte ou mesmo pelo órgão julgador[30] –, sob pena de uma decisão que lhe seja desfavorável.

Por fim, deve-se ressaltar que a distribuição clara e precisa do ônus da prova constitui um corolário do Princípio da Segurança Jurídica.[31]

A definição de como deve se decidir em caso de incerteza acerca dos fatos não pode ficar ao alvedrio do órgão julgador. Caso o órgão julgador pudesse, em caso de incerteza acerca dos fatos, decidir livremente, a decisão tornar-se-ia um ato de arbítrio e desapareceria toda a segurança jurídica.[32]

Daí a necessidade de que existam regras indicando qual deve ser a decisão do órgão julgador em caso de incerteza.[33]

Ao indicar ao órgão julgador a parte contra a qual deve ser proferida a decisão em caso de ausência ou insuficiência de prova, as regras relativas ao ônus da prova protegem as partes da arbitrariedade do órgão julgador.[34] Ausente ou insuficiente a prova de um determinado fato, o órgão julgador não pode decidir com base em seu arbítrio, senso de justiça ou intuição, devendo decidir de acordo com o que determinam as regras do ônus da prova.[35]

Essa noção é de fundamental importância, pois não é dado ao órgão julgador, diante da ausência ou insuficiência da prova, proferir decisão em desacordo com as regras relativas ao ônus da prova.

A distribuição do ônus da prova

Introdução

Tendo em vista a própria definição do ônus da prova, sua distribuição depende fundamentalmente da estrutura da relação jurídica material

---

[30] ALVES, 2005, p. 92; ALVES, 2007, p. 208; MARINONI, p. 177 e 179; THEODORO JÚNIOR, p. 478.
[31] MICHELI, p. 8; ROSENBERG, p. 59.
[32] ROSENBERG, p. 85.
[33] MICHELI, p. 8 e 93; ROSENBERG, p. 58, 85 e 91.
[34] ALVES, 2005, p. 90; ALVES, 2007, p. 206; ROSENBERG, p. 58.
[35] ALVES, 2005, p. 99; MICHELI, p. 175; ROSENBERG, p. 58.

controvertida.[36] É a partir das normas jurídicas cuja aplicação se discute que se identifica o ônus probatório de cada uma das partes.[37]

Em uma relação jurídica controvertida, o acolhimento da pretensão só pode se dar na medida em que estejam presentes os fatos que constituem o suporte fático da norma constitutiva do direito e enquanto não se fizerem presentes os fatos que constituem o suporte fático de normas impeditivas, modificativas ou extintivas deste mesmo direito.[38]

Fatos constitutivos

Aquele que busca no processo um direito a partir da aplicação de uma determinada norma jurídica deve provar os fatos constitutivos desta norma.[39]

Os fatos constitutivos são aqueles fatos que integram o suporte fático da norma jurídica de que nasce o direito, são os fatos pressupostos para a aplicação da norma jurídica de que nasce o direito.[40]

Defesa direta

Aquele que se opõe ao reconhecimento do direito pode produzir *defesa direta*, limitando sua defesa à negativa da existência dos fatos constitutivos, sem alegar qualquer fato impeditivo, modificativo ou extintivo do direito. Nesse caso, aquele que se opõe ao reconhecimento do direito limita-se a procurar demonstrar que aquele que busca no processo o direito não produziu qualquer prova dos fatos constitutivos ou que as provas produzidas não são suficientes para que se forme um juízo de certeza a respeito da existência dos fatos constitutivos, de modo que a norma da qual nasceria o direito não pode ser aplicada. Essa linha de defesa pode ser plenamente eficaz, na medida em que basta àquele que se opõe ao reconhecimento do direito demonstrar que não há nos autos provas suficientes para que se forme um juízo de certeza acerca da existência dos fatos constitutivos e, em consequência, não pode ser aplicada a norma que daria origem ao direito, que, em consequência não poderá ser reconhecido. Cabe àquele que busca o direito no processo a produção de provas que permitam a formação de um juízo de certeza a respeito da existência dos fatos constitutivos da norma de que nasce este direito, de modo que qualquer incerteza acerca destes fatos redunda no não reconhecimento do

---

[36] ROSENBERG, p. 4.
[37] CARNELUTTI, p. 542; CARPES, 2010, p. 47; ROSENBERG, p. 107.
[38] ROSENBERG, p. 103.
[39] CARNELUTTI, 1999, p. 542; KNIJNIK, 2007, p. 133; MARINONI, p. 170; MICHELI, p. 268 e 272; ROSENBERG, p. 97-8 e 99.
[40] MARINONI, p. 179.

direito. A inexistência ou insuficiência de prova dos fatos que integram o suporte fático da norma de cuja aplicação depende o reconhecimento do direito são suficientes para um julgamento contrário a aplicação desta norma e, em consequência, para que o direito não seja reconhecido.

Nesse caso, portanto, não se exige daquele que se opõe ao reconhecimento do direito qualquer prova, mas apenas um esforço argumentativo. Isso porque não se busca, na defesa direta, a aplicação de qualquer norma, mas sim demonstrar que a norma que favorece aquele que busca o direito no processo não deve ser aplicada. O ônus da prova, portanto, continua sendo apenas daquele que busca o direito no processo, que deve provar a existência dos fatos que integram o suporte fático da norma jurídica que pretende seja aplicada.

Deve-se destacar, ainda, que, quando aquele que se opõe ao reconhecimento do direito nega a versão dos fatos apresentada por aquele que busca o direito no processo, apresentando outra versão dos fatos, ele está, na verdade, negando o fato constitutivo do direito – dizer que o fato ocorreu diferentemente, é dizer que ele não ocorreu da forma como pretende aquele que busca o direito no processo – e, em consequência, mantém-se ainda no campo da defesa direta.[41] Também nesse caso, aquele que busca o direito no processo continua com o ônus da prova, não se podendo exigir daquele que se opõe ao reconhecimento do direito que prove que os fatos se deram tal como por ele narrados.[42] A diversidade de versões dos fatos não impõe, portanto, qualquer ônus da prova àquele que se opõe ao reconhecimento do direito.[43] O que se discute ainda é o fato constitutivo do direito e, consequentemente, o ônus continua sendo daquele que busca o direito no processo, mesmo que aquele que se opõe ao reconhecimento do direito nenhuma prova produza para corroborar sua versão dos fatos.[44]

Nesse caso, aquele que se opõe ao reconhecimento do direito não possuirá nenhum ônus probatório.[45] Àquele que se opõe ao reconhecimento do direito só pode se impor qualquer ônus da prova quando baseie sua defesa em uma outra norma jurídica, diferente daquela em que se funda aquele que busca o direito no processo.[46] Trata-se da conhecida fórmula *onus probandi ei incumbit qui dicit, non qui negat*.[47]

---

[41] THEODORO JÚNIOR, p. 479.
[42] Ibidem.
[43] THEODORO JÚNIOR, p. 480.
[44] Ibidem.
[45] CARPES, 2010, p. 47 e 67; KINJNIK, 2006, p. 945; MARINONI, p. 169; ROSENBERG, 1956, p. 97, 98 e 99; SILVA, p. 345; THEODORO JÚNIOR, p. 478.
[46] ROSENBERG, p. 98; SILVA, p. 345.
[47] CARNELUTTI, 1999, p. 541.

Contraprova

Convém anotar que, apesar de aquele que se opõe ao reconhecimento do direito no processo não possuir qualquer ônus da prova em relação aos fatos constitutivos, pode ele produzir *contraprova*.

A contraprova é a prova da inexistência do fato constitutivo,[48] podendo destinar-se tanto a demonstrar a invalidade formal da prova do fato constitutivo (provar a falsidade de um documento, por exemplo) como destinar-se a provar a própria inexistência do fato constitutivo.[49]

A contraprova deve ser considerada exitosa não apenas quando se demonstra a inexistência do fato constitutivo, mas também quando se cria, no órgão julgador, incerteza e dúvida acerca de sua existência.[50]

Àquele que se opõe ao reconhecimento do direito deve ser dada a oportunidade de produzir a contraprova, na medida em que deve contrapor-se adequada e efetivamente às alegações daquele que busca o direito no processo,[51] e, consequentemente, não se lhe pode negar os meios para exercer sua defesa (CF, art. 5º, inc. LV). Não é porque o ônus da prova do fato constitutivo do direito incumbe àquele que busca o direito no processo que aquele que se opõe ao reconhecimento deste direito não pode produzir prova a respeito dele.[52] Assim, aquele que se opõe ao reconhecimento do direito, embora não tenha o ônus de provar a inexistência do fato constitutivo, possui o direito de produzir prova acerca dele.

É verdade que só haverá espaço para a produção da contraprova quando exista alguma prova da existência do fato constitutivo,[53] pois, do contrário, ela não será necessária para a defesa daquele que se opõe ao reconhecimento do direito.

Assim, se aquele que se opõe ao reconhecimento do direito teve seu requerimento de produção de contraprova indeferido, mas a decisão lhe foi favorável, em decorrência da ausência de prova suficiente acerca da existência do fato constitutivo, a decisão não padecerá de nulidade por cerceamento da defesa.

Ocorre que só se pode chegar a uma conclusão acerca da existência ou não de prova suficiente acerca do fato constitutivo após concluída a fase probatória, quando o órgão julgador examina o conjunto probatório produzido nos autos, não sendo possível chegar-se a uma conclusão a

---

[48] MARINONI, p. 176 e 182; MICHELI, p. 363; ROSENBERG, p. 69.
[49] Idem, p. 182.
[50] ROSENBERG, p. 69.
[51] MARINONI, p. 176 e 182.
[52] Idem, p. 182.
[53] Ibidem.

este respeito no momento em que o órgão julgador decide acerca das provas que serão produzidas.

Logo, ao se indeferir a produção da contraprova requerida por aquele que se opõe ao reconhecimento do direito no processo, o risco de nulidade por cerceamento de defesa penderá qual Espada de Dâmocles sobre o processo, até que seja exarada a decisão final.

Daí ser mais prudente autorizar a produção da contraprova, mesmo que, ao final, ela se revele desnecessária. Quando menos ela contribuirá para a formação da convicção do órgão julgador acerca da inexistência de prova suficiente da existência do fato constitutivo.

De qualquer forma, vale destacar: aquele que se opõe ao reconhecimento do direito não possui o ônus de produzir a contraprova. Poderá alcançar seu intento apenas mediante manejo da defesa direta, demonstrando que aquele que busca o direito no processo não se desincumbiu de seu ônus da prova, não havendo logrado produzir provas suficientes para um juízo de certeza acerca dos fatos constitutivos.

Defesa indireta

Por outro lado, aquele que se opõe ao reconhecimento do direito pode produzir *defesa indireta*, não negando os fatos constitutivos e fundando sua defesa em normas impeditivas, modificativas ou extintivas do direito.

Nesse caso, caberá a ele provar os fatos que constituem o suporte fático destas normas impeditivas, modificativas ou extintivas.[54] Evidentemente, não se pode obrigar aquele que busca em um processo um direito a partir da aplicação de uma determinada norma jurídica a provar qualquer fato que conduza ao não reconhecimento do direito.[55] A prova dos fatos impeditivos, modificativos ou extintivos só pode ser imposta àquele que se opõe ao reconhecimento do direito.

O fato impeditivo é um fato que corresponde ao suporte fático de uma norma distinta daquela que dá origem ao direito e que impede que a norma em que se funda o direito produza seus efeitos ou retira a eficácia da norma em que se funda o direito.[56] O fato impeditivo atua externamente sobre a eficácia do fato constitutivo, impedindo que a norma que dá origem ao direito produza seus efeitos, mesmo que todos os fatos que integram seu suporte fático estejam presentes.[57]

---

[54] CARNELUTTI, p. 542; MARINONI, p. 170; MICHELI, p. 268 e 272; NEDER, p. 20; ROSENBERG, p. 97-99; THEODORO JÚNIOR, p. 479.
[55] MARINONI, p. 169-170.
[56] Idem, p. 180; ROSENBERG, p. 93.
[57] MARINONI, p. 180.

O fato modificativo é o fato que corresponde ao suporte fático de uma norma que modifica os efeitos jurídicos da norma jurídica cuja aplicação é pretendida por aquele que busca o direito no processo.

O fato extintivo, por outro lado, corresponde ao suporte fático de uma outra norma, que não impede a produção da eficácia da norma que dá origem ao direito, não impedindo, por conseguinte, que o direito nasça, mas o extingue, destruindo-o.[58]

Assim, por exemplo, se uma parte busca no processo o direito ao pagamento de uma dívida, a outra parte pode alegar a exceção de contrato não cumprido, norma que atua impedindo o próprio surgimento do direito ao pagamento da dívida (fato impeditivo); ou que a dívida era devida, mas já foi paga (fato extintivo); ou que a dívida é devida, mas não pode ser exigida em sua integralidade naquele momento, pois foi parcelada (fato modificativo).[59]

Conclusão

Nesse contexto, aplicando-se as regras do ônus da prova, se a dúvida disser respeito ao fato constitutivo do direito, a decisão deverá ser contrária àquele que busca o direito no processo, ao passo que, se o fato constitutivo do direito houver sido provado e persistir dúvida acerca de fato impeditivo, modificativo ou extintivo do direito, a decisão deverá ser contrária àquele que se opõe ao reconhecimento do direito.[60]

As presunções e as regras do ônus da prova

Introdução

A presunção é a atividade intelectual do julgador, um processo lógico-indutivo, em que, partindo-se de um fato conhecido (indício ou fato presuntivo), se afirma a existência de um fato distinto, porém relacionado logicamente com o primeiro (fato probando ou fato presumido).

Podem-se classificar as presunções, de acordo com sua origem, em presunções legais e presunções simples ou *praesumptiones hominis*.

As presunções legais são aquelas em que o silogismo lógico-indutivo é previamente estabelecido pelo legislador. As máximas de experiência que conduzem do fato presuntivo ao fato probando são cristalizadas

---
[58] ROSENBERG, p. 93.
[59] MARINONI, p. 170.
[60] Idem, p. 170; ROSENBERG, p. 24.

em uma regra jurídica, especialmente por razões de efetividade e economia.[61]

As presunções legais podem, ainda, ser divididas, segundo a possibilidade de refutação, em presunções relativas ou *juris tantum*, que admitem prova em contrário, e as presunções absolutas ou *juris et de jure*, que não admitem prova em contrário.

As presunções constituem prova indireta, na medida em que a prova visa a demonstrar não o fato probando, mas sim um outro fato – o indício ou fato presuntivo –, que, uma vez provado, permitirá, por inferência, concluir pela existência do fato probando.[62]

Presunções simples

As presunções simples consistem em um procedimento de prova.[63]

Nas presunções simples, a partir de um fato conhecido provado (indício ou fato presuntivo) e de uma regra de experiência, infere-se ou induz-se a existência do fato probando.

O indício é o fato conhecido de que se parte para alcançar o fato desconhecido; ele é a premissa da inferência indutiva.[64]

O indício deve estar vinculado ao fato probando por uma relação lógica, que corresponde a uma máxima de experiência,[65] do tipo: "em geral, quando se verifica tal fato (o indício), verifica-se também aqueloutro fato (o fato probando)". Na presunção simples, as máximas de experiência desempenham uma função instrumental lógica; constituem o meio pelo qual se coordena o indício com o fato probando.[66]

A força probante de uma presunção simples depende de dois fatores: a qualidade dos indícios e a confiabilidade da inferência.[67]

Para que a presunção possua relevância probatória, o fato probando deve estar no âmbito das consequências possíveis do fato presuntivo e a probabilidade de que, verificado o fato presuntivo, se verifique também o fato probando deve ser de tal intensidade que conduza ao convencimento racional de que o fato probando efetivamente haja se verificado.[68]

---

[61] MICHELI, p. 172; ROSITO, p. 95-6.
[62] CARNELUTTI, 1982, p. 55, 59 e 67; CARNELUTTI, 1999, p. 525; KNIJNIK, 2007, p. 25; MARINONI, p. 105; ROSITO, p. 27; TARUFFO, p. 241 e 242.
[63] ROSITO, p. 96.
[64] Ibidem.
[65] Idem, p. 95.
[66] FERRAGUT, p. 113; ROSITO, p. 111.
[67] MARINONI, p. 139; ROSITO, p. 97.
[68] KNIJINIK, 2007, p. 49; TARUFFO, 1992, p. 241 e 242.

A relevância que a afirmação sobre o fato probando receberá da prova indireta depende, pois, do grau de aceitabilidade que a prova outorga à existência do fato presuntivo e da aceitabilidade da inferência que vincula o indício ao fato probando.[69] A força demonstrativa da prova indireta está, portanto, no grau da relação de inferência entre o fato presuntivo e o fato probando, de modo que a relevância probatória da presunção será tanto maior quando maior for a probabilidade de que do fato presuntivo provado decorra o fato probando.[70]

De qualquer forma, vale destacar que a inferência construída na prova indireta não se confunde com meras conjecturas, especulações ou palpites.[71]

A força probante da presunção resulta também de sua capacidade de demonstrar a totalidade do fato probando (critério extensivo) e da verificação da possibilidade de do indício decorrer outro fato, que não o fato probando (critério intensivo): se do indício não é possível chegar-se à demonstração da totalidade do fato probando ou se do fato indício podem decorrer outros fatos, que não o fato probando, a presunção tem sua credibilidade abalada.[72]

Deve-se destacar, ainda, que, para que possa servir de premissa para uma presunção, o fato que ocupa a posição de indício deve estar devidamente provado.[73] Não se admite a *presumptum de presumpto* (presunção de presunção, presunção de segundo grau ou presunção secundária), em que se toma como indício não é um fato certo, mas um fato incerto ou presumido, também estabelecido por presunção.[74]

Admitir-se a *presumptum de presumpto* seria conceder ao órgão julgador uma quase ilimitada liberdade na valoração dos elementos processuais sob seu exame, abrindo espaço para a fantasia e para o arbítrio e privando as partes de todas suas garantias de defesa, na medida em que o resultado da prova passaria a ser determinado exclusivamente a partir de processo subjetivo do órgão julgador.[75]

Por fim, deve-se anotar que, de acordo com a disposição do artigo 230 do Código Civil,[76] não se admite que fatos que não possam ser pro-

---

[69] TARUFFO, p. 241; ROSITO, p. 97.
[70] CARNELUTTI, 1982, p. 67; KNIJNIK, 2007, p. 49
[71] KNIJNIK, 2007, p. 31.
[72] MARINONI, p. 141.
[73] Idem, p. 107.
[74] KNIJNIK, 2007, p. 59.
[75] Idem, 2007, p. 59, 60 e 62.
[76] Art. 230. As presunções, que não as legais, não se admitem nos casos em que a lei exclui a prova testemunhal.

vados por prova testemunhal sejam provados por meio de presunções simples.

Presunções legais relativas

A presunção legal relativa altera o critério de distribuição do ônus da prova.[77] Aquele que pretende a aplicação de uma determinada norma jurídica não mais precisa provar os fatos que constituem o suporte fático desta norma, mas sim outros fatos, que consubstanciam o suporte fático da norma que prevê a presunção e fazem presumir a existência do fato que corresponde ao suporte fático da norma que se deseja aplicar. Desloca-se o ônus da prova daquele que se beneficia da presunção legal do *fato probando* para o fato presuntivo.[78]

Provado o fato presuntivo, a parte a quem a presunção legal relativa prejudica fica com o ônus de provar o contrário do estabelecido na presunção, pouco importando sua posição no processo.[79]

Fala-se em alteração do critério de distribuição, e não em inversão do ônus da prova, pois pode ocorrer que a imputação do *onus probandi* decorrente da presunção legal coincida perfeitamente com a regra de distribuição normal do ônus da prova.[80]

Além disso, não se dispensa o ônus da parte beneficiada com a presunção legal de provar o fato presuntivo.[81]

Convém anotar, outrossim, que a presunção legal relativa opera uma facilitação da prova: a parte que teria que provar um fato, cuja prova seria mais difícil ou complexa, precisa, por determinação da lei, comprovar apenas outro fato, cuja prova é mais simples e fácil.[82]

Deve-se observar, ademais, que a presunção legal relativa fixa as consequências jurídicas da ausência de prova em contrário do fato presumido. No caso de presunção legal relativa, a ausência de prova não conduz apenas ao risco de um resultado desfavorável àquele que suporta o ônus da prova, mas sim a uma determinada consequência jurídica preestabelecida pela regra que fixa a própria presunção legal relativa.[83] Isso porque, provado o fato presuntivo, tem-se como provado o fato presumido, não havendo mais espaço para dúvida ou incerteza acerca de sua existência.

---

[77] MARINONI, p. 143; MICHELI, p. 168; ROSENBERG, p. 190.
[78] ROSENBERG, p. 194-5.
[79] MARINONI, p. 143; NEDER, p. 20.
[80] Idem, p. 144.
[81] FERRAGUT, p. 116; MARINONI, p. 144; ROSENBERG, p. 194-5.
[82] MARINONI, p. 144; ROSENBERG, p. 187.
[83] MARINONI, p. 144-5.

No que tange ao espaço para a defesa daquele que é desfavorecido pela regra jurídica que prevê a presunção legal relativa, ele se restringe à contraprova contrária à prova da existência de seu suporte fático – ou seja, à demonstração de que não estão presentes ou existe dúvida acerca dos fatos que integram o suporte fático da norma jurídica que institui a presunção legal relativa, vale dizer, do fato presuntivo – ou à prova do contrário, isso é, à prova de que o fato presumido pela lei não existe.

A refutação da presunção legal relativa mediante a prova do fato contrário não é, pois, contraprova, mas prova principal e pode ser produzida com o emprego de todos os meios de prova.[84]

Deve-se recordar que o fato que ocupa a posição de indício na presunção legal relativa deve estar devidamente provado, sem o que não se pode aplicar a norma jurídica que estabelece a presunção legal relativa.

Quanto à inferência que conduz do fato presuntivo ao fato presumido, ela não pode ser derrubada mediante argumentação daquele que é desfavorecido pela presunção legal relativa, pois deriva da lei.

A única forma de derrubar essa inferência é, por conseguinte, demonstrando a invalidade da própria norma jurídica que estabelece a presunção legal relativa (demonstrando sua inconstitucionalidade ou ser contrária ao Princípio da Razoabilidade, por exemplo).

Por fim, cumpre destacar que nenhum tipo presuntivo admite interpretação ampliativa. Como exceções à regra geral, as normas que instituem presunções legais relativas só podem ser aplicadas em seu campo exato de incidência e toda utilização fora desse âmbito vicia, sob o ponto de vista probatório, a decisão que com base nela tome o órgão julgador.[85]

O ônus da prova no Processo Administrativo Tributário

Introdução

Assim fixados os conceitos fundamentais acerca do ônus da prova, pode-se analisar a distribuição do ônus da prova e sua aplicação no Processo Administrativo Tributário.

Já de início, deve-se destacar que não há no Código Tributário Nacional ou na Lei n° 6.537/73 do Estado do Rio Grande do Sul regra expressa sobre o ônus da prova no processo administrativo relativo à constituição do crédito tributário, inexistindo nesses diplomas dispositivo semelhante ao artigo 333 do Código de Processo Civil.

---

[84] ROSENBERG, p. 190 e 199.
[85] FERRAGUT, p. 116; KNIJNIK, 2007, p. 142.

Isso não significa, no entanto, que inexistam regras sobre o ônus da prova no Processo Administrativo Tributário.

De fato, como se demonstrou, as regras do ônus da prova surgem do próprio modo de aplicação do Direito e, em especial, da impossibilidade de o órgão julgador aplicar determinada norma jurídica, se não estiverem provados os fatos que integram seu suporte fático.[86]

Assim, é também a partir do modo como devem ser aplicadas as normas jurídicas que devem ser construídas as regras sobre a distribuição do ônus da prova no Processo Administrativo Tributário.

Deve-se observar, outrossim, que o Princípio da Verdade Material, que norteia o Processo Administrativo Tributário,[87] não altera a distribuição do ônus da prova em seu sentido objetivo,[88] ou seja, quando as regras relativas ao ônus da prova atuam como regras de julgamento. Isso porque o Princípio da Verdade Material atua na fase instrutória do Processo Administrativo Tributário, ao passo que as regras do ônus da prova, enquanto regras de julgamento, atuarão em momento posterior, quando, havendo o órgão julgador examinado as provas colhidas, constata que elas não são suficientes para a formação de um juízo de certeza acerca dos fatos relevantes para a decisão acerca da manutenção ou não do lançamento.[89]

A rigor, o Princípio da Verdade Material reforça as regras da distribuição do ônus da prova. Com efeito, ao enfatizar que a aplicação da norma que define o fato gerador do tributo só pode se dar se for possível forma um juízo de "verdade material", e não apenas formal, acerca da existência dos fatos que integram o suporte fático desta norma, o Princípio da Verdade Material conduz à conclusão de que, se a existência dos fatos que integram o suporte fático da norma que define o fato gerador do tributo não houver logrado atingir foros de "verdade material", esta norma não poderá ser aplicada.

Por fim, no âmbito do Processo Administrativo Tributário, a regra de julgamento do ônus da prova, que determina que, ausente prova suficiente da existência dos fatos que constituem o suporte fático da norma que define o fato gerador do tributo, não pode ela ser aplicada encon-

---

[86] Tanto é assim que, na Alemanha, onde não existe regra acerca da distribuição do ônus da prova no Código de Processo Civil, a regra é aplicável.

[87] MARINS, p. 177.

[88] Por outro lado, é certo que o Princípio da Verdade Material afeta o ônus da prova em seu sentido subjetivo, na medida em que, no decorrer do processo, a Fiscalização deverá contribuir para a apuração de todos os fatos, mesmo aqueles que lhe são desfavoráveis, pois deve buscar a "verdade material", mesmo que ela conduza à insubsistência do lançamento.

[89] Discorda-se, aqui, portanto, da afirmação de Alberto Xavier, segundo a qual, "[p]orque no procedimento administrativo de lançamento se tende à averiguação da verdade material quando ao objeto do processo – indispensável para a aplicação da lei de imposto – nele não se coloca, em rigor, um problema de repartição do ônus da prova como critério de juízo sobre o fato incerto" (XAVIER, 1998, p. 144).

tra reforço em normas estruturantes do ordenamento jurídico brasileiro, como o Princípio da Legalidade (CF, art. 5º, inc. II; art. 37, *caput*; art. 150, inc. I) e a garantia da propriedade (CF, art. 5º, inc. XXII), que impedem a cobrança de tributo caso seja incerta a existência dos fatos que constituem o suporte fático da norma que define o fato gerador do tributo, impondo o *in dubio contra fiscum*.[90]

Fato gerador

No que diz respeito aos fatos que integram o suporte fático da norma que define o fato gerador do tributo lançado, o ônus da prova é da Fiscalização.

Com efeito, o direito do Ente Tributante ao tributo depende da aplicação da norma que define o fato gerador do tributo.

Nesse sentido, o § 1º do artigo 113 do Código Tributário Nacional é expresso ao afirmar que a obrigação tributária principal, que tem por objeto o pagamento do tributo, *"surge com a ocorrência do fato gerador"*. O artigo 114 do Código Tributário Nacional, por sua vez, afirma que o *"[f]ato gerador da obrigação principal é a situação definida em lei como necessária e suficiente à sua ocorrência"*.

Não há dúvida, portanto, de que, para que surja o direito do Ente Tributante de cobrar o tributo, deve haver ocorrido o respectivo fato gerador.

Assim, os fatos que constituem o suporte fático da norma que define o fato gerador do tributo constituem os fatos constitutivos do direito do Ente Tributante de cobrar o tributo, cabendo à Fiscalização, por conseguinte, o correspondente ônus da prova.

Essa conclusão é reforçada pela disposição contida no artigo 142 do Código Tributário Nacional, que, ao disciplinar a constituição do crédito tributário pelo lançamento, afirma que ele constitui o procedimento administrativo destinado a *"verificar a ocorrência do fato gerador"*.

Destaque-se que à Fiscalização incumbe não apenas o ônus de *afirmar* a existência dos fatos que integram o suporte fático da norma jurídica que define o fato gerador do tributo, mas também o *ônus da prova* da existência destes mesmos fatos. A simples afirmação, pela Fiscalização, da existência dos fatos que integram o pressuposto fático da norma jurídica que define o fato gerador do tributo não cria para o sujeito passivo qualquer ônus de provar a inexistência destes fatos.

Nada impede que o sujeito passivo, em sua defesa, limite-se a negar a existência dos fatos que integram o suporte fático da norma jurídica que

---

[90] XAVIER, p. 148.

define o fato gerador do tributo. Nesse caso, não terá ele nenhum ônus probatório.

O ônus da prova da existência do suporte fático da norma que define o fato gerador do tributo continua sendo da Fiscalização. O sujeito passivo não precisa produzir qualquer prova, bastando-lhe, para obter a insubsistência do lançamento, que demonstre que a Fiscalização não produziu qualquer prova ou não produziu prova suficiente da existência do suporte fático da norma que define o fato gerador do tributo. A ausência de certeza acerca da existência do suporte fático da norma que define o fato gerador do tributo conduz necessariamente a uma decisão contrária ao Ente Tributante, na medida em que cabia a este, por intermédio da Fiscalização, o ônus de provar os fatos que compõem este suporte fático.

Mais: não basta que a Fiscalização produza *alguma* prova acerca da existência dos fatos que integram o suporte fático da norma que define o fato gerador do tributo. Deve produzir prova *suficiente* para permitir que o órgão julgador forme um juízo de certeza acerca da existência dos fatos que integram o suporte fático da norma que define o fato gerador do tributo. Se, não obstante a Fiscalização produza provas acerca da existência dos fatos que compõem o suporte fático da norma que define o fato gerador do tributo, as provas produzidas não forem suficientes para a formação de um juízo de certeza acerca da existência destes fatos, a norma não poderá ser aplicada e o lançamento deverá ser considerado insubsistente.

Deve-se destacar que nada impede que o sujeito passivo produza contraprova, com o objetivo provar a inexistência dos fatos que integram o suporte fático da norma jurídica que define o fato gerador do tributo – essa faculdade lhe é assegurada pela garantia do contraditório e da ampla defesa –, mas ele *não depende da produção desta contraprova para obter a insubsistência do lançamento*, para o que bastará demonstrar que a Fiscalização não se desincumbiu satisfatoriamente de seu ônus de provar a existência dos fatos que integram o suporte fático da norma que define o fato gerador do tributo.

Vale anotar, ainda, que, nesse caso, o sujeito passivo, ao produzir a contraprova, não estará desincumbindo-se de um ônus da prova que lhe seja atribuído, mas sim buscando evitar que a Fiscalização se desincumba do seu.

Assim, o órgão julgador deve, em primeiro lugar, verificar se há alguma prova dos fatos que integram o suporte fático da norma que define o fato gerador do tributo. Não havendo qualquer prova destes fatos, a norma não poderá ser aplicada e o lançamento deverá ser considerado insubsistente.

Se houver alguma prova dos fatos que compõem o suporte fático da norma que define o fato gerador do tributo, o órgão julgador deverá verificar se a prova produzida é suficiente para demonstrar de forma cabal a ocorrência dos fatos que integram o suporte fático da norma que define o fato gerador do tributo.

Se a prova existente não for suficiente, para a formação de um juízo de certeza acerca da existência dos fatos que compõem o suporte fático da norma que define o fato gerador do tributo – seja porque originalmente já não dispunha de poder de convencimento suficiente, seja porque teve seu poder de convencimento abalado pelas alegações produzidas pelo sujeito passivo, no exercício de defesa direta, ou pela contraprova produzida pelo sujeito passivo –, o lançamento deverá ser considerado insubsistente. A ausência de certeza acerca dos fatos que compõem o suporte fático da norma que define o fato gerador do tributo impede a aplicação dessa norma, impondo uma decisão contrária à Fiscalização, que tinha o ônus de provar a existência destes fatos.

Apenas se a prova existente for suficiente para formar um juízo de certeza acerca da existência dos fatos que integram o suporte fático da norma que define o fato gerador do tributo esta poderá ser aplicada e o lançamento deverá ser considerado subsistente.

Fatos impeditivos, modificativos ou extintivos

Caso o sujeito passivo produza defesa indireta, trazendo à discussão normas jurídicas distintas daquela que define o fato gerador do tributo, caberá a ele o ônus de provar a existência dos fatos que integram o suporte fático destas normas.

Esse é o caso dos fatos impeditivos, modificativos ou extintivos.

Exemplos de fato impeditivo são as condições previstas no artigo 117 do Código Tributário Nacional, que podem impedir a ocorrência dos fatos geradores que correspondam a situações jurídicas, nos termos do inciso II do artigo 116 do Código Tributário Nacional.

No que tange aos fatos modificativos, deve-se anotar que, no âmbito do Direito Tributário, a moratória ou o parcelamento não se enquadram nesse conceito.

Em primeiro lugar, a regra geral é a de que a concessão de moratória ou parcelamento é antecedida pela confissão da dívida, dando origem a um procedimento de lançamento por homologação, que afasta o lançamento de ofício e, em consequência, o processo administrativo que teria origem com a contestação do lançamento de ofício.

Em segundo lugar, porque a concessão de moratória ou parcelamento não obstam a constituição do crédito tributário em sua integralidade, com a finalidade de evitar a decadência, evitando apenas a imposição de penalidades.

Por fim, exemplos de fatos extintivos são aqueles previstos nos artigos 156 do Código Tributário Nacional, como o pagamento ou a compensação, a prescrição e a decadência, entre outros.

Caso alegado qualquer desses fatos pelo sujeito passivo, caberá a este o ônus de provar sua ocorrência.

Caso o sujeito passivo não logre provar a ocorrência desses fatos, não poderá o órgão julgador aplicar as normas que têm neles seu suporte fático.

Isso, contudo, não significa a subsistência do lançamento, na medida em que, para tanto, como se viu, a Fiscalização deverá haver provado a existência dos fatos que consubstanciam o suporte fático da norma jurídica que define o fato gerador do tributo.

Ainda que o sujeito passivo não prove os fatos impeditivos, modificativos e extintivos, se a Fiscalização também não houver logrado produzir prova suficiente dos fatos que integram o suporte fático da norma que define o fato gerador do tributo, o lançamento deverá ser considerado insubsistente.

Presunções

A legislação tributária adota uma série de presunções legais, dispensando a Fiscalização da prova dos fatos que integram o suporte fático da norma que define o fato gerador do tributo e permitindo-lhe provar outros fatos, dos quais poderá ser inferida a existência daqueles fatos.[91]

Nesse caso, provado o fato presuntivo pela Fiscalização, caberá ao sujeito passivo a prova da não ocorrência do fato gerador.[92]

Deve-se recordar, no entanto, que, em se tratando de presunções legais, o sujeito passivo, em sua defesa, pode, ao invés de buscar provar a não ocorrência do fato gerador, voltar-se contra a própria aplicação da norma que estabelece a presunção, demonstrando que a Fiscalização não se desincumbiu do ônus de provar suficientemente a existência dos fatos que integram o suporte fático da norma que prevê a presunção.

De fato, como se viu, a presunção não elimina o ônus probatório, mas apenas o desloca: a Fiscalização passa a ter que provar os fatos que constituem o suporte fático da norma que institui a presunção, não mais os fatos que compõem o suporte fático da norma que define o fato gerador do tributo.

---

[91] KNIJNIK, 2007, p. 132.
[92] Idem, p. 137; XAVIER, p. 146.

Assim, demonstrado pelo sujeito passivo que a Fiscalização não comprovou adequadamente a presença dos fatos que compõem o suporte fático da norma que estabelece a presunção, esta não poderá ser aplicada, o que, por si só, conduzirá à insubsistência do lançamento. E isso sem que seja necessário que o sujeito passivo produza qualquer prova.

Finalmente, caso a Fiscalização, para provar a existência dos fatos que constituem o suporte fático da norma que define o fato gerador do tributo, haja recorrido a presunções simples, a defesa do sujeito passivo pode voltar-se tanto contra a prova dos fatos em que se baseia a presunção como contra os critérios utilizados para a inferência.

E, deve-se destacar, a demonstração de que do fato presuntivo é possível inferir o fato presumido integra a motivação do lançamento, a fim de permitir que o raciocínio lógico que caracteriza a inferência possa ser controlado e submetido ao crivo do contraditório.[93]

Tributos sujeitos a lançamento por homologação

No caso do lançamento de ofício de tributos ordinariamente sujeitos a lançamento por homologação, além dos fatos que constituem o suporte fático da norma jurídica que define o fato gerador do tributo, cabe à Fiscalização também o ônus da prova relativo aos fatos que integram o suporte fático da norma contida no artigo 149 do Código Tributário Nacional que autoriza o lançamento de ofício.

Deve, então, a Fiscalização produzir prova suficiente de que a declaração não foi prestada *"por quem de direito, no prazo e na forma da legislação tributária"* (CTN, art. 149, inc. II); da *"falsidade, erro ou omissão quanto a qualquer elemento definido na legislação tributária como sendo de declaração obrigatória"* (CTN, art. 149, inc. IV); da *"omissão ou inexatidão, por parte da pessoa legalmente obrigada"* (CTN, art. 149, inc. V); e assim por diante.

Veja-se que, em alguns casos, esse ônus da prova é evidenciado pela expressão *"quando se comprove"*, contida em alguns dos incisos do artigo 149 do Código Tributário Nacional. Contudo, ele existe mesmo naquelas hipóteses em que não há menção expressa à comprovação dos fatos, na medida em que decorre da regra geral de que aquele que pretende a aplicação de uma norma – no caso, a norma que autoriza o lançamento de ofício no caso de tributos sujeitos a lançamento por homologação – deve provar a existência dos fatos que constituem o suporte fático desta norma.

Destaque-se que, se a Fiscalização não provar os fatos que constituem o suporte fático da norma que autoriza o lançamento de ofício no caso de tributos ordinariamente sujeitos a lançamento por homologação,

---
[93] FERRAGUT, p. 115; NEDER, p. 20.

o lançamento deverá ser considerado insubsistente, pois não poderá ser aplicada a norma que autoriza a Fiscalização a proceder ao lançamento.

E isso mesmo que a Fiscalização haja logrado provar a existência dos fatos que constituem o suporte fático da norma jurídica que define o fato gerador do tributo.

Arbitramento

Cumpre, por fim, que se teçam algumas palavras sobre o ônus da prova em caso de arbitramento.

Nos termos do artigo 148 do Código Tributário Nacional, *"[q]uando o cálculo do tributo tenha por base, ou tome em consideração, o valor ou o preço de bens, direitos, serviços ou atos jurídicos, a autoridade lançadora, mediante processo regular, arbitrará aquele valor ou preço, sempre que sejam omissos ou não mereçam fé as declarações ou os esclarecimentos prestados, ou os documentos expedidos pelo sujeito passivo ou pelo terceiro legalmente obrigado"*.

A legislação Estadual, por sua vez, permite à Fiscalização arbitrar o valor das operações de circulação de mercadorias realizadas pelo contribuinte sempre que: *a)* for invalidada a escrita contábil do contribuinte, por conter vícios e irregularidades que caracterizem sonegação do imposto; *b)* a escrita fiscal ou os documentos emitidos e recebidos contiverem omissões ou vícios que evidenciem a sonegação do imposto; *c)* se verificar que as quantidades, operações ou valores lançados na escrita fiscal ou nos documentos são inferiores aos reais; *d)* for omisso ou não mereça fé o preço constante de documento emitido pelo sujeito passivo ou por terceiro legalmente obrigado; *e)* forem declarados extraviados os livros ou documentos fiscais e o contribuinte não comprovar as operações e que sobre as mesmas pagou o imposto devido; *f)* o contribuinte ou responsável se negar a exibir os livros ou documentos ou não os exibir no prazo assinado; *g)* o contribuinte deixar de apresentar, na forma e no prazo estabelecidos pela legislação tributária, a Guia de Informação e Apuração do ICMS (GIA).[94]

A legislação estadual prevê o arbitramento também quando o contribuinte não efetuar anualmente o inventário de mercadorias ou não escriturar o livro Registro de Inventário, hipótese em que a Fiscalização poderá arbitrar o valor das existências, que servirá de base para o levantamento do montante das operações alcançadas pela incidência do ICMS.[95]

---

[94] Lei nº 6.485/72 do Estado do Rio Grande do Sul, art. 37; RICMS/RS, Livro I, art. 22; RICMS/RS, Livro IV, art. 5º.

[95] Lei nº 6.485/72 do Estado do Rio Grande do Sul, art. 37, par. único; RICMS/RS, Livro IV, art. 5º, § 1º.

Por fim, a legislação estadual prevê o arbitramento da base de cálculo do ICMS, no caso de o contribuinte utilizar equipamento diferente do exigido pela legislação estadual para o controle das operações de circulação de mercadorias e prestação de serviços do estabelecimento.[96]

Ordinariamente, a Fiscalização deve provar os fatos que integram o suporte fático da norma que define o fato gerador do tributo – aí incluídos os fatos que permitirão aferir a dimensão quantitativa deste fato gerador e, assim, definir o *quantum* do tributo devido –, que constituiriam o fato probando.

Caso, no entanto, por conduta ou omissão atribuível ao sujeito passivo ou a terceiro, a Fiscalização veja-se privada dos meios para proceder à apuração dos fatos que integram o suporte fático da norma que define o fato gerador do tributo, a legislação alcança-lhe o mecanismo do arbitramento para proceder à determinação do valor do tributo devido.

Nos casos em que o artigo 148 do Código Tributário Nacional e a legislação estadual autorizam o arbitramento, a determinação do valor do tributo é procedida não com base em prova direta dos fatos que compõem o suporte fático da norma que define o fato gerador do tributo, mas sim com base em uma presunção, construída a partir de outros fatos. Vale dizer, nessas hipóteses, a legislação autoriza à Fiscalização o recurso a uma presunção, em que o valor do tributo devido será inferido a partir de indícios.[97]

Partindo de uma máxima da experiência que afirma que elementos como "a média técnica de produção ou de lucro bruto" ou "índices econômico-contábeis, verificados de forma preponderante no mesmo ramo de negócio ou atividade"[98] possuem relação com o valor das operações de circulação de mercadorias, produz-se prova destes elementos e, a partir deles, presume-se o valor das operações de circulação de mercadoria, que constitui a base de cálculo do ICMS.

Trata-se, vale observar, de presunção *juris tantum*, que pode ser derrubada por prova em contrário, como evidencia a parte final do artigo 148 do Código Tributário Nacional, que ressalva, *"em caso de contestação, avaliação contraditória, administrativa ou judicial"*.

Nesse contexto, em caso de arbitramento, integram o ônus da prova da Fiscalização, inicialmente, os fatos que compõem o pressuposto fático da norma contida no artigo 148 do Código Tributário Nacional ou na legislação estadual que prevê as hipóteses de arbitramento.

---

[96] RICMS/RS, Livro IV, art. 5°, § 2°.
[97] XAVIER, p. 130.
[98] Lei n° 6.485/72 do Estado do Rio Grande do Sul, art. 37; RICMS/RS, Livro IV, art. 5°.

Deve a Fiscalização provar que as declarações ou os esclarecimentos prestados, ou os documentos expedidos pelo sujeito passivo ou pelo terceiro legalmente obrigado são omissos ou não merecem fé; que a escrita fiscal ou os documentos emitidos apresentam omissões, irregularidades ou vícios que evidenciam a existência de sonegação fiscal; que o contribuinte se negou a apresentar os livros ou documentos fiscais ou não os apresentou no prazo assinado; que o contribuinte não apresentou a GIA; e assim por diante.

Havendo dúvida acerca desses fatos – seja porque a Fiscalização não produziu prova sobre eles, seja porque a prova produzida pela Fiscalização não foi suficiente para que o órgão julgador formasse um juízo de certeza acerca de sua existência –, não pode ser aplicada a norma do artigo 148 do Código Tributário Nacional ou a legislação estadual que autoriza o arbitramento.

E, nessa hipótese, se o valor do tributo devido foi determinado por meio de arbitramento, o lançamento será irremediavelmente insubsistente.

Isso porque, no arbitramento, a Fiscalização haverá determinado o valor do tributo devido por meio de uma presunção, sem autorização para tanto, e não haverá procedido devidamente à determinação do montante devido, na medida em que haverá apurado não os fatos que integram o suporte fático da norma jurídica que define o fato gerador do tributo, mas sim outros fatos.

Anote-se que, nessa hipótese, o lançamento será insubsistente mesmo que a Fiscalização haja provado devidamente os fatos sobre os quais construiu a presunção do valor do tributo devido.

Prosseguindo, a Fiscalização deve provar os fatos sobre os quais construirá a presunção, o fato presuntivo – *"a média técnica de produção ou de lucro bruto"* ou *"índices econômico-contábeis, verificados de forma preponderante no mesmo ramo de negócio ou atividade"*,[99] por exemplo.

Com efeito, como se demonstrou, não se admite a *presumptum de presumpto* (presunção de presunção, presunção de segundo grau ou presunção secundária). Para que a presunção possa ser admitida, os indícios sobre os quais ela se funda devem estar devidamente provados.

Havendo dúvida acerca dos indícios – seja porque a Fiscalização não produziu prova em relação a eles, seja porque a prova produzida pela Fiscalização não é suficiente para formar no órgão julgador um juízo de certeza – o lançamento deverá ser julgado insubsistente, pois o ônus da prova acerca dos indícios em que se funda a presunção é, como se viu, da Fiscalização.

---

[99] Lei nº 6.485/72 do Estado do Rio Grande do Sul, art. 37; RICMS/RS, Livro I, art. 22, par. único; Livro IV, art. 5º.

O sujeito passivo, portanto, pode produzir defesa direta, buscando demonstrar que a Fiscalização não produziu prova suficiente para que se formasse um juízo de certeza acerca da existência dos indícios. Se lograr êxito, isso já será suficiente para que o lançamento seja considerado insubsistente, não sendo necessário que o sujeito passivo produza qualquer prova.

Por outro lado, pode o sujeito passivo produzir contraprova, prova de que os indícios não existem. Nesse caso, vale recordar, não estará se desincumbindo de ônus da prova que seja seu, mas sim impedindo que a Fiscalização se desincumba do seu ônus da prova, o que redundará em uma decisão desfavorável à Fiscalização.

Em se tratando de presunção simples, o sujeito passivo pode demonstrar a inconsistência da inferência, demonstrando que, do indício, não se pode inferir – ou não se pode inferir com a segurança necessária – o fato probando. Também assim estará o sujeito passivo impedindo a Fiscalização de desincumbir-se de seu ônus da prova, na medida em que, demonstrado que do fato presuntivo não se pode inferir a existência do fato probando, este não poderá ser tido por provado.

Por fim, pode ainda o sujeito passivo produzir prova de que, apesar de provado o fato presuntivo e admitida a inferência, o fato presumido não ocorreu ou ocorreu de forma diferente.

Esse o espaço para a *"avaliação contraditória"* a que se refere a parte final do artigo 148 do Código Tributário Nacional.

Conclusão

A estrutura das regras do ônus da prova no Processo Administrativo Tributário relativo à constituição do crédito tributário, no seu sentido objetivo, é definida a partir do modo como o Direito é aplicado, sendo reforçada pelo Princípio da Verdade Material e por normas estruturantes do ordenamento jurídico brasileiro, como o Princípio da Legalidade e a garantia do direito à propriedade.

De acordo com a distribuição do ônus da prova, cabe à Fiscalização provar a existência dos fatos que constituem o suporte fático da norma que define o fato gerador do tributo, cabendo ao sujeito passivo, caso produza defesa indireta, a prova dos fatos que integram o pressuposto fático das normas que impedem, modificam ou extinguem o crédito tributário.

Tendo em vista que a manutenção do lançamento pressupõe a produção de prova suficiente da existência dos fatos que integram o suporte fático da norma jurídica que define o fato gerador do tributo, o ônus da prova é fundamentalmente da Fiscalização.

Caso o sujeito passivo produza defesa direta, negando a ocorrência dos fatos que integram o suporte fático da norma que define o fato gerador do tributo, não suportará o ônus de provar suas alegações. Assim, apresenta-se equivocada a compreensão de que o sujeito passivo deve sempre produzir provas dos fatos que alegar. O sujeito passivo só arcará com algum ônus da prova se alegar fatos impeditivos, modificativos ou extintivos. Se o sujeito passivo alegar a não existência dos fatos constitutivos, não terá o ônus de provar que os fatos constitutivos não existem, bastará que demonstre, por meio de sua argumentação, que a Fiscalização não produziu prova da ocorrência dos fatos constitutivos ou que a prova por ela produzida não é forte o suficiente para demonstrar a existência destes fatos.

O sujeito passivo poderá, é certo, produzir contraprova, para demonstrar a inocorrência do fato gerador, mas, nessa hipótese, não estará se desincumbindo de um ônus da prova que lhe pertença, mas sim procurando evitar que a Fiscalização logre cumprir seu ônus probatório.

Nas normas que instituem presunções, nas normas que estabelecem as hipóteses de lançamento de ofício em caso de tributos ordinariamente sujeitos a lançamento por homologação e nas normas que preveem as hipóteses de arbitramento, a Fiscalização suporta um duplo ônus probatório, devendo provar, inicialmente, os fatos que constituem o suporte fático destas normas e, a seguir, os fatos que, de acordo com estas normas, devem ser provados.

Caso a Fiscalização ou o sujeito passivo não se desincumbam de seu ônus da prova, suportarão uma decisão contrária. Se a Fiscalização não houver desempenhado devidamente seu ônus da prova, o lançamento deverá ser considerado insubsistente. Se a Fiscalização houver desempenhado o ônus da prova que lhe fora atribuído, e o sujeito passivo não desempenhar o ônus probatório que lhe foi atribuído, o lançamento deverá ser mantido.

Bibliografia

ALVES, Maristela da Silva. O ônus da prova como regra de julgamento. In OLIVEIRA, Carlos Alberto. *Prova Cível*. 2. ed. Rio de Janeiro: Forense, 2005.

———. Esboço sobre o significado do ônus da prova no processo civil. In KNIJNIK, Danilo (Coord.). *Prova judiciária: estudos sobre o novo direito probatório*. Porto Alegre: Livraria do Advogado, 2007.

BARBOSA MOREIRA. *Temas de Direito Processual*: Segunda Série. São Paulo: Saraiva, p. 1980.

CARNELUTTI, Francesco. *La prueba civil*. 2. ed. Buenos Aires: Ediciones Depalma, 1982.

———. *Teoria geral do Direito*. São Paulo: LEJUS, 1999.

CARPES, Artur Thompsen. Apontamentos sobre a inversão do ônus da prova e a garantia do contraditório. In KNIJNIK, Danilo (Coord.). *Prova judiciária: estudos sobre o novo direito probatório*. Porto Alegre: Livraria do Advogado Editora, 2007.

CARPES, Artur. *Ônus dinâmico da prova*. Porto Alegre: Livraria do Advogado, 2010.

DINAMARCO, Cândido Rangel. *Fundamentos do processo civil moderno*. t. 2. 6. ed. São Paulo: Malheiros, 2010.

FERRAGUT, Maria Rita. Presunções: meio de prova do fato gerador? *In.* NEDER, Marcos Vinícius; DE SANTI, Eurico Marcos Diniz; e FERRAGUT, Maria Rita (coords). *A prova no processo tributário.* São Paulo: Dialética, 2010.

GUILHERME, Thiago Azevedo. *Regras de distribuição do ônus da prova e de efetivação do acesso à justiça.* Porto Alegre: Sergio Antonio Fabris Editor, 2011.

KNIJNIK, Danilo. As Perigosíssimas Doutrinas do Ônus Dinâmico da Prova e da Situação de Senso Comum como Instrumentos para Assegurar o Acesso à Justiça e Superar a Probatio Diabolica. In: Luiz Fux; Nelson Nery Jr.; Teresa Arruda Alvim Wambier. (Org.). *Processo e Constituição – Estudos em Homenagem ao Professor José Carlos Barbosa Moreira.* São Paulo: Revista dos Tribunais, 2006.

——. *A prova nos juízos cível, penal e tributário.* Rio de Janeiro: Forense, 2007.

MARINONI, Luiz Guilherme; ARENHART, Sérgio Cruz. *Prova.* 2. ed. São Paulo: Revista dos Tribunais, 2011.

MARINS, James. *Direito processual tributário brasileiro.* 2. ed. São Paulo: Dialética, 2002.

MICHELI, Gian Antonio. *L'onere della prova.* Padova: Casa Editrice Dott. Antonio Milani, 1942.

NEDER, Marcos Vinícius. Aspectos formais e materiais no Direito Probatório. *In.* NEDER, Marcos Vinícius; DE SANTI, Eurico Marcos Diniz; e FERRAGUT, Maria Rita (coords). *A prova no processo tributário.* São Paulo: Dialética, 2010.

PONTES DE MIRANDA, Francisco Cavalcanti. Tratado de Direito Privado : Parte Geral : Introdução. Pessoas Físicas e Jurídicas. t. 1. Rio de Janeiro: Editora Borsoi, 1954.

ROSENBERG, Leo. *La carga de la prueba.* Buenos Aires: Ediciones Juridicas Europa-America, 1956.

ROSITO, Francisco. *Direito probatório: as máximas de experiência em juízo.* Porto Alegre: Livraria do Advogado, 2007.

SILVA, Ovídio Araújo Baptista da. *Curso de processo civil : processo de conhecimento.* v. 1. 5. ed. São Paulo: Revista dos Tribunais, 2000.

TARUFFO, Michele. *La prova dei fatti giuridici.* v. 3. t. 2. s. 1. Milão: Giuffrè, 1992.

THEODORO JÚNIOR, Humberto. Curso de Direito Processual Civil : teoria geral do direito processual civil e processo de conhecimento. v. 1. 47. ed. Rio de Janeiro: Forense, 2007.

XAVIER, Alberto. Do lançamento: teoria geral do ato, do procedimento e do processo tributário. 2. ed. Rio de Janeiro: Forense, 1998.

— 5 —

A suspensão da exigibilidade do crédito tributário decorrente de medida judicial anterior ao lançamento e o impedimento da aplicação de penalidades

RAFAEL NICHELE

Mestre em Direito Tributário pela PUCRS, Professor do Curso de Pós-Graduação em Direito Tributário da PUCRS, Juiz Titular do TARF/RS, Sócio do Cabanellos Advogados Associados.

Sumário: 1. A colocação do problema; 2. As causas de suspensão da exigibilidade previstas nos incisos IV e V do artigo 151 do CTN impedem o Fisco de constituir o crédito tributário com multa?; 2.1. Síntese dos argumentos; 3. A relação tributária sancionatória e a ausência do pressuposto de fato para a aplicação de penalidades quando há suspensão da exigibilidade do crédito tributário; 3.1. A matéria é regulada por Lei Complementar; 3.2. A decisão judicial que suspende a exigibilidade do crédito tributário altera o critério temporal da regra matriz da hipótese de incidência tributária; 4. A medida judicial que suspende a exigibilidade do crédito tributário e o impedimento da aplicação de penalidades em razão do postulado da razoabilidade; 5. Conclusões.

1. A colocação do problema

Os incisos IV e V do artigo 151 do Código Tributário Nacional (adiante CTN) estabelecem as causas de suspensão da exigibilidade do crédito tributário decorrentes da concessão de medida liminar ou tutela antecipada em favor do contribuinte, senão vejamos:

Art. 151. Suspendem a exigibilidade do crédito tributário:

IV – a concessão de medida liminar em mandado de segurança;

V – a concessão de medida liminar ou tutela antecipada, em outras espécies de ação judicial.

O Superior Tribunal de Justiça (adiante STJ) pacificou o entendimento no sentido de que a suspensão da exigibilidade do crédito tributário pela via judicial não impossibilita a Fazenda Pública de proceder à regular constituição do crédito tributário para prevenir a decadência do direito de lançar. Confira-se a respeito o precedente abaixo:

TRIBUTÁRIO. EMBARGOS DE DIVERGÊNCIA. LANÇAMENTO POR HOMOLOGAÇÃO. DECADÊNCIA. PRAZO QÜINQÜENAL. MANDADO DE SEGURANÇA. MEDIDA LIMINAR. SUSPENSÃO DO PRAZO. IMPOSSIBILIDADE.

1. Nas exações cujo lançamento se faz por homologação, havendo pagamento antecipado, conta-se o prazo decadencial a partir da ocorrência do fato gerador (art. 150, §4º, do CTN), que é de cinco anos.

2. Somente quando não há pagamento antecipado, ou há prova da fraude, dolo ou simulação é que se aplica o disposto no art. 173, I, do CTN.

3. A suspensão da exigibilidade do crédito tributário na via judicial impede o fisco de praticar qualquer ato contra o contribuinte visando à cobrança de seu crédito, tais como a inscrição em dívida ativa, execução e penhora, mas não impossibilita a Fazenda de proceder à regular constituição do crédito tributário para prevenir a decadência do direito de lançar.

4. Embargos de divergência providos (EREsp 572.603/PR, Rel. Min. Castro Meira, Primeira Seção, DJ 05/09/2005).

Pois bem. Ainda que inexista impedimento à prática do lançamento tributário, surge o seguinte questionamento: é possível ao Fisco proceder ao lançamento tributário com a aplicação de penalidades nas hipóteses em que o contribuinte obtém uma causa suspensiva da exigibilidade do crédito tributário por força de medida liminar ou tutela antecipada anterior à prática do lançamento tributário ? Em suma, a suspensão da exigibilidade do crédito tributário teria apenas o condão de impedir a cobrança do crédito (inscrição em dívida ativa, execução e penhora), mas não o lançamento tributário com a aplicação da multa? A questão ganha importância na medida em que o Fisco do Estado do Rio Grande do Sul tem entendido que o lançamento tributário deve ser praticado com a aplicação da multa, por inexistir base legal que permita a exclusão da penalidade, hipótese que se verifica tão somente para os tributos federais por disposição legal expressa (artigo 63, §1º, da Lei Federal nº 9.430/96).

Nesse sentido, confira-se abaixo o acórdão do Tribunal Administrativo de Recursos Fiscais do Estado do Rio Grande do Sul (adiante TARF):

ITCD. ALÍQUOTA. AÇÃO JUDICIAL. ITCD, decorrente de transmissão causa mortis, pago à alíquota de 1%, por força de decisão judicial, quando pela legislação tributária a alíquota correta seria de 8%. Correto o indeferimento da impugnação, relativamente à questão sob discussão judicial, pelo entendimento de renúncia do processo administrativo em virtude de demanda judicial. Multa e juros aplicados na peça fiscal nos termos da legislação pertinente. Recurso Voluntário não provido. Decisão unânime. (TARF, 1ª Câmara, Juiz Rel. Rodrigo Maciel de Souza, Acórdão nº 1345/11).

Tal entendimento, contudo, mesmo no âmbito da jurisprudência do TARF/RS já encontra divergência, conforme se verifica a partir do precedente abaixo:

AUTORIZAÇÃO PARA RECOLHIMENTO POSTERIOR DO ICMS ST DECORRENTE DE ORDEM JUDICIAL NÃO IMPEDE O LANÇAMENTO; APENAS AFASTA A EXIGIBILIDADE. ASSIM, NA CONSTITUIÇÃO DO CRÉDITO NÃO É RAZOÁVEL A IMPOSIÇÃO DE PENALIDADE. Recurso parcialmente provido, por maioria, com voto de desempate do Presidente. Unânime. (TARF, 1ª Câmara, Rel. Juiz Juliano Pacheco Machado, Acórdão nº 262/11).

Diante deste cenário, o presente capítulo tem como objetivo demonstrar que a suspensão da exigibilidade do crédito tributário obtida pela via judicial e anterior ao lançamento tributário que venha a ser praticado impede o Fisco de aplicar, conjuntamente, qualquer penalidade ao contribuinte, por não haver prática de infração cometida. Noutras palavras, compete ao Fisco apenas lavrar o lançamento tributário sem a multa quando o contribuinte está amparado numa medida judicial anterior ao lançamento que lhe assegura a suspensão da exigibilidade do crédito tributário.

É que se passa a fazer.

2. As causas de suspensão da exigibilidade previstas nos incisos IV e V do artigo 151 do CTN impedem o Fisco de constituir o crédito tributário com multa?

2.1. Síntese dos argumentos

No âmbito do Tribunal Administrativo de Recursos Fiscais do Estado do Rio Grande do Sul, há duas correntes a respeito do tema.

A primeira, defendida por boa parcela dos juízes do Tribunal, sustenta que os efeitos da suspensão da exigibilidade do crédito tributário impedem a realização, pelo Fisco, de atos de cobrança, tais como: a inscrição em dívida ativa, a negativa de expedição de certidão positiva com efeito de negativa e o ajuizamento da execução fiscal com penhora de bens. Quanto à multa, não há impedimento a sua aplicação, pois ela diz respeito à constituição do crédito tributário, e não da sua exigibilidade. Tal interpretação também é fundamentada na ausência de dispositivo legal, seja do CTN (art. 151), seja da lei estadual (Lei n° 6.537/73) para a exclusão da penalidade.

A referida interpretação também é baseada no método interpretativo intitulado *argumentum e contrario*: a Lei Estadual n° 6.537/73, ao arrolar os requisitos do lançamento de ofício, estabelece que o mesmo conterá a indicação do valor do tributo, inclusive atualização monetária, multa e/ou juros não havendo referência expressa a hipóteses excludentes quanto à imposição da multa. Noutras palavras, caso fosse intenção do legislador estadual excluir a multa na situação ora analisada, teria feito de forma expressa, assim como fez o legislador federal para os tributos administrados pela Receita Federal do Brasil, com a inclusão do art. 63, §1°, da Lei n° 9.430/96, senão vejamos:

> Art. 63. Não caberá lançamento de multa de ofício na constituição do crédito tributário destinada a prevenir decadência, relativo a tributos e contribuições de competência da União, cuja exigibilidade houver sido suspensa na forma do inciso IV do art. 151 da Lei n° 5.172, de 25 de outubro de 1966.
>
> § 1° O disposto neste artigo, aplica-se exclusivamente, aos casos em que a suspensão da exigibilidade do débito tenha ocorrido antes do início de qualquer procedimento fiscal a ele relativo.

De acordo com essa corrente, a inclusão expressa desse dispositivo na lei federal confirma a interpretação, *a contrario sensu*, segundo a qual somente com a inclusão de semelhante dispositivo na legislação tributária gaúcha se poderia excluir a da multa, sendo totalmente inaplicável aos tributos estaduais o dispositivo da lei federal acima transcrito, tampouco a Súmula nº 17 do Conselho Administrativo de Recursos Fiscais (CARF).[1]

Em contraposição aos argumentos acima descritos, outra parcela menos significativa dos juízes do TARF defende a tese no sentido de que não é possível a aplicação da multa quando a suspensão da exigibilidade do crédito tributário é decorrente de medida judicial anterior ao próprio lançamento.

Em primeiro lugar, porque a aplicação da multa quando a suspensão da exigibilidade do crédito tributário decorre de medida judicial anterior ao próprio lançamento colide com o próprio CTN, reconhecidamente norma geral em matéria tributária, nos termos do art. 146, III, *b*, da Constituição Federal.

Em segundo lugar, porque a suspensão da exigibilidade do crédito tributário impede de realizar-se, no plano fático, a hipótese de incidência da norma jurídica tributária de natureza sancionatória, na medida em que o contribuinte, por força de uma norma individual e concreta proferida pelo Estado-Juiz, está agindo dentro da legalidade, inibindo a incidência do critério temporal da regra matriz de exigibilidade do tributo. Noutras palavras, o contribuinte não está cometendo nenhuma infração, pressuposto de fato cuja ocorrência é necessária para a fixação da penalidade, isto é, da multa.

Em terceiro lugar, o postulado da razoabilidade enquanto condição de aplicação do Direito[2] exige uma relação de coerência interna entre os elementos das regras jurídicas constantes do ordenamento jurídico. Nesse particular, parece inconcebível a aplicação de uma penalidade, essencialmente punitiva, como no caso da multa, por uma conduta lícita, isto é, quando o contribuinte está amparado numa norma individual e concreta. Interpretação em sentido contrário, viola a legalidade tributária na medida em que a decisão judicial determina qual a interpretação da lei tributária a ser aplicada no caso concreto.[3]

---

[1] Súmula 17 do CARF: Não cabe a exigência de multa de ofício nos lançamentos efetuados para prevenir a decadência, quando a exigibilidade estiver suspensa na forma dos incisos IV e V do art. 151 do CTN e a suspensão do débito tenha ocorrido antes do início de qualquer procedimento de ofício a ele relativo. Efeito vinculante à Administração Tributária Federal atribuído pela Portaria MF 383, de 12 de julho de 2010.

[2] ÁVILA, Humberto. *Sistema Constitucional Tributário*. 3. ed. São Paulo: Saraiva, 2008, p. 437.

[3] Nesse sentido, dispõe o artigo 468 do CPC, que estabelece que "A sentença que julgar total ou parcialmente a lide tem força de lei nos limites de lide e das questões decididas".

Colocados os argumentos de uma cada das correntes, passemos a expor a nossa interpretação a respeito do tema.

3. A relação tributária sancionatória e a ausência do pressuposto de fato para a aplicação de penalidades quando há suspensão da exigibilidade do crédito tributário

3.1. A matéria é regulada por Lei Complementar

Segundo o art. 146, III, *b*, da Constituição Federal,[4] compete à Lei Complementar estabelecer normas gerais em matéria tributária. E essa lei complementar é o CTN, por ter sido recepcionada pela própria Constituição Federal, por meio do art. 34, § 5º, dos Atos das Disposições Constitucionais Transitórias (ADCT).[5]

O CTN, por sua vez, possui, pelo menos, três dispositivos que merecem destaque em relação à questão examinada:

> Art. 114. Fato gerador da obrigação principal é a situação definida em lei como necessária e suficiente à sua ocorrência.
>
> Art. 116. Salvo disposição de lei em contrário, considera se ocorrido o fato gerador e existentes os seus efeitos:
> I – tratando se de situação de fato, desde o momento em que se verifiquem as circunstâncias materiais necessárias a que produza os efeitos que normalmente lhe são próprios;
>
> Art. 142. Compete privativamente à autoridade administrativa constituir o crédito tributário pelo lançamento, assim entendido o procedimento administrativo tendente a verificar a ocorrência do fato gerador da obrigação correspondente, determinar a matéria tributável, o calcular o montante do tributo devido, identificar o sujeito passivo, e, sendo caso, propor a aplicação da penalidade cabível.

Uma leitura conjunta dos dispositivos legais acima transcritos permite chegar a duas conclusões.

Em primeiro lugar, para que ocorra o fato gerador da obrigação tributária, é necessário que, no plano fático, se verifiquem as circunstâncias materiais necessárias a sua ocorrência, isto é, o pressuposto de fato acontecido deve corresponder à hipótese de incidência descrita em lei. Aliás, isso não é algo que acontece apenas com as relações jurídicas tributárias. Ao contrário, é consenso que qualquer relação jurídica só nasce a partir do momento em que há uma correspondência inequívoca do conceito do fato (situação acontecida no plano fático) com o conceito da norma (hipótese de incidência descrita em lei). O mesmo se dá com as relações jurídicas de natureza sancionatória.

---

[4] Art. 146, III, *b*, da CF: Cabe à lei complementar: III – estabelecer normas gerais em matéria de legislação tributária, especialmente sobre: b) obrigação, lançamento, crédito, prescrição e decadência tributários.

[5] Art. 34, § 5º, da ADCT, da CF: O sistema tributário nacional entrará em vigor a partir do primeiro dia do quinto mês seguinte ao da promulgação da Constituição, mantido, até então, o da Constituição de 1967, com a redação dada pela Emenda nº 1, de 1969, e pelas posteriores.

Em segundo lugar, a aplicação da penalidade cabível por parte da autoridade administrativa não é uma condição necessária à regular constituição do crédito tributário, ou seja, a penalidade pode ser cabível ou não, depende da correspondência do pressuposto de fato (conduta ilícita) com a hipótese descrita em lei (regra que prevê a penalidade cabível para aquela conduta ilícita). Em suma: não havendo infração sido cometida por parte do contribuinte, não há que se falar em aplicação de penalidade. Não há o fato ou suporte fático para que se aplique a regra jurídica que estabelece a penalidade.

Em se tratando de relação jurídica de natureza sancionatória, Regina Helena Costa[6] a define como sendo o liame mediante o qual o sujeito ativo tem o direito de aplicar ao sujeito passivo uma penalidade. Dessa forma, ainda segundo a autora, a deflagração de tal vínculo depende, necessariamente, da prática de uma conduta ilícita.

Isso significa dizer que, para a aplicação da penalidade (auto de infração) juntamente como o auto de lançamento tributário, impõe-se à autoridade administrativa a demonstração da situação fática da infração efetivamente acontecida. Noutras palavras, para aplicação da sanção tributária punitiva traduzida na penalidade pela prática de ilícito tributário (falta de pagamento do tributo), é preciso que, no plano fático, realize-se a hipótese de incidência da regra matriz da norma jurídica tributária sancionatória, o que não ocorre quando o contribuinte, previamente ao lançamento tributário, obtém uma causa suspensiva da exigibilidade do crédito tributário.

A razão é simples. É que a concessão de medida liminar que determina a suspensão da exigibilidade do crédito tributário altera o vencimento da obrigação tributária ou, como já dito antes, inibe a incidência do critério temporal da regra matriz da exigibilidade do crédito tributário. Em resumo: não há a ocorrência do fato que enseja a aplicação da penalidade. Essa é a razão pela qual o legislador complementar na parte final do art. 142 do CTN estabeleceu que a autoridade administrativa aplicará a penalidade na constituição do crédito tributário quando for o caso, e não sempre como uma condição inerente ao lançamento.

Diante dessas considerações, é possível afirmar que nenhuma Lei Estadual pode, por exemplo, estabelecer uma regra no sentido de que a aplicação da penalidade é uma condição sempre inerente e necessária à prática do Lançamento Tributário quando o CTN, norma geral em matéria tributária, não o fez. Caso isso venha a ocorrer, a Lei Estadual estará violando o art. 146, III, *b*, da CF.

---

[6] COSTA, Regina Helena. *Curso de Direito Tributário*. São Paulo: Saraiva, 2009, p. 285.

Dito isso, é preciso verificar se a Lei Estadual nº 6.537/73, em seu artigo 17, inciso V, viola efetivamente os dispositivos da Lei Complementar (CTN). A norma estadual possui o seguinte teor:

Art. 17.

§ 1º. O Auto de Lançamento conterá:

V – a indicação do valor do tributo, inclusive atualização monetária calculada até 1º de janeiro de 2010, multa e/ou juros;

Não há nada de errado com hipótese normativa prevista lei estadual. Qualquer regra para ser aplicável necessita de um suporte fático acontecido que corresponda à hipótese normativa. Ou seja, para que a multa seja aplicável, é preciso que se verifique se alguma infração está sendo cometida pelo contribuinte. Daí por que, é absolutamente desnecessária a exigência de uma regra na Lei Estadual que exclua a aplicação da multa quando não há suporte fático que permita aplicá-la. Tal exigência normativa, com o perdão da expressão popular, é "chover no molhado."

Para exemplificar, seria o mesmo que exigir uma lei estadual de isenção tributária para o IPVA em relação aos veículos de propriedade dos Municípios, quando esses, sabidamente, por disposição constitucional, já estão abrangidos pela imunidade tributária recíproca. Só pode conceder isenção tributária quem detém competência constitucional para tributar. A Constituição, por meio das regras de imunidade, retira esse poder. Sem poder para tributar, não há poder para conceder isenção.

Diante dessas considerações, seria inconstitucional o art. 17, §1º, inciso V, da Lei nº 6.537/73, caso ele determinasse expressamente que o auto de lançamento deveria contemplar a multa mesmo nas hipóteses de suspensão da exigibilidade do crédito tributário, isto é, mesmo quando não há infração sendo cometida pelo contribuinte (inexistência de conduta ilícita).

3.2. A decisão judicial que suspende a exigibilidade do crédito tributário altera o critério temporal da regra matriz da hipótese de incidência tributária

Decisão judicial é norma individual.[7] Assim, no instante em que ela é concedida, a mesma incide a norma individual e concreta que determina, naquele momento, que o tributo não pode ser cobrado. Consequentemente, o vencimento da obrigação tributária, critério temporal da regra matriz da hipótese de incidência, é alterado a partir da introdução de uma nova norma jurídica no sistema (a judicial).

Isso significa dizer que a suspensão da exigibilidade do crédito tributário decorrente de medida judicial anterior ao lançamento afasta a

---

[7] KELSEN, Hans. *Teoria Pura do Direito*. 5ª edição. Coimbra: Aménio Amado Editor, 1979, p. 328.

mora do contribuinte. A mora é instituto de direito privado previsto no artigo 394 do Código Civil. Segundo o referido dispositivo, considera-se em mora o devedor que não efetuar o pagamento no tempo, lugar e forma que a lei ou convenção estabelecer.

Orlando Gomes[8] define a mora do seguinte modo:

> Elemento objetivo da mora é o retardamento. Trata-se de um conceito que se prende à idéia de tempo. Mora é demora, atraso, impontualidade, violação do dever de cumprir a obrigação no tempo devido. Sendo, por definição, atraso no pagamento, a mora pressupõe a existência de crédito vencido e exigível.

É intrínseco, pois, ao conceito de mora, o vencimento do crédito tributário e a sua exigibilidade. Dessa forma, suspensa a exigibilidade do crédito tributário por ordem judicial não há mora, uma vez que não há o vencimento do tributo. E desse modo, nenhuma penalidade poderá ser aplicada ao contribuinte, pois não há violação à norma jurídica. Ao contrário, a norma jurídica aplicável (a judicial) é que deve ser respeitada. A violação ao dever jurídico de cumprir a obrigação é condição para a aplicação da penalidade. Ausente essa violação por força de medida judicial que inibe a regra matriz de exigibilidade do tributo, não há suporte fático (pressuposto de fato) cuja ocorrência é necessária para a aplicação da penalidade.

Nesse sentido, já decidiu o Superior Tribunal de Justiça, no REsp 1.140.977/SP. Do trecho do voto do relator, destaca-se o seguinte trecho:

> A regra matriz de suspensão da exigibilidade do crédito tributário, por sua vez, ocorrida alguma das hipóteses previstas no art. 171 do CTN, inibe o critério temporal da regra matriz de exigibilidade, prevalecendo até que descaracterizada a causa que lhe deu azo. Isso significa dizer que as causas suspensivas da exigibilidade aparecem como critérios negativos das hipóteses normativas das regras gerais e abstratas de exigibilidade, que, por isso, não podem ser aplicadas.[9]

O Superior Tribunal de Justiça, ainda neste mesmo julgado, foi mais além. Consignou que os efeitos da suspensão da exigibilidade do crédito tributário impedem inclusive a lavratura de auto de infração, e não só a proibição de inscrição em dívida ativa e o ajuizamento da execução fiscal, conforme se verifica do trecho abaixo transcrito:

> 4... Os efeitos da suspensão da exigibilidade pela realização do depósito integral do crédito exeqüendo, quer no bojo de ação anulatória, quer no de ação declaratória de inexistência de relação jurídico tributária, ou mesmo no mandado de segurança, desde que ajuizados anteriormente à execução fiscal, têm o condão de impedir a lavratura do auto de infração, assim como de coibir o ato de inscrição em dívida ativa e o ajuizamento da execução fiscal, a qual, acaso proposta, deverá ser extinta.

O Tribunal de Justiça do Estado do Rio Grande do Sul, em julgado do Primeiro Grupo Cível, também decidiu que o fisco gaúcho não pode constituir o crédito tributário com aplicação de penalidades quando o contri-

---

[8] GOMES, Orlando. *Obrigações*. Rio de Janeiro: Forense, 1984, p. 200.
[9] STJ, REsp 1.140.988/SP, Rel. Min. Luiz Fux, julgado em 24 de novembro de 2010, publicado Dje em 08 de dezembro de 2010.

buinte, à época da lavratura do Auto de Lançamento, estava sob o abrigo de decisão judicial suspensiva do crédito tributário, senão vejamos:

> EMBARGOS INFRINGENTES. MANDADO DE SEGURANÇA. DIREITO TRIBUTÁRIO. LANÇAMENTO DE TRIBUTO. DECADÊNCIA. MULTA. JUROS. CORREÇÃO MONETÁRIA. A discussão judicial acerca do débito tributário não suspende o prazo decadencial de cinco anos, do art. 173 do CTN. Legalidade do lançamento do imposto para assegurar a exação. Os efeitos da liminar concedida em anterior mandado de segurança, confirmada em julgamento de mérito, porém posteriormente modificada pelo E. STF, não têm o condão de afastar a possibilidade de o Fisco Estadual lançar o crédito tributário correspondente, nos termos do arts. 140, 141, 171, IV, do CTN. Precedentes do STJ e deste TJRS. Contudo, estando a impetrante, à época, sob o abrigo do Poder Judiciário, com tese plausível, tanto que vinha sendo acolhida, não pode ser imposta contra si multa de ofício (art. 112, II, do CTN).[10]

Essa também é a posição manifestada por Nelson Henrique Rodrigues de França Moura:[11]

> A decisão concessiva de medida liminar ou de tutela antecipada, proferida em mandado de segurança ou outras espécies de ações, respectivamente, que determinar a suspensão da exigibilidade do crédito tributário possui o condão de impedir ou interromper a eficácia da norma jurídica instituidora da relação jurídica tributária, ao tempo em que obsta a ocorrência de qualquer penalidade por sua inobservância, durante o período de vigência da referida decisão judicial.[12]

Por essas razões, é possível concluir que a suspensão da exigibilidade do crédito tributário obtida pela via judicial impede atos pelo Fisco de praticar atos que visem à cobrança do crédito, além de impor penalidades porque nenhuma conduta ilícita está sendo cometida pelo contribuinte. Pelo contrário, o cumprimento da norma jurídica (a judicial) não mais é do um exercício regular de direito, ou seja, ninguém pode ser punido por estar agindo de acordo com o Direito, com a ordem jurídica, com a lei (a norma jurídica individual e concreta).

4. A medida judicial que suspende a exigibilidade do crédito tributário e o impedimento da aplicação de penalidades em razão do postulado da razoabilidade

O postulado da razoabilidade exige uma relação de coerência interna entre os elementos das regras jurídicas constantes do ordenamento jurídico. Nesse particular, é contraditório aplicar uma multa de natureza punitiva ao contribuinte quando o próprio Estado, por meio de autoridade competente (juiz), introduz no sistema jurídico uma norma individual e concreta (a judicial) que reconhece a licitude da conduta do contribuinte

---

[10] TJRS, Embargos Infringentes 70013071800, Des. Redator Adão Sérgio do Nascimento Cassiano, julgado em 02 de dezembro de 2008.
[11] MOURA, Nelson Henrique Rodrigues de França. A suspensão da exigibilidade do crédito tributário por medida judicial e a não incidência de multa e juros moratórios no período acobertado pela decisão. *Revista Dialética de Direito Tributário (RDDT)*, vol. 174, p. 98.
[12] Ibidem.

e a inexigibilidade do tributo e declara, ainda que provisoriamente, a ausência do dever de cumprir a obrigação tributária na data aprazada.

Interpretação em sentido contrário implicaria violação à legalidade tributária na medida em que a decisão judicial determina qual a interpretação da lei tributária a ser aplicada no caso concreto.[13]

Não bastasse isso, o CTN, no art. 161, dispõe o seguinte:

> Art. 161. O crédito não integralmente pago no vencimento é acrescido de juros de mora, seja qual o for o motivo determinante da falta, sem prejuízo da imposição de penalidades cabíveis e da aplicação de quaisquer medidas de garantia previstas nesta Lei ou em lei tributária.
>
> § 1º. Se a lei não dispuser de modo diverso os juros de mora são calculados à taxa de 1% (um por cento) ao mês.
>
> § 2º. O disposto neste artigo não se aplica na pendência de consulta formulada pelo devedor dentro do prazo para pagamento do crédito.

Como se vê, o CTN, de forma clara, afasta a possibilidade de aplicação de penalidades ao contribuinte, caso exista consulta pendente formulada antes de vencimento do tributo. Com muito mais razão, por uma questão de razoável coerência, não se pode admitir a imposição penalidades ao contribuinte que obtém uma norma individual e concreta, antes do vencimento do tributo, suspendendo a sua exigibilidade.

Por fim, a aplicação da multa nas hipóteses em que há a suspensão da exigibilidade do crédito tributário revela uma inadmissível sanção política em detrimento do contribuinte que, de boa-fé, procurou legitimamente defender seus interesses e direitos perante o Estado-juiz. A multa, portanto, caso imposta, acaba por penalizar aquele contribuinte que exerceu o seu direito legítimo de petição e obteve sucesso no seu pleito no sentido de suspender a exigibilidade do crédito tributário por norma judicial. Num Estado Democrático de Direito não há espaço para a arbitrária punição ao exercício de uma conduta lícita decorrente do cumprimento de uma ordem judicial emanada pelo próprio Estado que determina que o tributo, naquele caso, está com sua exigibilidade suspensa.

5. Conclusões

As considerações anteriores permitem chegar às seguintes conclusões:

Qualquer regra para ser aplicável necessita de um suporte fático acontecido que corresponda à hipótese normativa. A relação jurídica de natureza sancionatória não possui regime jurídico distinto. Ou seja, para que a multa seja aplicável, é preciso que se verifique se alguma infração está sendo cometida pelo contribuinte, conforme estabelecem os disposi-

---

[13] Nesse sentido, dispõe o artigo 468 do CPC, que estabelece que "A sentença que julgar total ou parcialmente a lide tem força de lei nos limites de lide e das questões decididas".

tivos do CTN. Daí por que é absolutamente desnecessária a exigência de uma regra na Lei Estadual que exclua a aplicação da multa quando não há suporte fático que permita aplicá-la.

A violação ao dever jurídico de cumprir a obrigação tributária é condição para a aplicação da penalidade. Ausente essa violação por força de medida judicial que inibe a regra matriz de exigibilidade do tributo, não há suporte fático (pressuposto de fato) cuja ocorrência é necessária para a aplicação da penalidade.

A imposição de multa na constituição do crédito tributário antecedida de causa suspensiva da sua exigibilidade caracteriza uma punição ao exercício regular de direito do contribuinte, que tem a seu favor uma norma individual e concreta (a judicial), o que, por óbvio, determina que a sua conduta de dar cumprimento à decisão do Poder Judiciário não pode ser caracterizada como ato ilícito ou infracional a ensejar uma punição (auto de infração).

— 6 —

O caráter relativo da decisão administrativa definitiva

RENATO JOSÉ CALSING

Juiz Titular do Tribunal Administrativo de Recursos Fiscais – TARF –
e Professor dos Cursos de Pós-Graduação em Direito Tributário
na AFISVEC e na UNISINOS

Sumário: Introdução; Da definitividade da decisão administrativa segundo a Lei nº 6.537/73; Da decisão administrativa contrária aos interesses do sujeito passivo; Da decisão administrativa contrária aos interesses da Fazenda; Do recurso hierárquico; Do recurso ao Poder Judiciário; Conclusão.

Introdução

Entre os direitos fundamentais insculpidos no artigo 5º da nossa Constituição Federal, destacam-se, no que diz respeito ao presente tema, os incisos XXXIV, "a", (o direito à petição), LIV (o devido processo legal) e LV (o contraditório e a ampla defesa, assegurados os meios e recursos a ela inerentes, em processo administrativo e judicial).

De notar, então, que, na perspectiva da observância desses diretos maiores abre-se, na seara administrativa, o Processo Administrativo Tributário, por meio do qual se oportuniza ao administrado, com a impugnação, provocar a revisão do lançamento tributário, bem como ver atendidos seus pedidos de desoneração tributária e de repetição do indébito.

Evidentemente, considerada a previsão constitucional no sentido de atribuir a cada uma das pessoas jurídicas de direito público a competência para instituir suas exações (vejam-se os artigos 153, 155 e 156 do texto da Carta Magna), ao lado da definição dessa competência também nasce a condição para que cada um dos entes tributantes crie o seu Processo Administrativo Tributário. Assim sendo, preservados os direitos individuais, de início indicados, cada estrutura se colocará a seu modo, com prazos, recursos e instâncias próprias, como no caso da União (Decreto nº 70.235/72), do Estado do RS (Lei nº 6.537/73) e do Município de Porto Alegre (Lei Complementar nº 07/73).

Da definitividade da decisão administrativa segundo a Lei nº 6.537/73

No que tange ao Processo Administrativo Tributário do RS, Lei nº 6.537/73 – "Lei do Procedimento Tributário Administrativo"-, o contencioso administrativo se instaura através da impugnação a lançamento ou contestação a recusa de recebimento de denúncia espontânea de infração (artigo 24), cuja análise e decisão, em primeira instância de julgamento, competem a Agente Fiscal do Tesouro do Estado, por delegação de competência do Subsecretário da Receita Estadual (artigo 36).

Da decisão de primeira instância que tenha sido desfavorável, parcial ou integralmente, às pretensões do sujeito passivo cabe Recurso Voluntário ao Tribunal Administrativo de Recursos Fiscais – TARF (artigo 44). Havendo decretação de insubsistência, parcial ou total, do crédito tributário e presentes determinadas circunstâncias, a lei impõe o Recurso de Ofício a ser apreciado pelo mesmo TARF. Afora esses dois recursos, submetidos a uma das Câmaras do Tribunal, surge o Pedido de Reconsideração quando for dado provimento a Recurso de Ofício (artigo 60), submetido à mesma Câmara, bem como o Recurso Extraordinário ao Plenário do TARF, desde que presentes os pressupostos previstos para o caso (artigo 63). Do acórdão prolatado por conta de qualquer um desses recursos é passível de ser oposto, ainda, Pedido de Esclarecimento (artigo 58).

O pedido de restituição e o pedido de isenção (abarcando, também, outras espécies de desoneração) se submetem à mesma competência prevista para o processo de impugnação a lançamento tributário (artigos 94 e § 2º do artigo 96).

Assim colocada a estrutura e a tramitação do Processo Administrativo Tributário do Estado do RS, em conotação sumária e necessária para avançar no tema, calha trazer a lume o dispositivo da Lei nº 6.537/73, que cuida da definitividade das decisões na esfera administrativa, isto é, o artigo 65, *in verbis*:

> Art. 65. São definitivas, na esfera administrativa, as decisões:
>
> I – de primeira instância, quando expirar o prazo para recurso voluntário sem que este tenha sido interposto;
>
> II – de segunda instância, de que não caiba recurso com a intimação do sujeito passivo, ou se cabível, quando se esgotar o prazo para o recurso próprio sem que este tenha sido interposto;
>
> III – em recurso extraordinário, com a intimação do sujeito passivo.
>
> Parágrafo único – Serão também definitivas as decisões de primeira instância na parte que não for objeto de recurso voluntário ou que não estiver sujeita a recurso de ofício, com a intimação do sujeito passivo.

Analisando o dispositivo legal, o que se apresenta, em relação ao inciso I, é que a definitividade decorre da inércia do sujeito passivo em recorrer de decisão de primeira instância, seja porque lhe falta o interesse em agir, seja porque não recorreu dentro dos prazos legais estatuídos para a prática do ato.

Conforme o inciso II, a definitividade deflui de decisão de segunda instância, prolatada por uma das Câmaras, por conta de Recurso Voluntário, de Recurso de Ofício ou de Pedido de reconsideração (que tenha sido interposto em razão de provimento dado a Recurso de Ofício), quando ausentes os pressupostos para a interposição de Recurso Extraordinário ou do Pedido de Reconsideração ou, ainda, porque, mesmo sendo cabível o correspondente recurso, ele não foi manejado nos prazos legais.

De acordo com o inciso III, a definitividade se dá, também, pelo esgotamento de todas as vias recursais, caracterizando-se a preclusão máxima.

E, por último, ela se opera em relação à parte que não tenha sido objeto de Recurso Voluntário, embora contrária às pretensões do sujeito passivo, e naqueles casos em que, tendo sido determinada a exclusão de parte ou de toda a exigência tributária na decisão de primeira instância, haja dispensa legal do Recurso de Ofício (artigo 41).

Quando a decisão administrativa final for favorável ao sujeito passivo, isto é, houver a exclusão, total ou parcial, do lançamento tributário de início formalizado, dá-se a coisa julgada administrativa, extinguindo-se o correspondente crédito tributário (artigo 156, IX, do CTN).

De outra parte, caso a decisão administrativa desfavoreça o sujeito passivo, no sentido de ser mantido o crédito tributário objeto da lide (parcial ou integralmente), ele terá o prazo de quinze dias, contado da data em que se tornou definitiva, para cumpri-la (artigo 66). Em não o fazendo nesse prazo, haverá a inscrição do débito como Dívida Ativa (parágrafo único do artigo 67).

Contudo, se por um lado, na órbita administrativa, o encaminhamento procedimental a ser dado em relação ao crédito tributário se apresenta nos termos alhures relatados, por outro lado, não há como se olvidar da possibilidade da ida ao Poder Judiciário, tanto nos casos em que a decisão final tenha sido desfavorável ao sujeito passivo, como naquelas situações em que tenha sido excluído o crédito tributário, onde se apresenta, ainda, o recurso hierárquico. Esses aspectos relativizam a apregoada definitividade da decisão administrativa e interferem na gestão do crédito tributário.

Da decisão administrativa contrária aos interesses do sujeito passivo

Com efeito, na perspectiva do sujeito passivo, por força dos direitos constitucionais de início destacados e mais o estatuído no inciso XXXV do mesmo artigo 5º da Carta Magna, vale a máxima de que a ninguém será vedado o acesso à Justiça. Portanto, ainda que o sujeito passivo tenha se valido do contencioso administrativo para buscar prevalência do seu direito, em não logrando êxito, ele poderá reiniciar toda a discussão junto ao Poder Judiciário.

E tal decorre do fato de no Brasil a Jurisdição ser una, isto é, somente o Poder Judiciário faz coisa julgada. Em outras palavras, o que se verifica é que a definitividade da decisão administrativa é relativa, já que ela poderá ser tornada sem efeito se sobrevier decisão judicial em sentido contrário. Não que tal seja universal – a jurisdição una – porquanto na França vige dupla jurisdição, isto é, as questões havidas entre particulares são decididas por uma justiça comum, ao passo que os litígios envolvendo particulares e o Estado são decididos por uma justiça própria e apartada, mas que também faz coisa julgada.

Mas não é só na França que o Processo Administrativo Tributário destoa da realidade brasileira. Têm-se notícias[1] de que em outros países o contencioso administrativo também assume contornos diferenciados. Na Argentina, por exemplo, o contencioso administrativo coloca-se como antecedente obrigatório à discussão judicial propriamente dita. Há a preocupação de que a Administração Tributária tenha possibilidade de revisar seus atos, o que se implementa através do recurso administrativo. Já no Uruguai, após a discussão administrativa propriamente dita, o interessado poderá peticionar junto a um Tribunal Contencioso Administrativo, o qual se situa fora do Poder Executivo e também fora do Poder Judiciário e faz coisa julgada.

O Brasil, é bom que se registre, sob a égide da Constituição Federal anterior (Emenda Constitucional nº 01/1969), através da Emenda Constitucional nº 07/77, passou a incorporar na Lei Maior a possibilidade de que fosse instituída a obrigatoriedade do Processo Administrativo como antecedente ao ingresso em juízo, alterando o § 4º do artigo 153, *in verbis*:

> § 4º. A lei não poderá excluir da apreciação do Poder Judiciário qualquer lesão de direito individual. O ingresso em juízo poderá ser condicionado a que se exauram previamente as vias administrativas, desde que não exigida garantia de instância, nem ultrapassado o prazo de cento e oitenta dias para a decisão sobre o pedido.

---

[1] Nesse sentido, Abel Henrique Ferreira, na sua Dissertação "Processo Administrativo Tributário Reflexões e Busca de Novos Rumos", no curso de Mestrado em Direito, da Faculdade de Ciências Jurídicas e Sociais, da Pontifícia Universidade Católica do Rio Grande do Sul.

E mais, com base na mesma Emenda Constitucional, erigiu-se o permissivo para que a lei previsse o recurso diretamente ao Tribunal competente quando utilizada a instância administrativa. Veja-se:

> Art. 204. A lei poderá permitir que a parte vencida na instância administrativa (Artigos 111 e 203) requeira diretamente ao Tribunal competente a revisão da decisão nela proferida.

Embora as medidas não tenham sido implementadas, independentemente de se externar algum juízo de valor quanto ao seu teor e alcance, o fato é que, nos moldes em que ocorre em outros países, conforme comentado anteriormente, o que transparece é a preocupação do legislador, ora em tornar mais econômica a tramitação dos processos de natureza tributária e ora viabilizar maior harmonia entre esfera administrativa e Poder Judiciário.

Quanto à supressão de instância judicial, motivada pela utilização da via administrativa como antecedente, considerado o sistema constitucional brasileiro hodiernamente vigente, tal se coloca em caráter de absoluta inviabilidade. Mais prático, oportuno consignar, é tornar o Processo Administrativo Tributário mais célere, seja pelo emprego de políticas administrativas mais eficazes (estrutura de pessoal e de material), seja pela alteração das respectivas leis processuais administrativas, no sentido de tornar a tramitação mais econômica como, por exemplo, a instituição de instância única, preservando-se o duplo grau de apreciação para situações especiais.

No que refere à outra tese – obrigatoriedade da revisão administrativa como pressuposto à utilização do Poder Judiciário –, embora, como visto, tal encontre frontal e instransponível obstáculo no disposto no inciso XXXV do artigo 5º da Constituição Federal, efetivamente, não há como deixar de se externar a preocupação com o fato de que a liberalidade gera a possibilidade de serem exaradas decisões conflitantes ou, até mesmo, que haja sobreposição entre as duas esferas. Isto sem falar no aspecto de que tal acarreta maior carga processual junto ao Poder Judiciário, de vez que, pela utilização do Processo Administrativo, muitas demandas se resolvem nesse estágio, fazendo com que o sujeito passivo deixe de ingressar em juízo pela mesma razão.

A realidade é que, no Brasil, o sujeito passivo pode abdicar do Processo Administrativo, dirigindo-se diretamente ao Poder Judiciário; pode aguardar o encerramento do Processo Administrativo e, não satisfeito com a decisão final administrativa, ingressar em juízo; e, por último, pode provocar a discussão paralela. Apenas quanto a essa última hipótese é que as leis de Processo Administrativo possuem dispositivos de defesa, para estancar, de imediato, a discussão administrativa quando verificado que há discussão judicial paralela envolvendo o mesmo objeto. Nesse sentido, na lei gaúcha, o § 2º do seu artigo 38:

§ 2º. A propositura, pelo sujeito passivo, de ação judicial que tenha objeto idêntico ao da impugnação ou contestação importa em desistência das mesmas.

E tal decorre exatamente da circunstância de que, no final das contas, há de prevalecer a decisão judicial, onde se verificará a coisa julgada, em detrimento da decisão administrativa.

A negativa da análise do mérito na esfera administrativa em função da discussão paralela, fazendo com que haja o indeferimento da inicial ou o não conhecimento do recurso interposto, tem sido submetida ao Poder Judiciário, já que, pelo fato de não ter havido uma decisão de mérito no julgamento administrativo, os contribuintes têm arguido ofensa ao direito de petição, bem como cerceamento de defesa. O STF, quando demandado nesse sentido, tem afastado a tese de inconstitucionalidade de norma que traduza a inteligência do § 2º do artigo 38 da Lei nº 6.537/73. Nesse sentido, RE 233582, RE 234277, RE 389893 e, dentre outros, AgRg no AI 358785, cuja motivação externada naqueles julgados, em síntese, teve por base o fato de que a discussão paralela seria antieconômica e estar-se-ia ignorando a prevalência dos atos jurisdicionais.

Da decisão administrativa contrária aos interesses da Fazenda

Posta a relativização da definitividade da decisão administrativa na perspectiva do sujeito passivo, cabe, também, analisá-la do ponto de vista da Fazenda Pública, qual seja, se realmente é irreformável a decisão administrativa final prolatada em oposição aos interesses do Estado, melhor dizendo, cujo veredicto seja pela exclusão do crédito tributário objeto da discussão (já que excluir uma exigência tributária necessariamente não seja "contrário" à Fazenda Pública).

Sob esse enfoque exsurgem três premissas: da decisão final administrativa que vá de encontro às expectativas da Fazenda Pública não cabe qualquer recurso a outros órgãos administrativos ou judiciais; dela cabe o recurso hierárquico; e dela cabe recurso ao Poder Judiciário.

Quanto ao fato de não ser mais possível qualquer recurso a outros órgãos administrativos ou judiciais frente à decisão administrativa final, ocorre a efetiva definitividade e, conforme já exposto anteriormente, dá-se a coisa julgada administrativa. Porém, considerados o recurso hierárquico da decisão contrária à Fazenda Pública ou o ingresso em juízo, pelo próprio Estado, para ver alterada aquela mesma decisão, a discussão é mais abrangente.

Do recurso hierárquico

Considerando que a norma processual administrativa ora em apreciação é a Lei n° 6.537/73, cabe asseverar, de plano, de que ela não contém disposição indicando qualquer outro recurso após a decisão definitiva. E nem em outra norma do Estado do RS há essa previsão. A definitividade se dá nos exatos termos em que estatuído no já comentado artigo 65.

Porém, essa realidade normativa não conduz, necessariamente, à conclusão peremptória de que não possa ser intentado tanto o recurso hierárquico como o recurso ao Poder Judiciário, hipótese em que podem ser invocados, como motivação para tanto, outros diplomas legais de hierarquia superior e princípios gerais orientadores da atividade da Administração Pública.

O próprio Estado do RS, ainda que em situação isolada, já fez uso do recurso hierárquico (embora, como já dito, sem previsão legal específica para tanto) por meio do qual foi reformada decisão administrativa definitiva que dera pela insubsistência de parte de crédito tributário constituído. Mas, importante consignar que, no caso, o sujeito passivo, inconformado, recorreu ao Poder Judiciário, interpondo Mandado de Segurança, cuja decisão final, no Tribunal de Justiça do RS, através do 1° Grupo Cível (Processo n° 70002155620), em 01.06.01, foi no sentido de ser concedida a segurança pleiteada para ver anulada a reforma da decisão efetivada pelo Secretário da Fazenda. Veja-se a ementa daquela decisão:

MANDADO DE SEGURANÇA. DECISÃO PROFERIDA PELO TARF E ANULADA PELO SECRETÁRIO DA FAZENDA. ILEGALIDADE.

1 – No Rio Grande do sul, desde a Lei Estadual n° 3.694/59, até chegar à Lei n° 6.537/73, ora em vigor, a Administração Pública auto-subordinou-se às decisões emanadas do Tribunal Administrativo de Recursos Fiscais, tornando-as definitivas na esfera administrativa

2 – Com vincular a Administração Tributária ao julgamento do Tribunal Administrativo de Recursos Fiscais, o legislador estadual não deixou margem à revisão hierárquica, falecendo ao Secretário de Estado competência para rever suas decisões, quer de ofício, quer mediante provocação.

Segurança concedida.

Mas, releva consignar que há processos administrativos tributários que preveem expressamente a possibilidade de recorrer ao Secretário de Estado da Fazenda para ver revisada decisão final do contencioso administrativo. É o caso do Estado do Rio de Janeiro, cuja legislação instituiu o recurso para o Secretário quando a decisão final administrativa, desfavorável à Fazenda, estiver em desacordo com a legislação tributária ou à evidência da prova constante no processo.

A matéria, envolvendo a lei daquele Estado, já foi levada inúmeras vezes à apreciação do Poder Judiciário, do qual vale destacar algumas decisões do STJ, como o RMS 24947, julgado pela Segunda Turma do STJ, em 27.11.2007:

TRIBUTÁRIO – PROCESSO ADMINISTRATIVO – TRIBUTÁRIO – RECURSO DE OFÍCIO: FINALIDADE – REVISÃO ADMINISTRATIVA DA DECISÃO DO CONSELHO DE CONTRIBUINTES.

1. O Código Tributário do Estado do Rio de janeiro permitia o chamado recurso hierárquico (art. 266, § 2º do Decreto-lei 05/75,alterado pelas Leis 3.188/99 e 4.014/2002), plenamente aceito pelo STJ (precedente da 1ª Seção, relator Min. Humberto Gomes de Barros).

2. O recurso hierárquico permitia ao Secretário da Fazenda rever a decisão do Conselho de Contribuintes e impugná-la se eivada de vícios ou nulidades patentes, devidamente identificadas, não podendo adentrar no juízo de mérito da decisão colegiada.

3. Recurso ordinário provido.

De notar que, embora a legislação institua pressuposto subjetivo (decisão em desacordo com a lei ou à evidência da prova), o STJ, ainda que veja como legal o recurso hierárquico, nesse caso, limitou o alcance da sua utilização a questões de vícios ou nulidades patentes, mas não para simplesmente reformar a decisão adentrando no juízo de mérito da decisão recorrida. No mesmo sentido o RMS 16902, julgado em 2004, onde a relatora, Ministra Eliana Calmon, afirma que "o recurso hierárquico não rende ensejo a que a autoridade administrativa, por deleite ou por mero capricho, venha a desfazer a decisão do colegiado".

Em outras circunstâncias, contudo, o STJ, envolvendo a mesma lei do Estado do Rio de Janeiro, entendeu por válida a decisão do Secretário de Estado da Fazenda quando reformou decisão do Conselho local. É o que se verificou, por exemplo, no AgRg no RMS 32088, julgado em 23.11.2010, pela Segunda Turma daquele Sodalício, onde prevaleceu o entendimento de que, por ser a decisão do Conselho de Contribuintes conflitante com a legislação tributária e porque a decisão reformadora estaria devidamente fundamentada, não haveria qualquer ilegalidade no ato praticado pelo Secretário de Estado.

Embora o STJ veja como legal norma instituidora do recurso hierárquico e, de fato, não há obstáculo em lei de hierarquia superior para tanto, a medida, na verdade, deveria ser repensada para o efeito de expurgar o permissivo legal, por maiores que sejam as motivações para sua utilização. Já me manifestei sobre o tema em outra oportunidade, conforme artigo divulgado na Revista de Estudos Tributários, nº 48 – março/abril de 2006.[2]

Na ocasião já entendia, e ora reitero, que o recurso hierárquico acaba por criar outra instância de julgamento, colocada nas mãos do administrador público – como regra, a autoridade maior da Fazenda – o qual, dadas as responsabilidades inerentes ao cargo, certamente não terá as condições ideais para analisar o expediente. Ademais, há de se ter presente o risco maior da interferência do cunho político na decisão em detrimento das questões técnicas relacionadas com o caso em concreto. Isso sem falar que

---

[2] Processo Administrativo Tributário – Reflexões. Revista de Estudos Tributários, Porto Alegre, n. 48, p. 17, mar./abr. 2006.

a utilização desse recurso pode acarretar ofensa ao contraditório e à ampla defesa, na medida em que, como regra, os recursos hierárquicos são resolvidos de forma unilateral, sem que seja ouvido o sujeito passivo.

Por outro lado, considerada a complexa estrutura dos órgãos julgadores administrativos tributários, inclusive com composição paritária na segunda instância, não se justifica, ao cabo de todo processo revisional do ato administrativo do lançamento, ainda um recurso hierárquico. Ademais, a possibilidade da revisão sumária da decisão administrativa final depõe contra direito líquido e certo do sujeito passivo.

Nesse sentido, por sinal, calha destacar outra decisão do STJ, conforme acórdão prolatado no MS 8810, pela Primeira Seção, julgado em 13.08.2003, envolvendo caso julgado pelo contencioso administrativo da União (decisão unânime):

ADMINISTRATIVO – MANDADO DE SEGURANÇA – CONSELHO DE CONTRIBUINTES – DECISÃO IRRECORRIDA – RECURSO HIERÁRQUICO – CONTROLE MINISTERIAL – ERRO DE HERMENÊUTICA.

I – A competência ministerial para controlar os atos da administração pressupõe a existência de algo descontrolado, não incide nas hipóteses em que o órgão controlado se conteve no âmbito de sua competência e do devido processo legal.

II – O controle do Ministro da Fazenda (Arts. 19 e 20 do DL 200/67) sobre os acórdãos dos conselhos de contribuintes tem como escopo e limite o reparo de nulidades. Não é lícito ao Ministro cassar tais decisões, sob o argumento de que o colegiado errou na interpretação da Lei.

III – As decisões do conselho de contribuintes, quando não recorridas, tornam-se definitivas, cumprindo à Administração, de ofício, exonerar o sujeito passivo dos gravames decorrentes do litígio (Dec. 70.235/72, Art. 45).

IV – Ao dar curso a apelo contra decisão definitiva de conselho de

contribuintes, o Ministro da Fazenda põe em risco direito líquido e certo do beneficiário da decisão recorrida.

Do recurso ao Poder Judiciário

Também sobre essa questão me manifestei no artigo antes referido e, na ocasião, já externava o panorama conflitante existente na doutrina pátria acerca da viabilidade de o próprio Estado demandar o Poder Judiciário em face de decisão administrativa final desfavorável.

Com efeito, há os que defendem o recurso e o sustentam pautados na universalidade da jurisdição, no pressuposto de que os órgãos paritários não representam a ideia da Administração, bem como de que o recurso se justifica quando houver manifesta ilegalidade no julgamento. Segundo Sérgio André R. G. da Silva,[3] entre eles destacam-se Aurélio Pitanga Seixas Filho, Rubens Gomes de Souza e Carlos da Rocha Guimarães.

---

[3] Sérgio André R. G. da Silva. Questionamento Judicial, pela Fazenda Nacional, de Decisão Administrativa Final – Análise do Parecer PGFN/CRJ nº 1.087/2004. *Revista Dialética de Direito Tributário*, São Paulo, n. 109, p. 90, outubro 2004.

Aqueles que são contrários à iniciativa, também citados pelo mesmo autor, como Ricardo Lobo Torres, Ives Gandra da Silva Martins, Hugo de Brito Machado, Sacha Calmon Navarro Coelho, para mencionar alguns, a cuja corrente me filio, o dizem porque tal depõe contra a própria razão de ser dos órgãos julgadores, já que, presente a indumentária revisional do Processo Administrativo Tributário, não se justifica a Administração Pública recorrer das suas próprias decisões. Aliás, cabe a indagação: contra quem seria a decisão judicial? De outra banda, a decisão administrativa irrecorrível expressa a vontade definitiva do Estado, não sendo invocável, por decorrência, o princípio da universalidade da jurisdição, até porque, conforme já visto, nos termos do CTN, inciso IX do artigo 156, a decisão definitiva desfavorável à Fazenda é forma de extinção do crédito tributário.

O próprio STF, já há muito tempo, quando provocado a se manifestar sobre a matéria, decidiu que "a decisão proferida pela autoridade fiscal, embora de instância administrativa, tem em relação ao Fisco, força vinculatória, equivalente a da coisa julgada, principalmente quando gerou aquela decisão direito subjetivo para o contribuinte.". (RE 68.253, julgado pela Primeira Turma, em 02.12.1969).

Mesmo que presente a discussão, na verdade, os entes tributantes pouco avançaram no sentido de instituir regras procedimentais relacionadas com o recurso ao Poder Judiciário quando a decisão final administrativa lhes for desfavorável. Há o caso da União que, através da Procuradoria-Geral da Fazenda Nacional – PGFN –, após aprovação, pelo Ministro da Fazenda, do Parecer PGFN nº 1.087/04, DOU de 23.08.2004, editou a Portaria nº 820/04, criando a possibilidade concreta de ser submetida ao crivo do Poder Judiciário a decisão administrativa contrária aos interesses da Fazenda.

Referido diploma legal arrola como pressupostos para a ação judicial o fato de a decisão afastar aplicação de lei ou decreto e, cumulativamente ou alternativamente (*caput* do artigo 2º): versar sobre valores superiores a cinquenta milhões de reais (inciso I); cuidar de matéria cuja relevância temática recomende a sua apreciação na esfera judicial (inciso II); e que possa causar grave lesão ao patrimônio público (inciso III).

Informações colhidas junto à Receita Federal dão conta de que o expediente, embora presente a orientação, não vem sendo utilizado pela PGFN. Por sinal, de acordo com a Nota PGFN/PGA/Nº 74, de 2007, tanto o Parecer PGFN/CRJ/Nº 1.087/04, como a Portaria nº 820/04, estão com seus efeitos suspensos, aguardando decisão a ser dada, pelo STF, no RE 535.077.

Ocorre que, presente a decisão dada pelo STJ, no já transcrito MS 8.810, o recurso hierárquico restou limitado apenas às questões de nulidade das decisões administrativas definitivas, não sendo lícito ao Ministro anulá-las sob o argumento de que o colegiado errou na interpretação da lei. Segundo a PGFN, esse entendimento do STJ ofendeu o inciso I do parágrafo único do artigo 87 da Constituição Federal, o qual confere ao Ministro de Estado a competência para revisar os atos praticados no âmbito da sua Pasta para além do limite estatuído pelo STJ naquele julgado.

Ainda segundo a PGFN, diante da possibilidade de ser provido aquele Recurso Extraordinário, abrir-se-á ao Ministro da Fazenda, por meio do recurso hierárquico, a possibilidade de revisar decisões definitivas exaradas pelo hoje Conselho Administrativo de Recursos Fiscais, inclusive no que tange ao seu mérito, hipótese que afasta a necessidade do ingresso em juízo para ver anulada decisão administrativa final. Por essa razão, foram suspensos os efeitos dos referidos dispositivos até que o STF julgue o RE 535.077.

Conclusão

Ante o exposto, o que se verifica é que a decisão administrativa definitiva, nos termos em que estatuído nas leis de regência dos Processos Administrativos Tributários, como no artigo 65 da Lei nº 6.537/73, tem muito mais conotação preclusiva, diante da própria lei processual administrativa, do que caráter de imutabilidade quanto ao mérito decidido.

Pelo lado do sujeito passivo, presente a jurisdição una e mais, dentre tantos outros, o princípio da universalidade da jurisdição, quando a decisão for dada em oposição ao seu pedido, tem ele livre acesso à justiça para lá, se assim entender, reiniciar toda discussão relacionada com o crédito tributário julgado procedente na seara administrativa.

Prolatada decisão administrativa definitiva contra as expectativas do Estado, surge o recurso hierárquico. Embora o STJ o veja como legal, desde que a lei própria o preveja, tal iniciativa, na verdade, vista a questão na perspectiva do administrado, depõe contra a segurança jurídica na medida em que sempre estará presente a possibilidade da revisão da decisão administrativa definitiva e, muito provavelmente, em circunstâncias desatreladas dos princípios constitucionais relacionados com o devido processo legal, o contraditório e a ampla defesa. Também pelo lado da Administração Pública vertem problemas, já que o recurso hierárquico tende a comprometer a razão de ser de toda a estrutura do contencioso administrativo, mormente ao se destacar sua função precípua de órgão revisor de atos administrativos.

Diferente não é quanto à iniciativa do Estado em ingressar em juízo contra a decisão administrativa final que lhe foi contrária. Relembro as razões já expostas nesse sentido, para o efeito de reiterar sua impropriedade.

Não que a decisão administrativa definitiva não possa, em caráter absoluto, ser anulada. Evidentemente, presentes vícios procedimentais ou motivacionais que tornem ilegal o julgamento, a Administração pode anular o correspondente ato (nesse sentido, a Súmula 473 do STF e o artigo 53 da Lei nº 9.784/99), bem como buscar sua anulação perante o Poder Judiciário.

Todavia, tal não significa anular ou buscar a anulação da decisão porque, segundo a ótica da Administração, nela não foi considerada a melhor interpretação da lei ou porque, diante do valor excluído pelo órgão julgador, possa ela causar grave lesão ao patrimônio público. A decisão definitiva a favor do contribuinte, no que tange às suas questões materiais, aquelas relacionadas com o mérito em si, essas não devem ser suscetíveis de serem submetidas à revisão, seja através do recurso hierárquico, seja pela provocação da manifestação do Poder Judiciário. A decisão administrativa final a favor das pretensões do sujeito passivo vincula a administração e gera direito adquirido para o administrado.

— 7 —
Breves apontamentos sobre a aplicação dos prazos preclusivos fazendários relacionados ao ICMS

RAFAEL PANDOLFO

Doutor em Direito Tributário (PUC-SP), Conselheiro Titular do Conselho Administrativo de Recursos Fiscais (CARF-MF), Membro do Conselho de Assuntos Técnicos, Tributários e Legais (CONTEC), da Federação das Indústrias do RS (FIERGS), Consultor da FECOMÉRCIO-RS, Diretor da Academia Tributária das Américas, Professor do Instituto Brasileiro de Estudos Tributários (IBET).

Sumário: I. Introdução; II. Evento, obrigação e crédito: conceitos básicos indispensáveis; III. A função extintiva dos créditos escriturais (tributos não cumulativos); IV. Dos fatos constituídos pela GIA-ICMS; V. Conclusões .

I. Introdução

Os presentes apontamentos têm como objetivo a análise dos prazos preclusivos previstos na norma geral tributária (Código Tributário Nacional), a partir dos quais as Fazendas Estaduais devem manifestar sua discordância quanto aos fatos constitutivos e extintivos do vínculo tributário praticados pelo sujeito passivo.

De forma direta e objetiva, procurando repassar apenas o conteúdo dogmático indispensável às conclusões adiante evidenciadas, a abordagem considerará não apenas a legislação regente, como as particularidades decorrentes dos fatos retratados na GIA de ICMS e o entendimento do STJ sobre sua natureza.

II. Evento, obrigação e crédito: conceitos básicos indispensáveis

O nascimento da relação jurídica tributária, para grande parte da doutrina, tem lugar com a ocorrência, no mundo fenomênico, do evento descrito na hipótese normativa tributária.[1] Esse pensamento encontra

---
[1] Como aponta José Juan Ferrero Lapatza: "Já podemos afirmar que a realização do fato imponível determina o nascimento da obrigação tributária principal. A obrigação tributária principal nasce quan-

esteio nos ensinamentos de Albert Hensel, para quem o nascimento da obrigação tributária tem lugar com a ocorrência do respectivo pressuposto de fato. Assim, ocorrendo a congruência entre os critérios previstos na hipótese tributária (norma geral e abstrata) e as peculiaridades fáticas de uma situação considerada, nasce a obrigação tributária, corolário da incidência automática e infalível da norma sobre o evento ocorrido, denominado fato imponível.

O fato imponível, nessa concepção, corresponde ao evento considerado pelo legislador como suficiente ao surgimento da obrigação jurídica. Nas palavras do saudoso Professor Geraldo Ataliba, o fato imponível é um fato jurígeno a que a lei atribui a consequência de determinar o nascimento da obrigação tributária concreta.[2] A expressão cunhada por Geraldo Ataliba foi novamente batizada por Paulo de Barros Carvalho como fato jurídico tributário. Segundo o jurista, o fato não é ainda "imponível" antes da sua ocorrência. Logo, seria semanticamente mais correto denominá-lo "fato jurídico tributário".

A transcrição da obrigação em linguagem prescritiva, conforme determinado pelas regras de competência de cada sistema, marca o ingresso da obrigação no ordenamento. Ela pode ocorrer tanto através do lançamento de ofício, como em decorrência do autolançamento.

O autolançamento pode ser identificado com os atos praticados pelos contribuintes, aos quais o ordenamento jurídico atribui eficácia constitutiva da relação jurídica tributária, como, por exemplo, a Declaração de Contribuições e Tributos Federais (DCTF) e a Guia de Informação e Apuração de ICMS (GIA). Difere do lançamento de ofício no que diz respeito.

O lançamento de ofício configura ato administrativo vinculado, privativo da autoridade fiscal, previsto no art. 142, do Código Tributário Nacional. Através dele, o crédito tributário é constituído, tornando-se exigível a conduta correspondente ao pagamento pelo sujeito passivo. Em face dos distintos contextos nos quais esse ato poderá ser produzido pela autoridade fiscal, entende-se que ele pode ser originário ou suplementar.

O *lançamento de ofício originário* tem lugar nos tributos em que a legislação atribui à autoridade fazendária o ônus de realização do lançamento. Exemplos: IPTU, IPVA. Está ligado, em geral, a situações jurídicas dotadas de previsível variação econômica, como o preço valor de imóveis, carros etc.

---

do tal fato se realiza. Neste momento, segundo a terminologia usualmente aceita por nosso Direito positivo, se 'devengo' o tributo. O 'devengo' marca o momento em que, realizado o fato imponível, nasce a obrigação de contribuinte." LAPATZA, José Juan Ferreiro. Direito tributário: teoria geral do tributo. Barueri: Manole; Espanha: Marcial Pons, 2007. p. 216.

[2] ATALIBA, Geraldo. *Hipótese de Incidência Tributária*. 6. ed., 2. tir. São Paulo: Malheiros, 2000. p. 68.

O *lançamento de ofício suplementar*, de sua vez, ocorre nos tributos sujeitos ao lançamento por homologação, nos casos em que o sujeito passivo – que deveria (originariamente) constituir o crédito tributário através do autolançamento – incorre em omissões que serão objeto de um lançamento suplementar, com provável imposição de multa. Como exemplo, podemos citar o caso de um contribuinte de ICMS que omite saídas tributadas do seu estabelecimento, por qualquer motivo. Constatando o descompasso entre as dimensões do evento tributário ocorrido e sua inadequada transcrição, pelo contribuinte, a Fazenda constitui, mediante lançamento de ofício suplementar, a parcela do evento tributário omitida pelo contribuinte. A situação pode ser graficamente ilustrada do seguinte modo:

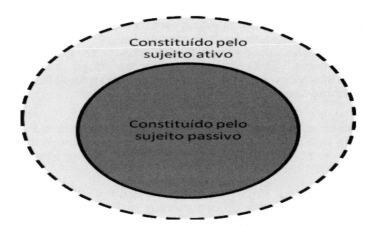

A totalidade do evento é representada pelo círculo tracejado, enquanto a parcela do fato apreendida pelo autolançamento é representada pelo círculo interno. Como se observa, houve complementação da extensão do fato tributário por parte da fazenda. Noutros termos, o ato constitutivo originário da obrigação tributária (autolançamento) é reconstruído através do lançamento de ofício suplementar.

III. A função extintiva dos créditos escriturais (tributos não cumulativos)

O destino inevitável de uma obrigação tributária constituída é a extinção, que poderá ocorrer de uma das diversas formas previstas pelo art. 156 do CTN. No caso dos tributos não cumulativos, a extinção poderá ocorrer tanto através da compensação do valor do tributo devido com os créditos escriturados pelo contribuinte – direito pecuniário oponível à

Fazenda Pública –, como através do pagamento em pecúnia. A função extintiva do enlace obrigacional gerada pelo creditamento (abatimento) foi muito bem apontada por Cleber Giardino e Geraldo Ataliba, em parecer elaborado em 1983, de cujo texto é reproduzido o trecho abaixo, acrescido dos pertinentes destaques:

> Já cogitamos das razões pelas quais se convencionou chamar de "crédito de ICM" ao objeto dessa relação jurídica constitucional. É que, contabilmente, vai surgir uma expressão numérica em sua escrituração, apresentada sob a forma de contracorrente escritural. O abatimento, que melhor se qualifica como financeiro, tem, destarte, um conteúdo econômico e uma expressão quantificável: é o "montante" a que se refere a Constituição. Não serve, portanto, nem se presta para toda e qualquer finalidade; pelo contrário, *tem função exclusiva, constitucionalmente determinada, qual seja a visível e restrita vocação de servir tão-somente para o pagamento de ICM*. Não possui outra serventia, não existe para outra finalidade. No desígnio constitucional, esse "crédito" é uma moeda especial, puramente escritural, vocacionada exclusivamente à finalidade de pagar, parcial ou totalmente, o débito tributário de ICM.
>
> [...]
>
> Essa é a forma constitucionalmente disposta e que se constitui na tradução jurídico-formal da expressão "abater". Outras modalidades de extinção dessa obrigação – além da estreita via da compensação – só poderão ser instituídas por meio de lei ordinária ampliativa dos padrões constitucionais e da função dessa relação. E assim mesmo, apenas em favor do contribuinte, jamais reduzindo-lhe seu direito. Fora disso, apenas pela compensação poder-se-á resolver a obrigação do Estado, pois é isso o que determina a Constituição.
>
> [...]
>
> Esta parece ser, da perspectiva normativa, a única verdadeira função jurídica do abatimento constitucional: por ele se determina, do valor de ICM devido, o montante liquidável por compensação, e o valor a ser pago em dinheiro. Nisso é que se exprime a eficácia jurídica do sistema de abatimentos (do "crédito de ICM", como é chamado).[3]

Nesse contexto, é importante observar que a atuação da Fazenda Pública na fiscalização dos procedimentos realizados pelo contribuinte pode atingir tanto os atos por ele praticados na constituição da relação tributária, como os mecanismos utilizados na extinção da relação tributária. Nessa segunda hipótese, encontra-se a glosa dos créditos utilizados pelo contribuinte na extinção da obrigação tributária nascida com a saída juridicamente tributável das mercadorias do seu estabelecimento.

IV. Dos fatos constituídos pela GIA-ICMS

A Guia de Informação e Apuração de ICMS – GIA – é o documento produzido pelo contribuinte de ICMS no qual estão retratados eventos ligados tanto à *constituição* do crédito tributário, como a sua *extinção*. A visualização de um dos seus campos abaixo reproduzido, alusivo a uma GIA hipotética, permite a identificação clara de cada uma dessas situações:

---

[3] ICM – Abatimento constitucional: princípio da não cumulatividade. Revista de Direito Tributário, n. 29-30, pgs. 124-125.

Guia de Informação e Apuração do ICMS
(GIA Consistente)

CGC/TE:	Razão Social:	Período: 11/2010

RESUMO DAS OPERAÇÕES E PRESTAÇÕES DO MÊS DE REFERÊNCIA (QUADRO A)

Créditos

01. Créditos por entradas exceto importação:	R$ 177.481,38
02. Créditos por importação:	R$ 0,00
03. Créditos por transferências:	R$ 0,00
04. Créditos presumidos:	R$ 0,00
05. Créditos por comp. por pag. indevidos:	R$ 0,00
06. Outros Créditos:	R$ 55.889,27
07. TOTAL:	R$ 233.370,65

Débitos

08. Débitos por saída:	R$ 223.155,04
09. Débitos por Importação:	R$ 0,00
10. Débitos de resp. compensáveis:	R$ 0,00
11. Déb. por transf. créditos e saldo credor:	R$ 0,00
12. Débitos por compensação:	R$ 0,00
13. Outros débitos:	R$ 56.452,25
14. TOTAL:	R$ 279.607,29

15. Realizou operações de substituição tributária (não considerar diferimentos): NÃO

Como se observa, a coluna da direita sintetiza a dimensão do evento tributário, ao resumir todas as saídas sujeitas ao ICMS. A coluna da esquerda engloba os ingressos de mercadoria no estabelecimento do contribuinte que geram direito de crédito de ICMS (abatimento). A extinção da obrigação (crédito tributário) ocorrerá parte em espécie e parte através da compensação com créditos apurados pelo sujeito passivo tributário.

APURAÇÃO DO ICMS (QUADRO B)

Transporte de Períodos Anteriores

16. Saldo credor	R$ 0,00
17. Atualização monet. saldo credor anterior:	R$ 0,00
18. Saldo dev. acum. inf. lim. prev. legisl. tribut.:	R$ 0,00

Apuração do ICMS no Mês de Referência

20. Pagamentos no mês de referência:	R$ 0,00
21. Déb. venc. ocorr. fato gerador e não pagos:	R$ 0,00
22. ICMS subst. tribut., não comp. a recolher	R$ 0,00
23. ICMS próprio:	R$ 46.236,64
25. Tot. ICMS próp., rec. ou transp. p/ mês seg:	R$ 46.236,64

Valores a Transportar

26. Créditos não compensáveis:	R$ 0,00
27. Saldo credor de substituição tributária:	R$ 0,00
28. Saldo credor:	R$ 0,00
29. Saldo dev. acum. inf. lim. prev. legisl. tribut.:	R$ 0,00

A natureza jurídica dos fatos praticados pelos contribuintes e refutados pela Administração é o critério que determina a aplicação de cada prazo preclusivo contido no Código Tributário Nacional. Os atos constitutivos do crédito tributário precisam ser reconstruídos através do lançamento de ofício suplementar, enquanto os fatos extintivos estão sujeitos à homologação, expressa ou tácita. Aliás, é importante esclarecer que o art. 150, §4º, do CTN, se aplica tanto à extinção da obrigação tributária através do pagamento em espécie, como através da compensação com créditos escriturais apurados pelo contribuinte.

Noutros termos, o "pagamento antecipado" cuja homologação tácita é definida pelo art. 150, §4º, do CTN, engloba tanto a liquidação em espécie, como a compensação. Esse, aliás, foi o motivo que levou o Superior Tribunal de Justiça a reconhecer o cabimento do mandado de segurança (tutela preponderantemente mandamental) como instrumento hábil ao reconhecimento judicial do direito à compensação do indébito tributário. Entendendo que a compensação realizada pelo sujeito passivo opera a extinção do crédito tributário, sujeita à homologação tácita ou expressa, o STJ editou a Súmula 213.[4] Desse modo, a correção e adequação quantitativa do valor compensado estão sujeitas à verificação fazendária, que deverá ser manifestada no prazo de cinco anos, contados do fato gerador.

Não é por outro motivo que, no âmbito federal, a própria Lei nº 9.430/96 (art. 74, §5º) reconhece, de modo expresso, a aplicação do critério homologatório preclusivo nos procedimentos de compensação ocorridos no âmbito federal.

V. Conclusões

A diferenciação retratada nesses breves apontamentos permite concluir que:

a) as declarações apresentadas pelos contribuintes de ICMS retratam fatos constitutivos e extintivos da obrigação tributária;

b) relativamente aos fatos constitutivos, a necessidade de reconstrução, através de lançamento de ofício suplementar, autoriza a aplicação do art. 173, I, do CTN, nas hipóteses por ele entabuladas;

c) no que diz respeito aos fatos extintivos, tanto o pagamento em espécie como a extinção mediante compensação sujeitam-se ao prazo preclusivo previsto no art. 150, §4º, do CTN.

---

[4] O Mandado de segurança constitui ação adequada para a declaração do direito à compensação tributária.

— 8 —

Processo de consulta – estrutura e efeitos

EDUARDO DOMINGOS BOTTALLO
Mestre, Doutor e Livre Docente em Direito Tributário (USP).
Vice-Presidente do Instituto Geraldo Ataliba – IDEPE.

Sumário: Introdução; 1. Considerações gerais; 2. Aspectos estruturais; 3. A titularidade ativa do direito de consultar; 4. Garantias dos interessados na pendência de processos de consulta; 5. Autonomia dos órgãos julgadores; 6. Vinculação da Administração à decisão proferida no processo de consulta; 7. Responsabilidade por prejuízos causados aos contribuintes; 8. Principais conclusões deste capítulo.

Introdução

Foi, para mim, altamente significativo, receber convite do Instituto de Estudos Tributários do Rio Grande do Sul, na pessoa do Professor Rafael Nichele, para colaborar com a obra coletiva sobre Processo Tributário Administrativo, a ser editada sob os auspícios daquela prestigiosa entidade.

O processo administrativo tributário continua sendo tema negligenciado pelo legislador ordinário federal, estadual, distrital e municipal, disso resultando a subsistência de situação que, há mais de quarenta anos, o eminente Gilberto de Ulhoa Couto[1] assim escreveu: "Entre nós, não se deu, até esta data, a devida importância à disciplina integral, e orientada por princípios cientificamente certos, da processualística tributária. Leis esparsas tem sido expedidas, algumas velhas de décadas, outras mais recentes, apenas corretivas de imperfeições gritantes das anteriores, umas quantas no contexto de mera disciplina de pontos isolados, relativas a certos tributos ou a determinadas fases do processo contencioso suscitado na sua arrecadação, ou, mesmo, limitadas à simples recomposição de órgãos colegiados e à modificação das respectivas competências tributárias".

---
[1] "Processo Tributário – Anteprojeto de Lei Federal Orgânica do Processo Tributário e respectiva Justificação", RDP 7/169.

Este panorama torna-se particularmente inaceitável a partir da vigência da Constituição de 1988.

Melhor explicando a atual Carta Magna, diferentemente das que a precederam, praticamente omissas quanto às funções e à estrutura do processo administrativo tributário, encurtou extraordinariamente a distância entre o processo administrativo e o judicial, adotando aquele de tributos que lhe permitem compartilhar com o último – e de forma bastante eficaz – a missão de tornar acessível à sociedade o caminho em direção a uma Ordem Jurídica Justa. Tais predicamentos precisam ser melhor compreendidos e amplamente analisados e debatidos, coisa que, infelizmente, após mais de vinte anos de vigência da Carta de 1988, ainda não aconteceu.

Mas, por incrível que pareça, o alheamento teórico do estudo do processo administrativo tributário, embora lamentável por todos os modos, longe está de ser o aspecto mais deplorável deste assunto, conforme, na sequência, passaremos a demonstrar.

O prestigioso jornal paulista "O Estado de São Paulo", em sua edição de 2 de outubro passado, publicou, em seu Caderno de Economia, uma matéria bastante fundamentada, resultante de pesquisa realizada pela Federação das Indústrias do Estado de São Paulo (FIESP), cujos dados servem de introdução ao tema de que fomos encarregados de apresentar como parte do livro que será publicado.

Esta matéria se inicia por uma constatação verdadeiramente estarrecedora: cerca de 38% (trinta e oito por cento) do PIB (Produto Interno Bruto) indicador que mede o total da riqueza produzida no País, resulta da arrecadação tributária. Em outras palavras, perto de quarenta por cento do resultado de toda a atividade produtiva realizada no Brasil é carreado para o Estado sob a forma de tributos federais, estaduais e municipais. Pouquíssimos países do mundo apresentam realidade idêntica a essa e, com certeza, não estamos falando de Estados que apresentam as mesmas deficiências do nosso em oferecer saúde, educação, previdência, lazer além de outros serviços considerados essenciais que o Estado deve prestar a seus cidadãos.

Mas, não bastasse esse número, já por si absolutamente preocupante, outros dados ainda conseguem ser mais alarmantes.

Com efeito, demonstra o mesmo estudo que no fim de cada dia, a maratona para ficar em ordem com o Fisco já carreou 1,16% (um inteiro e dezesseis décimos por cento) do faturamento da empresa. Em um ano as empresas gastam nada menos do que R$ 19,7 bilhões de reais só com a burocracia do sistema tributário.

Este resto equivale ao que a indústria de transformação desembolsa por ano com a folha de pagamento e supera em 58% (cinquenta e oito por cento) o investimento em pesquisa e desenvolvimento. Estes números revelam o quão pesado é o gasto da indústria para preparar o pagamento de um tributo e honrar outros compromissos tributários com a União, Estados e Municípios.

Diante desse quadro, não causa nenhuma surpresa concluir que, considerando a cumulatividade da cadeia produtiva, os gastos com a manutenção do sistema tributário podem chegar a 2,6% (dois inteiros e seis décimos por cento) do preço dos produtos industriais.

O maior custo das empresas é com pessoal. São nada menos do que dez funcionários para realizar essa atividade, como folha de pagamento, contabilidade e escrituração fiscal. Trinta por cento de trabalho dessas pessoas é consumido com o preenchimento de papéis.

Outro item bastante significativo daquilo que poderia ser denominado de custo do sistema tributário reside no que poderia ser denominado de preço das pendências com o Fisco.

Informa o levantamento da FIESP que neste cenário são consumidos gastos de R$ 1,41 bilhões de reais por ano, que é o custo arcado pelo Fisco para cobrar débitos supostamente não pagos e de contribuintes para defenderem-se de cobranças que consideram indevidas: grande parte das regras não é clara, deixam dúvidas e acabam aumentando os questionamentos judiciais.

Não é para menos. Conforme dados divulgados pelo Instituto Brasileiro de Planejamento Tributário, citado pelo levantamento feito pela FIESP, cada empresa no Brasil tem de respeitar em média nada menos do que 249.124 (duzentos e quarenta e nove mil, cento e vinte e quatro) preceitos. Isso representa uma expressiva quantidade de obrigações extras que se não forem devidamente atendidas podem resultar em multas para as empresas, o que nos leva a concluir que, diferentemente de outros Países mais avançados, ainda somos, em pleno século XXI, o reinado do carimbo e do papel.

Em 1988, quando a atual Constituição foi promulgada, haviam 29.713 normas tributárias. Nestes pouco mais de vinte anos, este número cresceu cerca de 1.000% (mil por cento).

Como se percebe o panorama tributário brasileiro, a par das sobejamente conhecidas discussões em torno de temas como a instituição de tributos, a partilha das competências nessa área e os direitos e garantias dos contribuintes abrange um outro cenário também bastante polêmico onde se discute não a dimensão das alíquotas de impostos, contribuições e encargos, mas a compreensão da legislação já existente e o custo demandado para que possa ser adequadamente entendida e executada.

E é justamente neste cenário que deve ser medida a importância do processo de consulta em matéria fiscal. Numa realidade como a que foi exposta em algumas de suas facetas fundamentais, a consulta fiscal, desde que adequadamente estruturada com respeito aos fundamentos que podem ser extraídos da Constituição de 1988, tem condições de servir de arma eficaz para consecução de dois objetivos de grande significação, não apenas para os contribuintes, mas também para o próprio Fisco: a primeira é dar ao contribuinte a necessária garantia de que não será colhido pelas deficiências de compreensão quanto ao cumprimento de suas obrigações enquanto contribuinte; a segunda é evitar tanto quanto possível, o acesso ao já sobrecarregado Judiciário brasileiro em razão do entendimento assegurado ao Fisco e ao Contribuinte da correta e equânime interpretação das leis fiscais.

Este é o objeto fundamental da consulta em matéria fiscal que, a seguir, passaremos a examinar.

1. Considerações gerais

A consulta serve ao relevante propósito de prevenir litígios, afastando controvérsias suscitadas na interpretação e aplicação da legislação tributária,[2] cuja complexidade é reconhecida e proclamada.

A harmonia no relacionamento entre Fazenda Pública e contribuinte é, portanto, a meta para a qual o instituto em consideração está voltado.[3]

Ademais, busca-se, por meio da consulta, a realização dos valores subjacentes ao sobreprincípio da segurança jurídica, reconhecido postulado universal da Ciência do Direito.[4]

---

[2] A locução "legislação tributária" é aqui tomada na acepção que lhe dão os artigos 96 e 100 do Código Tributário Nacional: "Art. 96. A expressão 'legislação tributária' compreende as leis, os tratados e as convenções internacionais, os decretos e as normas complementares que versem, no todo ou em parte, sobre tributos e relações jurídicas a eles pertinentes (...) Art. 100. São normas complementares das leis, dos tratados e das convenções internacionais: I – os atos normativos expedidos pelas autoridades administrativas; II – as decisões dos órgãos singulares ou coletivos de jurisdição administrativa, a que a lei atribua eficácia normativa; III – as práticas reiteradamente observadas pelas autoridades administrativas; IV – os convênios que entre si celebrem a União, os Estados, o Distrito Federal e os Municípios".

[3] "A finalidade da consulta é assegurar o máximo de certeza possível na relação fisco-contribuinte. Evitar, quando possível, o discricionarismo. Não em uma relação jurídica específica e determinada, mas no relacionamento, que é duradouro e composto de múltiplas relações jurídicas" (Hugo de Brito Machado, Mandado de Segurança e Consulta Fiscal. In: *Revista de Direito Tributário* 61/109 – o grifo consta do original).

[4] A natureza de sobreprincípio que a segurança jurídica ostenta é bem destacada por Paulo de Barros Carvalho (O Princípio da Segurança Jurídica em Matéria Tributária. In: *Revista de Direito Tributário* 61/86 e ss.) e também por Ricardo Lobo Torres, para quem, no campo do Direito Tributário, segurança jurídica é produto resultante da conjugação das garantias enumeradas no art. 150 da Constituição Federal (cf. Liberdade, Segurança e Justiça no Direito Tributário. In: *Justiça Tributária*, São Paulo, 1998, Max Limonad, p. 687).

Vale, a propósito, trazer à baila as reflexões de Eros Roberto Grau:

Um dos setores do Direito no âmbito do qual o fenômeno da inflação normativa se manifesta de maneira exacerbada, é o voltado à ordenação das relações tributárias.

Precisamente em razão disso o nosso Direito positivo contempla o instituto da consulta em matéria tributária, via do qual se permite ao contribuinte buscar a certeza do direito aplicável a determinada situação que relata à Administração.

Por certo é ao Poder Judiciário que incumbe definir a certeza conclusiva a respeito do Direito. O instituto da consulta, no entanto, possibilita ao contribuinte reclamar da Administração, orientação a respeito de como deve proceder em situação de dúvida, no entendimento da Administração. Ela, Administração, afinal, é o sujeito ativo da relação jurídico-tributária.[5]

Harmonia e segurança jurídica: estes são os substratos que dão corpo ao instituto da consulta em matéria fiscal.

Sob o ponto de vista instrumental, a consulta corresponde a um tipo peculiar de processo administrativo tributário, consoante decorre da definição proposta por Valdir de Oliveira Rocha:

(...) é modalidade de processo administrativo em que um interessado apresenta dúvida sobre situação de fato ao Fisco-Administração, para obter deste, decisão vinculante a respeito.

A resposta à consulta fiscal é decisão do Fisco-Administração que a ela fica vinculada.[6]

A análise desse conceito conduz-nos a importantes revelações.

Em primeiro lugar, verifica-se que a consulta, como espécie de processo administrativo tributário, está assentada nos mesmos fundamentos constitucionais a estes aplicáveis. Disso decorre que, nessa espécie peculiar de processo, devem fazer-se presentes, sem nenhuma ressalva, os primados emergentes do direito de petição, do controle da juridicidade dos atos administrativos, do devido processo legal e da proporcionalidade.[7]

Ainda, extrai-se da definição sob análise, a circunstância de ser a resposta dada à consulta uma *decisão*,[8] o que reafirma a natureza dialética dos atos próprios dessa espécie de processo.

Finalmente, o conceito em questão destaca o *caráter vinculante* de que deve revestir-se a mencionada *decisão*, mas vinculante apenas para a Administração, já que, para o contribuinte, sempre estará aberta a porta de acesso ao Judiciário, caso não se conforme com a solução que vier a ser dada à sua dúvida.[9]

---

[5] Responsabilidade do Estado em Matéria Tributária. In: *Revista de Direito Tributário* 43/136.
[6] *A Consulta Fiscal*, São Paulo: Dialética, 1996, p. 27.
[7] Valdir Oliveira Rocha, *A Consulta* ..., cit., p. 24.
[8] Concordamos, pois, com a peremptória afirmação de Valdir Oliveira Rocha: "*A resposta à consulta fiscal, em sentido estrito, nunca é mera interpretação, opinião ou informação. A resposta à consulta é sempre decisão*" (*A Consulta* ..., cit., p. 94).
[9] Vide Capítulo 7.

2. Aspectos estruturais

Para bem cumprir os imperativos de prevenção de litígios e de segurança jurídica, o processo de consulta deve ser estruturado com observância de determinados requisitos, a saber: *primeiro* – titulariedade ativa assegurada, de modo amplo, aos interessados na questão a ser solucionada; *segundo* – não instauração de procedimento fiscal contra o consulente, em relação à matéria consultada, na pendência do processo; *terceiro* – autonomia e independência da autoridade encarregada de proferir a decisão; *quarto* – exoneração de responsabilidade por atos praticados em consonância com a solução dada à consulta; e *quinto* – responsabilidade do Estado pelos prejuízos causados aos contribuintes em razão da resposta dada à consulta.

Para verificar em que medida estes predicados são acolhidos pelo nosso direito positivo, passaremos a examiná-los separadamente, à luz das normas do Código Tributário Nacional, bem como, no que for pertinente, da legislação que disciplina o instituto no plano federal.[10]

3. A titularidade ativa do direito de consultar

Conforme já foi afirmado, o processo de consulta ampara-se, entre outros fundamentos, no princípio assecuratório do direito de petição.

Em consequência, a legitimidade ativa para a instauração deste tipo de processo há de ser reconhecida com a largueza própria da garantia constitucional em que se fundamenta.

Assim, poderão formular consulta não só os *sujeitos passivos* da obrigação tributária (principal e acessória, na acepção dos arts. 121 e 122 do Código Tributário Nacional),[11] mas, em sentido mais amplo, todos os que possam revelar *legítimo interesse jurídico* nesse tipo de manifestação da Fazenda, ainda que seja para obter o reconhecimento da situação de *não sujeito passivo* de uma relação tributária de caráter concreto.

Em outras palavras, o *interesse jurídico*, na apresentação da consulta, pode voltar-se tanto para o esclarecimento de pontos controvertidos, que digam respeito à *condição do sujeito passivo*, como para a declaração de que o consulente não se reveste da aludida condição. Daí afirmar Luciano da Silva Amaro, com propriedade, que a legitimação para a consulta não se

---

[10] A consulta fiscal, em âmbito federal, é disciplinada pelos artigos 46 a 58 do Decreto n° 70.235/72, com as alterações introduzidas pelos artigos 48 a 50 da Lei n° 9430, de 27 de dezembro de 1996.

[11] Código Tributário Nacional: "Art. 121. Sujeito passivo da obrigação principal é a pessoa obrigada ao pagamento do tributo ou penalidade pecuniária. Parágrafo único – O sujeito passivo da obrigação principal diz-se: I – contribuinte, quando tenha relação pessoal e direta com a situação que constitua o respectivo fato gerador; II – responsável, quando sem revestir a condição de contribuinte, sua obrigação decorra de disposição expressa de lei. Art. 122. Sujeito passivo da obrigação acessória é a pessoa obrigada às prestações que constituem o seu objeto".

expressa necessariamente na "efetiva titularidade passiva de certa relação obrigacional, mas sim na possibilidade de o consulente ocupar o pólo passivo desta relação".[12]

O parágrafo único do art. 46 do Decreto nº 70.235/72 estende o direito de apresentação de consulta aos "órgãos da administração pública e às entidades representativas de categorias econômicas ou profissionais".

Embora existam respeitáveis opiniões em contrário, entendemos válido que órgãos públicos venham a utilizar-se do instituto da consulta, desde que tenham dúvidas quanto ao cumprimento de obrigações que *concretamente* lhes possam caber.[13] Excluem-se, portanto, as hipóteses de consultas versando sobre questões apenas teóricas ou que não digam respeito a interesses do consulente. Já a parte final do mencionado art. 46 encontra confortável acolhida na Constituição de 1988, que reforçou consideravelmente o poder de representação das entidades associativas, a ponto de dar-lhes legitimidade para: a) representar seus filiados, judicial ou extrajudicialmente;[14] b) impetrar mandado de segurança coletivo;[15] c) defender os interesses coletivos ou individuais das categorias representadas, inclusive em questões judiciais ou administrativas.[16]

Nada mais natural, portanto, que as pessoas jurídicas que congregam categorias econômicas ou profissionais possam atuar em nome destas no âmbito do processo de consulta fiscal. Nesse caso, haverá de ser considerado *legítimo interesse*, ensejador da apresentação da consulta, não apenas o que seja próprio das referidas pessoas, mas também os de seus associados ou filiados.[17]

4. Garantias dos interessados na pendência de processos de consulta

Desde que temporaneamente formulada, sem estar o interessado sob ação fiscal em relação ao seu objeto, a apresentação da consulta traz, de imediato, as seguintes consequências: a) suspende o curso do prazo para

---

[12] Do Processo de Consulta. In: *Novo Processo...*, cit., p. 89.

[13] Valdir de Oliveira Rocha, afirmando que a Administração não pode ser parte perante a própria Administração, sustenta que a "consulta" que, neste contexto, vier a ser formulada nunca será consulta em sentido próprio. (Cf. *A Consulta...*, cit., p. 47). A nós parece, entretanto, que a circunstância de se tratar de órgãos internos da Administração não compromete a utilização do instituto, seja em razão da competência específica e exclusiva de que é investido quem deva solucioná-la, seja pelos efeitos próprios que caracterizam a decisão proferida nesta espécie peculiar de processo administrativo.

[14] Art. 5º, XXI.

[15] Art. 5º, LXX, *b*.

[16] Art. 8º, III.

[17] Bem por isso, aponta Luciano da Silva Amaro que "questão que não poderia ser proposta pelos associados ou filiados da entidade, por falta de legitimidade, também não poderia ser proposta por esta" (Do Processo de Consulta..., cit., p. 89).

pagamento do tributo pertinente à matéria; b) proíbe a instauração de procedimento fiscal a respeito do assunto em pauta; c) evita a incidência, durante a tramitação do processo, de juros e outras penalidades.

Os efeitos indicados nas alíneas *a* e *c* resultam da conjugação das normas constantes do art. 161, *caput* e seu § 2º, do Código Tributário Nacional.[18]

Já a proibição objeto da alínea *b* consta o art. 48 do Decreto nº 70.235/72, a propósito do qual vale colacionar a seguinte lição de Geraldo Ataliba:

> Por força de expressa disposição regulamentar (Decreto nº 70.235, de 1972), "nenhum procedimento fiscal será instaurado contra o sujeito passivo relativamente à espécie consultada" (art. 48). Em outras palavras: o consulente fica imune a sanções ou punições, pelo fato de formular, regularmente, consulta à administração.
> (...)
> Se assim não dispusesse o regulamento, a consulta não teria sentido. Os administrados ficariam inibidos e o instituto seria inteiramente inócuo.
> Por isso, é nulo (*nullum est, quod nullum effectum producit*) qualquer procedimento 'relativo à matéria consultada' (art. 48). Não tem eficácia. É como se não existisse.[19]

Em patamar mais elevado, estas determinações inspiram-se no princípio da moralidade[20] que impede possa a Administração Pública tirar proveito da situação de exposição a que se submete o interessado ao manifestar suas dúvidas a propósito do cumprimento ou da pertinência de obrigações tributárias que lhe atingem.[21]

5. Autonomia dos órgãos julgadores

A consulta, como modalidade de processo administrativo, propicia o exercício, por parte da autoridade ou do órgão encarregado de apreciá-la, da *função administrativa judicante*.

---

[18] Código Tributário Nacional: "Art. 161. O crédito não integralmente pago no vencimento é acrescido de juros de mora, seja qual for o motivo determinante da falta, sem prejuízo da imposição das penalidades cabíveis e da aplicação de quaisquer medidas de garantia previstas nesta Lei ou na legislação tributária (...) § 2º. O disposto neste artigo não se aplica na pendência de consulta formulada pelo devedor dentro do prazo legal para pagamento do crédito".

[19] Consulta Fiscal – Condições de Eficácia. In: *Estudos e Pareceres de Direito Tributário*, vol. 2, São Paulo, Revista dos Tribunais, 1978, p. 305-306. Preceito correlato ao art. 48 do Decreto nº 70.235/72 é o do art. 13, § 2º, da Lei Complementar do Estado de São Paulo nº 939/2003.

[20] Constituição Federal: "Art. 37. A Administração Pública direta e indireta de qualquer dos poderes da União, dos Estados, do Distrito Federal e dos Municípios obedecerá aos princípios da legalidade, impessoalidade, moralidade, publicidade e eficiência (...)".

[21] A correlação entre o princípio da moralidade e a impossibilidade de, no curso do processo de consulta, ser instaurada ação fiscal contra o contribuinte é bem destacada em julgamento do Conselho de Contribuintes cuja ementa é a seguinte: "IRFF – Ação Fiscal – Matéria sob consulta – Cancelamento do lançamento – Pelo princípio da moralidade administrativa, enquanto não solucionada, pelo órgão competente, consulta formulada pelo contribuinte, nenhum procedimento fiscal poderá ser contra ele promovido, em relação à matéria consultada, sob pena de nulidade" (1º Conselho de Contribuintes, Rec. nº 128.570, Ac.102-45610 de 21.08.2002).

Assim, a decisão proferida no processo de consulta deve decorrer da manifestação independente e equidistante do Estado-julgador, sem ater-se às amarras próprias da hierarquia administrativa.

Nesse contexto, vale trazer a lume, mais uma vez, as pertinentes observações de Maria Sylvia Zanella Di Pietro, que assim justifica a autonomia dos órgãos encarregados de dar solução a consultas:

> (...) ainda que possam estar subordinados hierarquicamente a órgãos superiores para determinados fins, por exemplo, para fins disciplinares, *naquilo que diz respeito especificamente à sua atribuição, que é responder a consultas, esses órgãos não têm qualquer subordinação aos seus superiores*. Não recebem ordens, não recebem instruções; quem emite um parecer, emite com absoluta possibilidade de liberdade de apreciar a lei, de dar a sua interpretação. Uma autoridade superior não pode obrigar um determinado funcionário encarregado de função consultiva a dar um parecer neste ou naquele sentido.[22]

Como se vê, não há nenhum exagero na afirmação de que a independência técnica do órgão julgador é condição essencial para a preservação da utilidade do instituto da consulta.

Sem que tal condição seja respeitada, não poderá haver, por parte do referido órgão, atuação *conforme a lei e o Direito* que é, como já visto, um dos apanágios mais destacados da *função administrativa judicante*.

Por essas mesmas razões, e embora a questão não seja pacífica, entendemos que nenhum obstáculo existe a que a apreciação do objeto da consulta se faça sob óptica que possa levar à declaração de inconstitucionalidade da lei ou de ato administrativo embasador de lançamento fiscal.[23]

Este assunto comporta o aprofundamento a seguir exposto.

A função administrativa judicante apresenta expressiva identificação substancial com a atividade jurisdicional. Tal circunstância acentua o seu sentido de independência: os órgãos encarregados de seu exercício estão investidos de plena competência para examinar e solucionar as questões que lhe são submetidas, rigorosamente de acordo com o direito aplicável, com total isenção e libertos do princípio da hierarquia que, sob distintos fundamentos e a outros propósitos, se faz presente em alguns setores da Administração Pública.

6. Vinculação da Administração à decisão proferida no processo de consulta

Foi apontado na abertura deste Capítulo que o processo de consulta se destina a assegurar estabilidade e segurança jurídica nas relações entre Fisco e contribuinte.

---

[22] Processo Administrativo..., cit., p. 115 – grifamos.
[23] Em sentido contrário, cfr. Lúcia Valle Figueiredo, Processo Administrativo Tributário e Controle da Constitucionalidade pelos Tribunais Administrativos. In: *Revista de Direito Tributário* 75/160. E, também, Superior Tribunal de Justiça, REsp n° 58.827-8-SP, Rel. Min. Antonio Pádua Ribeiro.

Deveras o instituto em consideração mostrar-se-ia inútil se dele não resultasse, em favor do contribuinte, a certeza de acatamento, pela Administração, da decisão proferida.

Bem por isso assevera Valdir de Oliveira Rocha:

> Posta em processo administrativo, a resposta consubstanciará decisão. Como tal, vinculará a Administração, ou seja, correspondendo ao caráter preventivo do instituto, a conseqüência para o consulente será a antecipação do critério de aplicação da legislação diante de si. Este, o caráter vinculante da resposta à consulta para a Administração – o que se dá 'em defesa de direitos', como quer o art. 5º, inciso XXXIV, da Constituição.[24]

Pode-se dizer, portanto, que a vinculação da Administração ao entendimento manifestado em solução à consulta atende ao princípio de boa-fé, além de expressar o *valor ético da confiança* que deve ser preservado nas relações entre Fisco e contribuintes.[25]

7. Responsabilidade por prejuízos causados aos contribuintes

Prevalece em nosso direito a regra segundo a qual o Estado responde pelos danos causados a terceiros por seus agentes, no desempenho das funções que lhe cabem.[26]

Como não poderia deixar de ser, essa responsabilidade estende-se aos casos em que, ao adotar a orientação expressa em consulta, o contribuinte venha a sofrer danos ou prejuízos resultantes do pagamento de tributo indevido ou do cumprimento de obrigações ilegais ou descabidas.

A caracterização, nessas circunstâncias, do dever de indenizar tem sido apontada em diferentes contextos.

No plano doutrinário, merece destaque a manifestação de Eros Roberto Grau, para quem a responsabilidade do Estado emerge da má orientação passada ao contribuinte, configurando-se pela só existência de nexo causal entre o ato gerador do dano e o prejuízo decorrente, *verbis*:

> (...) a resposta equivocada contida na resposta à primeira consulta formulada pelo consulente, foi causa do dano. Há evidente nexo causal entre ela e o prejuízo alegado pelo consulente. Relembre-se que a resposta a tal consulta vincula o consulente tributário e a este não se pode imputar o dever – ou obrigação como inadequadamente se refere – de insurgir-se perante o Poder Judiciário, contra a opinião fazendária. A certeza administrativa ditada em resposta a consulta tributária, ainda que não faça

---

[24] *A Consulta...*, cit., p. 39.

[25] Isso não significa que a Administração fique impedida de modificar o seu entendimento sobre a questão; poderá fazê-lo, porém, apenas com efeitos futuros. É o que decorre do parágrafo 12, do art. 48, da Lei nº 9.430/96: "§ 12. Se, após a resposta à consulta, a Administração alterar o entendimento nela expresso, a nova orientação atingirá, apenas, os fatos geradores que ocorram após dado ciência ao consulente ou após a sua publicação pela imprensa oficial".

[26] Constituição Federal: "Art. 37 (...). § 6º As pessoas jurídicas de direito público e as de direito privado prestadoras de serviços públicos responderão pelos danos que seus agentes, nessa qualidade, causarem a terceiros, assegurado o direito de regresso contra o responsável nos casos de dolo ou culpa".

coisa julgada administrativa, à toda evidência, produz efeitos no mundo jurídico, em especial – como restou demonstrado – no caso, o de vincular o consulente.[27]

Embora subscrevamos a essência da opinião de Grau quanto ao dever de indenizar que cabe ao Estado, permitimo-nos discordar da assertiva de que a resposta à consulta seja, para o contribuinte, de observância obrigatória.

É que, como afirmamos anteriormente (item I.2 retro), o particular sempre poderá buscar a tutela judicial para obter a reversão da orientação recebida. A possibilidade é assegurada de modo amplo pelo art. 5º, XXXV, da Constituição Federal.

Todavia, essa circunstância não compromete, no essencial, a conclusão do jurista.

Apenas nos parece que o direito à indenização não decorre da eventual vinculação que a decisão possa gerar para o contribuinte, mas, sim, do simples fato de ele, em boa-fé, tê-la adotado e, por revelar-se equivocada, veio a causar-lhe prejuízo não suscetível de ser reparado pela mera repetição de indébito. É, a propósito, bastante oportuno o pensamento de Lúcia Figueiredo:

> (...) se houver erro na resposta, que é um ato administrativo com todas as conseqüências disso – de ser ato administrativo, poderá gerar responsabilidade por força do art. 37, § 6º, da Constituição.
> (...)
> Aqui não estou a me referir à possibilidade, é claro, de ele pedir a devolução da parte que teria sido paga a maior do tributo, se não tiver ocorrido a prescrição.
> (...)
> Realmente estou a falar de possibilidade de pedir indenização baseada na responsabilidade do Estado que teria incorretamente (...) respondido a consulta e feito com que o consulente fosse mais onerado e, sendo mais onerado, tivesse diminuída a sua competitividade.[28]

Seguindo essa mesma diretriz, a 2ª Turma do Egrégio Supremo Tribunal Federal já reconheceu ao contribuinte o direito de ser indenizado por haver sido induzido, em resposta a consulta, a recolher tributo que mais tarde restou demonstrado ser indevido.

A oportunidade dessa decisão leva-nos a pôr em evidência a seguinte passagem, constante do voto do Relator, o Ministro Marco Aurélio:

> (...) este caso é exemplar no tocante à necessidade de adotar-se postura que estimule os contribuintes a acionarem o instituto da consulta e, ao mesmo tempo, atribua à Administração Pública uma maior responsabilidade ao respondê-la. De duas uma: ou a Administração Pública não está compelida a atuar no âmbito da consultoria ou está e, claudicando, pouco importando o motivo, assume os danos

---

[27] Responsabilidade..., cit., p. 140.
[28] *Op. cit.*, p. 160-161. Embora não cuide exatamente da mesma situação, bom parâmetro para fixação da indenização, neste caso, poderia ser o propiciado pelo artigo 940 do Código Civil, cujo teor é o seguinte: "Art. 940. Aquele que demandar por dívida já paga, no todo ou em parte, sem ressalvar as quantias recebidas, ou pedir mais do que for devido, ficará obrigado a pagar ao devedor, no primeiro caso, o dobro do que houver cobrado e, no segundo, o equivalente ao que dele exigir, salvo se houver prescrição".

que tenha causado ao contribuinte. O que não se concebe é que, diante da normatividade da matéria, fique a Administração Pública, na hipótese de equívoco – que, afinal, para ela implicou inegável vantagem – deixe de indenizar aquele que sofreu o correspondente prejuízo.[29]

Acreditamos já haver sido bem destacado que a consulta fiscal está intimamente relacionada com aquilo que poderia ser denominado de *anseio de previsibilidade da ação do Estado*.

A perseguição desse propósito é direito subjetivo dos administrados, não podendo, assim, converter-se em pretexto para que a Administração Fazendária possa, inconsequentemente, construir interpretações ou criar encargos que não encontram amparo no ordenamento jurídico vigente.

Esta é a razão fundamental que leva a reconhecer-se a ilicitude da conduta que, sob a máscara de "orientar", impele o contribuinte a pagar tributo indevido ou submete-o ao cumprimento de prestações descabidas.

A obrigação de indenizar, emergente de tal conduta, não pode deixar de ser proclamada. Não é dado à Administração – nem sob o enganoso pretexto de preservação do erário – contrariar ou negar reconhecimento a direitos e garantias fundamentais, porque, sempre que isto ocorre, é o próprio interesse público que está sendo ferido.

8. Principais conclusões deste capítulo

A consulta serve ao propósito de prevenir litígios, preservando a harmonia no relacionamento entre Fazenda e contribuintes. Volta-se, ainda, ao resguardo do sobreprincípio da segurança jurídica.

Para corresponder a esses desígnios, o processo de consulta deve ser estruturado com observância dos seguintes requisitos: a) titularidade ativa a quem revele legítimo interesse jurídico na questão a ser solucionada; b) não instauração de procedimento fiscal, na pendência do processo, em relação ao seu objeto; c) autonomia e independência do órgão ou autoridade incumbidos de proferir a decisão; d) exoneração de responsabilidade do contribuinte pelos atos praticados em consonância com a solução dada à consulta; e, e) responsabilidade do Estado pelos prejuízos causados ao contribuinte em razão da resposta à consulta.

---

[29] RE nº 131.741-8-SP, 2ª Turma, v.u., j. 09.04.1996.

— 9 —

A diferenciação entre vício formal e vício material e seu reflexo na realização de novo lançamento tributário

RAFAEL BORIN

Advogado e professor. Sócio do escritório Rafael Pandolfo Advogados Associados. Especialista em Direito Tributário pelo Instituto Brasileiro de Estudos Tributários – IBET. Pós-Graduado em Direito da Economia e da Empresa pela Fundação Getúlio Vargas – FGV. Membro do Instituto de Estudos Tributários – IET. Consultor tributário da Federação do Comércio de Bens e Serviços do Estado do Rio Grande do Sul – FECOMÉRCIO/RS.

Sumário: I. Introdução; II. Da impossibilidade de realização de novo lançamento na hipótese de não comprovação da ocorrência do fato jurídico tributário; a) Requisitos formais e materiais dos atos administrativos e sua relação com o lançamento tributário; Breves apontamentos sobre o elemento FORMA; Breves apontamentos sobre o elemento MOTIVO; Diferença entre elemento formal e elemento material na realização do lançamento; Da diferença entre motivação e motivo e os reflexos na anulação do lançamento; b) Dos requisitos formais e materiais constantes no Processo Administrativo Tributário do Estado do Rio Grande do Sul (Lei nº 6.537/73); c) O enquadramento da descrição da matéria tributável como motivação (elemento formal do ato) e motivo do lançamento tributário (elemento material do ato); III. Conclusão.

I. Introdução

O presente estudo foi motivado pelas divergências e contradições encontradas na análise de diversos julgamentos de processos administrativos, no tocante aos tipos de vícios (formal e material) que atingem o lançamento tributário, culminando com o seu cancelamento. A celeuma ganha destaque, uma vez que a adoção de uma ou outra espécie de nulidade (formal ou material) afeta, sobremaneira, o direito do Fisco em efetuar novo lançamento, bem como a regra de contagem do prazo decadencial.

O objetivo desses apontamentos é, portanto, examinar os requisitos formais e materiais do ato administrativo do lançamento tributário, passando pela análise do enquadramento do elemento "descrição da matéria tributável" como espécie de requisito formal (elemento vinculado à legalidade formal do ato administrativo) e o diferenciando do pressuposto motivador do ato que é a comprovação da efetiva ocorrência do fato jurídico tributário (elemento vinculado à existência da relação jurídico-tributária), que sempre configurará uma nulidade absoluta (vício material) do lançamento. Nesse sentido, é importante diferenciar as funções que cada elemento cumpre na formação do lançamento fiscal, a fim de não confundir as expressões "descrição dos fatos e do direito" e "comprovação da subsunção dos fatos ao direito", situações completamente distintas, mas que, muitas vezes, dependendo da forma como são interpretadas, resultam na possibilidade de realização de um novo lançamento.

Para tanto, buscaremos nas lições do Direito Administrativo alguns ensinamentos muito importantes para diferenciar elementos como *motivação* e *motivo* do ato administrativo; sendo o primeiro, um pressuposto de natureza formal do ato (descrição dos fatos e do dispositivo legal), cuja finalidade exclusiva é permitir ao sujeito passivo o pleno exercício do direito de defesa; e o último, um elemento de caráter material do lançamento (comprovação da subsunção dos fatos à hipótese legal), cujo objetivo é não só permitir o exercício do contraditório, mas também verificar a efetiva ocorrência de todos os critérios da hipótese normativa de incidência. Dessa forma, o propósito é demonstrar as únicas três hipóteses que podem ser verificadas em relação à possibilidade de novo lançamento: *a)* vício formal por ausência de *motivação*: possibilidade de refazer o lançamento; *b)* vício material por ausência de comprovação do *motivo*: impossibilidade de refazer o lançamento, retroativamente; *c)* vício material por erro no conceito de fato ou no conceito de norma (inexistência ou inadequação do *motivo*): impossibilidade de fazer novo lançamento.

Com esses apontamentos, pretendemos refletir sobre a necessidade de uma revisão desses conceitos jurídicos, a fim de preservar as garantias constitucionais da legalidade e da segurança jurídica, princípios fundamentais ao desenvolvimento do Estado e da sociedade.

II. Da impossibilidade de realização de novo lançamento na hipótese de não comprovação da ocorrência do fato jurídico tributário

a) Requisitos[1] formais e materiais dos atos administrativos e sua relação com o lançamento tributário

Lançamento é um ato administrativo, através do qual se concebe uma norma individual e concreta com efeitos jurídicos imediatos. É es-

---
[1] Em relação aos requisitos materiais do ato administrativo, a nossa abordagem ficará restrita aos elementos FORMA e MOTIVO, pois são esses os objetos desse estudo.

pécie do gênero dos atos administrativos, estando sujeito à observância do regime jurídico desses últimos, no que tange aos seus requisitos de existência e de validade.

Por ato administrativo, adotaremos o conceito da Professora Maria Sylvia Zanella Di Pietro[2] que, pelo seu critério objetivo de definição, estabelece que (*sic*) ato administrativo é somente aquele praticado no exercício concreto da função administrativa, seja ele editado pelos órgãos administrativos ou pelos órgãos judiciais e legislativos.

No tocante aos elementos dos constitutivos dos atos administrativos, a maioria dos administrativistas utiliza como base legal para a definição dos requisitos[3] dos atos administrativos a Lei n. 4.717/65, conhecida como a "Lei da Ação Popular" que, em seu artigo 2, assim dispõe:

> Art. 2º – São nulos os atos lesivos ao patrimônio das entidades mencionadas no artigo anterior, nos casos de:
> a) incompetência
> b) vício de forma;
> c) ilegalidade do objeto;
> d) inexistência de motivos;
> e) desvio de finalidade.

Como se vê, diferentemente do Direito Privado, em que os atos jurídicos (negócios jurídicos) são revestidos de três requisitos, conforme prevê o artigo 102 do Código Civil (agente capaz, objeto lícito, possível, determinado ou determinável e forma prescrita e não defesa em lei), o ato administrativo contém mais dois elementos essenciais à sua validade: a *motivação* e a *finalidade*. Tais elementos são de enorme relevância no controle da legalidade, segundo Maria Silvia Zanella Di Pietro:[4]

> Esses dois elementos passaram a ser vistos como elementos do ato administrativo exatamente para permitir a ampliação do controle do Poder Judiciário sobre os atos da Administração Pública. Inicialmente, só se admitia o controle judicial sobre o sujeito, o objeto e a forma. Não se admitia, por exemplo, que o Judiciário examinasse os fatos, para verificar se existiram ou não, se eles têm ou não têm fundamento legal, porque se entendia que a apreciação dos fatos é matéria de apreciação discricionária da Administração Pública. Para ampliar o controle, elaborou-se a teoria dos motivos determinantes e se passou a aceitar que o Judiciário possa examinar o motivo. Daí a razão pela qual o motivo hoje é considerado um elemento do ato administrativo.

---

[2] Di Pietro, Maria Sylvia Zanella. *Direito Administrativo*, 20. ed. São Paulo: Atlas, p. 78

[3] Alguns autores fazem uma distinção entre as expressões requisitos, pressupostos ou elementos do ato administrativo, definidos no art. 2, da Lei 4.717/65. Lúcia Valle Figueiredo, *in* Curso de Direito Administrativo, p. 178, denomina requisitos extrínsecos ao ato a competência, o motivo (pressuposto fático do ato), as formalidades procedimentais, a finalidade mediata e imediata, a causa, e de elementos apenas o conteúdo do ato ou objeto e a forma. No presente texto, entretanto, dada a finalidade do exame a que estamos nos propondo, não há qualquer prejuízo para o leitor se não nos fixarmos em tais distinções, passando a utilizá-las com um mesmo significado.

[4] Di Pietro. Maria Sylvia Zanella. Primeiro Seminário de Direito Administrativo TCMSP. Processo Administrativo. PRESSUPOSTOS DO ATO ADMINISTRATIVO – VÍCIOS, ANULAÇÃO, REVOGAÇÃO E CONVALIDAÇÃO EM FACE DAS LEIS DO PROCESSO ADMINISTRATIVO.

A conceituação de cada um dos elementos descritos no art. 2º da Lei da Ação Popular, é dada pelo parágrafo único desse mesmo dispositivo, a seguir transcrito:

Parágrafo único. Para a conceituação dos casos de nulidade observar-se-ão as seguintes normas:

a) a incompetência fica caracterizada quando o ato não se incluir nas atribuições legais do agente que o praticou;

b) *o vício de forma consiste na omissão ou na observância incompleta ou irregular de formalidades indispensáveis à existência ou seriedade do ato;*

c) a ilegalidade do objeto ocorre quando o resultado do ato importa em violação de lei, regulamento ou outro ato normativo;

d) *a inexistência dos motivos se verifica quando a matéria de fato ou de direito, em que se fundamenta o ato, é materialmente inexistente ou juridicamente inadequada ao resultado obtido;*

e) o desvio de finalidade se verifica quando o agente pratica o ato visando a fim diverso daquele previsto, explícita ou implicitamente, na regra de competência. (Grifo nosso)

Como se percebe, inexistindo algum dos requisitos constitutivos do ato administrativo, serão nulos os atos emanados pela administração pública. Entretanto, aprofundando a análise acerca desses elementos, verificamos a existência de elementos cuja validade está relacionada à observância de formalidades (*Forma*, alínea "b") e outros em que a validade do ato depende da existência de um fundamento de fato e de direito (*Motivo*, alínea "d").

A distinção entre esses dois elementos é importante, pois afeta os efeitos da invalidação do ato administrativo e a possibilidade de sua convalidação.

Breves apontamentos sobre o elemento FORMA

Conforme Maria Sylvia Zanella Di Pietro,[5] o elemento forma pode ser analisado sob duas concepções: uma restrita e outra ampla. Na primeira, o elemento forma está relacionado à exteriorização do ato, que pode ser escrita, verbal, através de decreto, portaria, resolução etc. Por outro lado, em uma concepção ampla, é vista como o conjunto de formalidades que devem ser observadas durante o processo de constituição do ato administrativo. Adotaremos, para estudo, a segunda concepção por ser a mais adequada às premissas utilizadas e às conclusões que serão extraídas.

A forma do ato administrativo está prevista em lei. Assim, diversas são as leis que definem formalidades essenciais à validade do ato administrativo. Tomemos como exemplo a Lei n. 6.537/73, que regula o Processo Administrativo Tributário do Estado do Rio Grande do Sul. Nesse diploma legal, verificamos com clareza algumas formalidades que são necessárias à realização do lançamento tributário, como por exemplo,

---

[5] Di Pietro, Maria Sylvia Zanella. Op. cit., p. 192.

descrever *a qualificação do sujeito passivo da obrigação, o local, a data e a hora da lavratura, a indicação da repartição e do prazo em que poderá ser apresentada impugnação, a qualificação e a assinatura do autor do procedimento etc.*

A legislação acerca do processo administrativo federal (Lei n. 9.784/99) também prevê a existência do elemento forma para validar o ato administrativo praticado, apenas quando exigido por lei. Ou seja, permite que o ato seja praticado sem uma forma definida em lei, quando não existir essa obrigação. Trata-se, portanto, de uma relativização da forma enquanto elemento essencial do ato administrativo, possibilitando a adoção de outras formas existentes que atinjam a finalidade do ato. Nesse sentido, vejamos as prescrições legais da Lei n. 9.784/98, sobre o tema:

> Art. 2º A Administração Pública obedecerá, dentre outros, aos princípios da legalidade, finalidade, motivação, razoabilidade, proporcionalidade, moralidade, ampla defesa, contraditório, segurança jurídica, interesse público e eficiência.
>
> Parágrafo único. Nos processos administrativos serão observados, entre outros, os critérios de:
>
> VIII – *observância das formalidades essenciais à garantia dos direitos dos administrados;*
>
> Art. 22. *Os atos do processo administrativo não dependem de forma determinada senão quando a lei expressamente a exigir.* (Grifo nosso)

Nota-se, dessa forma, que as formalidades enquanto requisitos dos atos administrativos estão relacionadas à garantia do administrado de saber que, na realização do ato administrativo, serão adotados procedimentos, por pessoas aptas para tal função, descrevendo seu objeto de forma expressa e clara para que possa o administrado compreender indubitavelmente o ato que está sendo praticado pela administração pública. No próximo tópico, traçaremos um paralelo entre os requisitos formais do lançamento tributário sob a ótica da legislação do processo administrativo tributário federal (Decreto n. 70.235/72) e estadual (Lei n. 6.537/73).

Breves apontamentos sobre o elemento MOTIVO

A Lei da Ação Popular explicita o conceito de motivo do ato administrativo como sendo a obrigação de demonstrar expressamente os pressupostos de fato e de direito, sendo nulo ato quando o motivo não existir ou quando o mesmo for juridicamente inadequado.

A Lei n. 9.784/99, estabelecendo normas básicas sobre o processo administrativo no âmbito da Administração Federal direta e indireta, também contemplou o motivo como sendo um elemento do ato (dentro do processo administrativo), conforme abaixo se observa:

> Art. 2º A Administração Pública obedecerá, dentre outros, aos princípios da legalidade, finalidade, *motivação*, razoabilidade, proporcionalidade, moralidade, ampla defesa, contraditório, segurança jurídica, interesse público e eficiência. (Grifo nosso)
>
> Parágrafo único. Nos processos administrativos serão observados, entre outros, os critérios de:

VII – indicação dos pressupostos de fato e de direito que determinarem a decisão.[6]

Desse modo, significa dizer que, inexistindo a demonstração dos pressupostos de fato e direito, será nula a decisão proferida no processo administrativo federal.

A doutrina de Maria Sylvia Zanella Di Pietro[7] esclarece o conceito de motivo do ato administrativo, fazendo reflexões que merecem ser transcritas:

> Motivo é o pressuposto de fato e direito que serve de fundamento ao ato administrativo.
>
> Pressuposto de direito é o dispositivo legal em que se baseia o ato.
>
> Pressuposto de fato, como o próprio nome indica, corresponde ao conjunto de circunstâncias, de acontecimentos, de situações que levam a Administração a praticar o ato.
>
> A ausência de motivo ou a indicação de motivo falso invalidam o ato administrativo.

Antônio Carlos de Araújo Cintra[8] conceitua como "motivos do ato administrativo, o conjunto de elementos objetivos de fato e de direito que lhe constituiu o fundamento. Isto significa que, para nós, os motivos do ato administrativo compreendem, de um lado, a situação de fato, que lhe é anterior, e sobre a qual recai a providência adotada, e, de outro lado, o complexo de normas jurídicas por ele aplicadas àquela situação de fato."

A partir das prescrições legais e da doutrina supracitadas, vejamos como o Código Tributário Nacional (CTN) tratou a matéria pertinente aos elementos do ato administrativo lançamento:

> Art. 142 CTN: Compete privativamente à autoridade administrativa constituir o crédito tributário pelo lançamento, assim entendido o procedimento administrativo tendente a verificar a ocorrência do fato gerador da obrigação correspondente, determinar a matéria tributável, calcular o montante do tributo devido, identificar o sujeito passivo e, sendo o caso, propor a aplicação da penalidade cabível.
>
> Parágrafo único. A atividade administrativa de lançamento é vinculada e obrigatória, sob pena de responsabilidade funcional.

Como se observa, o CTN estabeleceu uma série de pressupostos formais e materiais do lançamento, de forma a preservar as garantias da vinculação do ato à legalidade e do conhecimento de todos os critérios que foram adotados na realização do lançamento. Nesse sentido, cabe ressaltar os ensinamentos do Ilustre Professor Eduardo Domingos Bottalo:[9]

> Observa-se, pois, que o lançamento expressa ato administrativo de aplicação da norma tributária material ao caso concreto. Tem o propósito de responder às seguintes indagações: (1) Quem é o contribuinte? (2) Quanto e a que título deve ao fisco? (3) Onde deve efetuar o pagamento? (4) Como ele deve efetuar o pagamento? (5) Quando ele deve efetuar o pagamento do tributo?

---

[6] Sobre o motivo como elemento constitutivo das decisões judiciais vide art. 93, inciso IX, da Constituição Federal.
[7] Di Pietro, Maria Sylvia Zanella. Op. cit., p. 195.
[8] CINTRA, Antônio Carlos de Araújo, *Motivo e Motivação do Ato Administrativo*, São Paulo: RT, 1979, p. 97.
[9] BOTTALO, Eduardo Domingos. *Curso de Processo Administrativo Tributário*, São Paulo: Malheiros, p. 27.

Assim, individualizando os elementos do ato lançamento, previstos no art. 142 do CTN, podemos estabelecer o seguinte paralelo com a análise da legislação e doutrina realizada:

Código Tributário Nacional, art. 142	
Elementos do ato	Aplicação ao ato lançamento tributário
COMPETÊNCIA	Compete privativamente à autoridade administrativa constituir o crédito tributário pelo lançamento.
OBJETO	Determinar a matéria tributável. Propor a aplicação da penalidade cabível.
FORMA	Determinar a matéria tributável. Identificar o sujeito passivo. Calcular o montante do tributo devido
MOTIVO	Procedimento administrativo tendente a verificar a ocorrência do fato gerador da obrigação correspondente Determinar a matéria tributável. Identificar o sujeito passivo.
FINALIDADE	Procedimento administrativo tendente a verificar a ocorrência do fato gerador da obrigação correspondente.

Uma primeira observação nos revela que a comparação acima realizada serve apenas para demonstrar a consonância e a congruência entre o Direito Administrativo e o Tributário, no tocante aos pressupostos do ato administrativo quanto à aplicação da legislação tributária sobre o lançamento. Assim, não se pretende dar contornos de exatidão na comparação entre os elementos, pois estamos diante de textos, cuja subjetividade, em muitos casos, pode ser dada pelo intérprete.

Em segundo lugar, fica evidente que, nessa comparação, existem alguns elementos cuja compreensão e visualização é mais direta que em outros. Tomemos como exemplo, dessa maior objetividade, os requisitos *competência, finalidade, objeto*. Observamos que, em todos os dispositivos acima referidos, a *competência*, como elemento do ato administrativo, está presente na legislação tributária, de uma maneira muito clara. Ou seja, tanto o art. 142 do CTN, como as legislações procedimentais, definem que o ato do lançamento somente pode ser praticado pelo agente fiscal a quem compete tal ato.

Se atentarmos para a *finalidade*, também não é de difícil observar que a finalidade[10] do lançamento está ligada ao cumprimento do interesse pú-

---
[10] Alguns autores diferenciam finalidade de objeto pelo efeito jurídico gerado. Com a finalidade do ato visa ser atingido um objeto mediato e que pode abranger diversos interesses do Estado. Diferen-

blico, numa visão mais ampla deste conceito, mas também à necessidade de gerar um direito ao ente público de arrecadar o tributo, através da constituição de uma norma individual e concreto que torna o sujeito passivo devedor de certa importância pecuniária (visão mais restrita).

Quanto ao *objeto*, é correto dizer que o ato administrativo sempre apresentará um resultado imediato que poderá ser a criação, a transformação ou a extinção de um direito. O objeto do lançamento, nesse sentido, estará relacionado à constituição da norma individual e concreta que torna o crédito tributário líquido, certo e exigível.

Por outro lado, quando os objetos examinados são a forma ou o motivo do ato, por mais clara que seja a diferença conceitual entre esses dois elementos, conforme já demonstrado, notamos um problema crônico na análise de tais elementos pelos órgãos de julgamento administrativo ou judicial. Destacamos que o centro do debate cinge à análise da "descrição da matéria tributável", como pressuposto formal ou material do lançamento. Formal, porque é uma formalidade essencial a que está sujeita a administração pública descrever o evento ocorrido, o dispositivo legal eventualmente infringido; identificando, assim, as circunstâncias de fato e de direito consideradas na realização do ato administrativo lançamento, permitindo ao contribuinte o conhecimento dessas informações e o exercício de defesa. Material, pois a descrição da matéria tributável está atrelada à efetiva verificação da ocorrência do fato gerador que é o elemento que, além permitir a compreensão das circunstâncias de fato e de direito que conduziram o lançamento, comprova, por meio de provas, a subsunção do fato ocorrido a todos os critérios jurídicos previstos na hipótese legal tributária.

Como referido, inicialmente, a relevância da diferenciação desse elemento enquanto *forma* ou *substância* do ato do lançamento reside na possível anulação do lançamento, por vício formal ou por vício material e a possibilidade de realização de novo lançamento. Portanto, o problema a ser enfrentado está em encontrar uma sistemática que nos permita identificar, em cada lançamento realizado, se existe um *motivo*, assim entendido como o procedimento de verificação e comprovação da efetiva ocorrência do fato jurídico tributário, ou se estamos diante de apenas um procedimento formal cuja finalidade é relatar os fatos, descrever os dispositivos legais e calcular o montante do tributo. Como se observa, a chave para conseguirmos identificar essas diferenças está diretamente entrelaçada ao trabalho do agente fiscal de verificação e comprovação da ocorrência dos critérios previstos na norma de incidência tributária. Antecipando alguns, pensamos que serão abordados nos próximos tópicos, temos visto que

---

temente, o objeto do ato é tratado como o resultado imediato que pode se dar pela criação, transformação ou extinção de um direito. Essa é a linha seguida por Maria Sylvia Zanella Di Pietro.

muitos julgados administrativos entendem que a descrição da matéria tributável é requisito material do lançamento e não formal. Diferentemente, destacamos que a descrição da matéria tributável pode ser elemento material do lançamento, desde que acompanhada da efetiva e concreta verificação e comprovação da ocorrência do fato gerador; o que, muitas vezes, não ocorre.

Como se pode perceber, ressaltamos a necessidade de examinarmos e diferenciarmos os requisitos do lançamento tributário, classificando o que sejam elementos formais e elementos materiais do ato, focando, como proposto nesse trabalho, para a diferenciação entre *motivo* e *forma* (descrição da matéria tributável), que são os casos em que se apoiam as maiores discussões.

Diferença entre elemento formal e elemento material na realização do lançamento

O primeiro exame que se faz necessário, no atual estágio, cinge-se a diferenciar um elemento formal de um elemento material na constituição do crédito tributário.

Conforme já referido alhures, obtemos o conceito de forma através da legislação acerca do ato administrativo, da doutrina administrativista, e da legislação tributária que nos informa algumas das formalidades necessárias na constituição do lançamento.

Além dessas fontes, podemos buscar mais subsídio na legislação de processo civil que também estabelece claras diferenças entre requisitos formais e materiais da ação, demonstrando os efeitos de cada hipótese em relação ao direito envolvido. Nesse ponto, examinando os artigos 267[11] e 269[12] do Código de Processo Civil, verificamos a diferença entre um julgamento realizado sem resolução do mérito e com resolução do mérito. No primeiro caso, observa-se que o processo será extinto, caso não sejam observados alguns procedimentos formais que devem ser praticados por aquele que deu causa à ação. É possível notar, assim, que as hipóteses previstas no art. 267 do CPC, não se subsumem à discussão da matéria de fundo (fundamento jurídico), acerca da existência ou não do direito da parte proponente. Dessa forma, extinto o processo por ocorrência de

---

[11] "Art. 267. Extingue-se o processo, sem resolução de mérito: I – quando o juiz indeferir a petição inicial; II – quando ficar parado durante mais de 1 (um) ano por negligência das partes; III – quando, por não promover os atos e diligências que lhe competir, o autor abandonar a causa por mais de 30 (trinta) dias; IV – quando se verificar a ausência de pressupostos de constituição e de desenvolvimento válido e regular do processo;" (...)".

[12] "Art. 269. Haverá resolução de mérito: I – quando o juiz acolher ou rejeitar o pedido do autor; II – quando o réu reconhecer a procedência do pedido; III – quando as partes transigirem; IV – quando o juiz pronunciar a decadência ou a prescrição; V – quando o autor renunciar ao direito sobre que se funda a ação".

algumas das hipóteses descritas nesse dispositivo, poderá o autor promover nova ação judicial, pois o seu direito material não foi atingido. O art. 269 do CPC, por sua vez, revela hipóteses em que o direito material (fundamento de fato e de direito) do autor proponente foi examinado e considerado, não restando a possibilidade de uma nova ação judicial, em caso de extinção do mesmo.

Em relação aos elementos forma e motivo, através do presente exame, é possível considerarmos que a forma configura um pressuposto essencial da ação judicial, sem o qual a mesma será extinta. No entanto, por não atingir o direito material, poderá o autor promover uma nova ação, respeitando as formalidades previstas na legislação específica. Já o motivo, como elemento que apresenta as circunstâncias de fato e de direito que fundamentam o pedido (ato), caso inexistente ou inadequadamente aplicado, resultam na extinção do processo, sem a possibilidade de novo ingresso de ação.

Na constituição do crédito tributário, vê-se que a forma está relacionada a procedimentos necessários à validade do lançamento. Por essa razão que é importante que o ato seja realizado por agente competente, informando o local e a data da lavratura, descrevendo os fatos e o direito aplicado de forma a permitir o exercício do contraditório. Em relação ao motivo do lançamento, vê-se que o mesmo refere-se à comprovação da ocorrência do fato gerador. Ou seja, deve demonstrar de forma clara e precisa se os elementos fáticos se subsumem à hipótese prevista na lei. No primeiro caso, ausentes as formalidades legais previstas para a execução do lançamento, esse será anulado por vício formal, existindo a possibilidade de novo lançamento, respeitado o prazo decadencial. No segundo, não havendo a comprovação da ocorrência do fato gerador, o lançamento é anulado por vício material, inexistindo a possibilidade de novo lançamento.[13] Logo, entendemos que por elemento FORMAL do lançamento devem ser entendidos todos aqueles casos que não envolvem a análise do nascimento da obrigação tributária. O vício material, portanto, estará relacionado à ausência de comprovação da ocorrência do fato gerador. No próximo tópico, serão abordadas as hipóteses de vício formal e vício material, na ótica da legislação do processo administrativo tributário federal e estadual.

Da diferença entre motivação e motivo e os reflexos na anulação do lançamento

Como se pode observar, a importância da análise do motivo para a validade do ato administrativo lançamento revela-se fundamental. Tra-

---

[13] No item II. *c*, explicitaremos a hipótese em que a falta de comprovação do lançamento gera a possibilidade de novo lançamento, desde que respeitado a irretroatividade do lançamento.

ta-se de um elemento que permite o controle da legalidade do lançamento, pela administração pública e pelo próprio Poder Judiciário, evitando a realização de atos arbitrários, desprovidos de uma análise probatória do caso em concreto.

Nesse sentido, um estudo que deve ser feito é dirimir as diferenças entre os elementos *motivo* e *motivação* do ato administrativo.

Até o presente instante, conceituamos a expressão motivo como elemento que define as circunstâncias fáticas e jurídicas do ato. Inserindo tal pressuposto no exame do lançamento tributário, podemos defini-lo como o elemento que comprova, de forma clara e precisa, a subsunção do evento ocorrido aos critérios jurídicos da hipótese de incidência tributária. No entanto, é necessário analisar o caso em que o elemento motivo assume o papel de requisito formal do ato administrativo lançamento, trazendo consigo as respectivas modificações em relação aos efeitos do cancelamento do crédito tributário. Dito de outra forma, constatamos que a descrição do motivo possa ser diferente da comprovação do motivo, segundo a doutrina mais especializada no tema:

> Não se confundem motivo e motivação do ato. Motivação é a exposição dos motivos, ou seja, é a demonstração, por escrito, de que os pressupostos de fato realmente existiram. Para punir, a Administração deve demonstrar a prática da infração. A motivação diz respeito às formalidades do ato que integram o próprio ato, vindo sob a forma de "consideranda"; outras vezes, está contida em parecer, laudo, relatório, emitido pelo próprio órgão expedidor do ato ou por outro órgão, técnico ou jurídico, hipótese em que o ato faz remissão a esses atos precedentes. O importante é que o ato possa ter sua legalidade comprovada.[14]

Examinando o conceito de motivação supracitado, verifica-se que o ato administrativo lançamento pode conter uma descrição meramente informativa cuja finalidade é permitir ao sujeito passivo ter ciência dos fatos ocorridos e, diante disso, exercer seu direito de defesa. Nessa hipótese, havendo a falta dessa descrição, o lançamento deverá ser anulado por vício formal, permanecendo o direito da administração pública de efetuar um novo lançamento corrigindo a omissão na motivação do ato. Por outro lado, se, no lançamento, estão descritos os pressupostos de fato e de direito permitindo ao sujeito passivo o conhecimento do teor do lançamento, mas lhe falta a comprovação da verificação de que o fato jurídico tributário efetivamente ocorreu, baseando-se a descrição em pressupostos fáticos que até podem ter ocorrido, mas despidos de provas da sua subsunção, deverá ser anulado por vício material. Nesse caso, restando ao ente público o direito de efetuar novo lançamento respeitando o princípio da irretroatividade.

Celso Antônio Bandeira de Mello,[15] na sua obra *Curso de Direito Administrativo*, define motivação nos seguintes termos:

---

[14] Di Pietro, Maria Sylvia Zanella. Op. cit., p. 196.
[15] BANDEIRA DE MELLO, Celso Antônio. *Curso de Direito Administrativo*. 21ª ed. São Paulo: Malheiros, 2006, p. 380.

A motivação deve ser prévia ou contemporânea à expedição do ato. Em algumas hipóteses de atos vinculados, isto é, naqueles em que há aplicação quase automática da lei, por não existir campo para interferência de juízos subjetivos do administrador, a simples menção do fato e da regra de Direito aplicada pode ser suficiente, por estar implícita a motivação. Naqueles outros, todavia, em que existe discricionariedade administrativa ou em que a prática do ato vinculado depende de aturada apreciação e sopesamento dos fatos e das regras jurídicas em causa, é imprescindível motivação detalhada. [...]

Integra a "formalização" do ato, sendo um requisito formalístico dele. É a exposição dos motivos, a fundamentação na qual são enunciados (a) a regra de Direito habilitante, (b) os fatos em que o agente se estribou para decidir e, muitas vezes, obrigatoriamente, (c) a enunciação da relação de pertinência lógica entre os fatos ocorridos e o ato praticado. Não basta, pois, em uma imensa variedade de hipóteses, apenas aludir ao dispositivo legal que o agente tomou com base para editar o ato. Na motivação transparece aquilo que o agente apresenta como "causa" do ato administrativo [...].

Paulo de Barros Carvalho,[16] nas suas brilhantes reflexões, mostra-nos a sua visão sobre o tema:

> Para nulidade se requer vício profundo, que comprometa visceralmente o ato administrativo. Seus efeitos, em decorrência são ex tunc, retroagindo, linguisticamente, à data do correspondente evento. A anulação, por outro lado, pressupõe invalidade iminente, que necessita de comprovação, a qual se objetiva em procedimento contraditório. Seus efeitos são *ex nunc*, começando a contar do ato que declara a anulabilidade.

Alguns autores inserem, dentro do elemento motivação, os dois sentidos possíveis ora expostos: um formal e outro material. Denominam de motivação formal ou motivação substancial. É o caso do ilustre Doutor Vladimir da Rocha França[17] que faz uma reflexão sobre tal tema:

> A motivação do ato administrativo compreende a fundamentação do ato administrativo. Ela possui duas dimensões: (i) a dimensão formal; e (ii) a dimensão substancial.
>
> Na dimensão formal temos a motivação com a exposição, mediante enunciados, das razões de fato e de direito que ensejaram a expedição do ato administrativo concedendo transparência à decisão administrativa.
>
> Na dimensão substancial a motivação é um meio que permite a recondução do conteúdo do ato a um parâmetro jurídico que o torne compatível com as demais normas do sistema do direito positivo. Noutro giro: confere ao ato um laço de validade com o ordenamento jurídico.

Eduardo Domingos Bottallo[18] introduz o elemento motivo através da análise do CTN que, no art. 145, I, dispõe que o lançamento somente será modificado por a) impugnação do sujeito passivo, b) recurso de ofício; c) iniciativa de ofício da autoridade administrativa, nos casos previstos no art. 149, do CTN. Segundo este autor:

> Por veicular norma individual e concreta que consubstancia proposta de caráter sancionatório, o auto de infração deve indicar, motivamente, qual o comportamento irregular atribuído ao contribuinte, e em que medida ele se ajusta ao tipo penal tributário." Deve, pois, conter a descrição minuciosa da conduta ilícita, bem como indicar, detalhando, as circunstâncias em que ela ocorreu. Tudo para que o

---

[16] CARVALHO, Paulo de Barros. *Curso de Direito Tributário*, 14ª ed. São Paulo: Saraiva, 2002, p. 411 a 420.

[17] FRANÇA, Vladimir da Rocha. *Estrutura e Motivação do Ato Administrativo*. São Paulo: Malheiros, p. 91 e 92.

[18] BOTTALLO, Eduardo Domingos. Op. cit., p. 30.

contribuinte tenha elementos aptos a, quando for o caso, rechaçar, já na esfera administrativa, a pretensão punitiva do Fisco. (...) Se o contribuinte desconhece as razões determinantes da lavratura do auto de infração, bem assim as provas em que elas se apóiam, não terá como exercer efetivamente seu direito de defesa.

Nitidamente, vê-se que o autor está se referindo a motivação do lançamento, como elemento relacionado à descrição dos fatos e do direito com a finalidade de permitir que o sujeito passivo exerça o seu direito de defesa, quando for o caso. Ao longo da sua obra, o autor defende que, na análise do lançamento pelas cortes administrativas, deve-se ater ao devido processo legal em duas acepções. A primeira que ele designa de devido processo legal substancial, e a segunda, devido processo legal formal, *in verbis*:

> O devido processo legal tem expressão tanto substancial como formal – ou como prefere James Marins, biparte – se nos princípios do devido processo legal substancial (substantive due process) e do devido processo legal processual (procedure due process).
>
> A primeira acepção abrange os direitos que, entre nós, compõem o denominado "estatuto do contribuinte", explicitados no art. 150 da CF (legalidade, isonomia, anterioridade, irretroatividade, não-confisco, liberdade de circulação de pessoas e de bens, imunidades); já a segunda compreende as garantias que, em seu cerne, constituem objeto do transcrito inciso LV do art. 5: o contraditório e a ampla defesa, com os meios a ela inerentes.
>
> Temos para nós que os órgãos administrativos de julgamento estão investidos de poderes para exercer o controle da atividade tributária do Estado, tanto sob a ótica substancial como formal.[19]

Interpretamos as lições do ilustre professor Bottallo concluindo que, quando estivermos diante de ausência de motivação, que gere prejuízo ao exercício do contraditório ou da ampla defesa, teremos uma nulidade formal do lançamento (MOTIVAÇÃO → FORMALIDADE → VIOLAÇÃO AO CONTRADITÓRIO = VÍCIO FORMAL).

Por fim, em se tratando da análise do motivo do lançamento, conceito que alcança a comprovação da efetiva ocorrência do fato gerador, demonstrando a subsunção do evento ocorrido a partir da existência de todos os critérios jurídicos previstos na hipótese legal, deparamo-nos com a nulidade material do lançamento (MOTIVO → SUBSTÂNCIA DO ATO → VIOLAÇÃO À LEGALIDADE → VÍCIO MATERIAL).

b) Dos requisitos formais e materiais constantes no processo administrativo tributário do estado do Rio Grande do Sul (Lei nº 6.537/73)

No tocante ao processo administrativo tributário do Estado do Rio Grande do Sul, regulado pela Lei nº 6.537/73,[20] nota-se que o legislador

---

[19] BOTTALLO, Eduardo Domingos. Op. cit., p. 41.
[20] Os apontamentos feitos nesse tópico podem ser utilizados no exame do lançamento tributário realizado pela administração pública federal, pois a matéria é tratada pelo Decreto nº 70.235/72, art. 10, de forma praticamente idêntica.

não se ateve exaustivamente sobre a diferenciação entre os elementos formais e materiais do lançamento, como ocorreu no Código de Processo Civil, mas disciplinou a matéria a partir de alguns dispositivos que passamos a transcrever:

Processo Administrativo Estadual – RS (Lei n. 6.537/73)

Art. 17. A exigência do crédito tributário será formalizada em Auto de Lançamento por servidor a quem compete a fiscalização do tributo, exceto quanto:

§ 1º O Auto de Lançamento conterá:

I – a qualificação do sujeito passivo da obrigação;

II – o local, a data e a hora da lavratura;

III – *a descrição da matéria tributável, com menção do fato gerador e respectiva base de cálculo), e/ou do fato que haja infringido a legislação tributária;*

IV – *a capitulação legal da imposição;*

V – a indicação do valor do tributo, inclusive atualização monetária, multa e/ou juros;

VI – a notificação ao sujeito passivo para que pague o crédito tributário lançado, com menção do prazo em que a obrigação deve ser satisfeita;

VII – a indicação da repartição e do prazo em que poderá ser apresentada impugnação;

VIII – a qualificação e a assinatura do autor do procedimento.

(Grifo nosso)

Sem maiores digressões, percebe-se que o legislador previu, como requisitos mínimos formais e materiais do ato administrativo lançamento, as hipóteses acima elencadas. Dentre elas, vê-se que, nos incisos I, II, V, VI, VII, e VIII do dispositivo acima transcrito, relacionam-se com pressupostos de forma do próprio auto de infração. Como já visto, pode-se dizer, ainda, que os incisos III e IV também podem representar elementos de forma (*motivação*), mas também podem aparecer como elementos *motivadores* do lançamento. Isso porque, conforme já referimos anteriormente, enquadramos a descrição da matéria tributável (descrição dos fatos e do direito) em duas hipóteses possíveis: *formal* e *material*, dependendo da existência ou não da comprovação da ocorrência do fato gerador.

Como se percebe, não há menção expressa no dispositivo comentado sobre a espécie de vício – formal ou material – em relação aos requisitos necessários à realização do lançamento. No entanto, examinando outros dispositivos da Lei nº 6.537/73, notamos que a mesma estabelece algumas premissas que merecem destaque no presente estudo.

Esse é caso das infrações materiais e formais cuja natureza jurídica é definida pelos artigos 1º,[21] 7 e 11 da Lei nº 6.537/73. Em tais dispositivos, observamos que o legislador estadual estabeleceu claramente um critério para definir a natureza jurídica das infrações praticadas pelos contri-

---

[21] Art. 1º Constitui infração toda ação ou omissão que importe em inobservância, por parte do sujeito passivo, de obrigação principal ou acessória, positiva ou negativa, estabelecida pela legislação tributária. Parágrafo único – Diz-se a infração tributária: a) material, quando determine lesão aos cofres públicos; b) formal, quando independa de resultado.

buintes. O critério utilizado foi a lesão aos cofres públicos, através do não cumprimento da obrigação tributária principal (pagamento do tributo. Ou seja, havendo o descumprimento do pagamento do tributo ocorrerá uma infração material que poderá ter suas multas agravadas ou atenuadas conforme a conduta do contribuinte praticada, envolvendo intenção ou não de lesar a administração pública. Por outro lado, não havendo lesão aos cofres públicos, não ocorrerá infração de natureza material, mas sim formal. A tipificação dessas infrações encontra fundamento, geralmente, no descumprimento de alguma obrigação acessória ao pagamento do tributo. Ou seja, mesmo ocorrendo o cumprimento da obrigação tributária principal, pode o sujeito passivo violar alguma regra instrumental necessária à cobrança do tributo.[22]

Dessa forma, passamos à análise dos incisos III e IV da Lei nº 6.537/73 que dispõe sobre a descrição da matéria tributável.

c) O enquadramento da descrição da matéria tributável como motivação (elemento formal do ato) e motivo do lançamento tributário (elemento material do ato)

Caso 1 – Insuficiência na descrição dos conceitos de fato ou norma

Como já demonstrado, a descrição da matéria tributável deve conter a referência clara dos pressupostos de fato e de direito que conduziram o trabalho da fiscalização na elaboração do lançamento tributário. É através da descrição da matéria tributável que conhecemos o real motivo do ato administrativo lançamento, mas cuidando para nunca confundi-los.

Em relação à descrição da matéria tributável, podemos dividir a sua análise em duas vertentes: (i) descrição do conceito de fato e (ii) descrição do conceito de norma. Quanto ao conceito de fato, temos que o mesmo consiste na demonstração de todas as circunstâncias de fato que foram consideradas para a elaboração do lançamento. Assim, num lançamento tributário de não pagamento de ICMS sobre circulação de mercadorias, deverão ser descritos todos os eventos relacionados com o fato jurídico tributário do ICMS. Em outras palavras, tal lançamento deverá referir, no mínimo, as seguintes informações sobre o fato ocorrido: a) a espécie de mercadoria comercializada; b) a qualificação das partes integrantes do negócio jurídico de compra e venda; c) o preço do negócio jurídico de compra e venda; d) a que título ocorreu o negócio jurídico de compra e venda. Somente com a identificação clara desses fatos é que poderemos analisar as circunstâncias fáticas ocorridas e localizar o nexo de causalidade entre

---

[22] Exemplos de infrações formais: infração relativa à inscrição no cadastro de contribuintes; infração relativa a não observância das regras de preenchimento dos documentos fiscais; infração relativa ao mal uso de máquinas registradores, entre outros.

o evento e o lançamento. No exemplo supracitado, o fato gerador refere-se ao ICMS sobre circulação onerosa de mercadorias, logo a descrição deverá abranger as circunstâncias referentes a este tipo de relação jurídica (negócio jurídico compra e venda). Nesse sentido, citamos as lições de Marcos Neder e Maria Tereza Martinez, na obra *Processo Administrativo Fiscal Comentado*, 3ª ed. (2010), p. 206 e 207:

> A Descrição do Fato
>
> Descrição é ato ou efeito de descrever. Descrever é contar, pormenorizadamente, o fato. Por meio da descrição, relevam-se os motivos fático e legal que levaram à autuação, estabelecendo a conexão entre os meios de prova coletados e/ou produzidos e a conclusão chegada pela autoridade fiscal. Seu objetivo é convencer o julgador da plausibilidade legal da autuação, demonstrando a relação entre a matéria constatada no auto com a hipótese descrita na norma jurídica.
>
> Os enunciados que atendem aos requisitos "III" (descrição dos fatos) e "IV" (disposição legal infringida) do artigo 10 do Decreto n° 70.235/72 formam a motivação do lançamento, que nada mais é que a descrição dos motivos que desencadeiam o surgimento da obrigação tributária em concreto, tornando possível identificar os sujeitos e quantificar o crédito tributário. Assim, a motivação elaborada pelo auditor é requisito de natureza formal do lançamento, enquanto a existência de motivo fático e legal vincula-se ao conteúdo do ato.
>
> A indicação da disposição legal infringida é elemento essencial à lavratura do auto de infração, porém, a jurisprudência administrativa tem admitido que eventuais incorreções no enquadramento legal no auto de infração podem ser superadas quando descritos com precisão quais os fatos que deram margem à tipificação legal e à autuação.
>
> Por outro lado, a errônea compreensão dos fatos ocorridos ou do direito aplicável pelo auditor é vício que dificilmente poderá ser sanado no curso do processo, pois incide no motivo do ato. Não é vício formal na descrição, mas no próprio conteúdo do ato. Não adianta a repetição do lançamento pela autoridade com a finalidade de aproveitamento do ato anterior pela sua convalidação, pois remanesce na nova norma individual e concreta introduzida a mesma anomalia. A correção só poderá ser empreendida por meio da invalidação do lançamento original e a formalização de nova exigência fiscal, se ainda dentro do prazo decadencial.

O conceito de norma, por sua vez, refere-se à significação que o agente competente para realizar o lançamento obtém, a partir da leitura dos vários dispositivos legais relacionados ao fato ocorrido. Ou seja, um mesmo texto legal poderá ter significações diferentes conforme for a noção dos termos legais de cada examinador. Dessa forma, a descrição da norma jurídica, compreendida como o entendimento do agente fiscal em relação aos dispositivos legais que versam sobre a matéria, também compõe a descrição da matéria tributável, sendo requisito de validade do ato administrativo lançamento. Na prática, o conceito de norma abrange a descrição do(s) dispositivo(s) legal (s) que serviram de suporte para o lançamento. Trata-se da referência ao direito positivo (hipótese legal) pertinente ao fato ocorrido. No exemplo antes citado, para que fosse atendida a descrição do dispositivo legal deveria o lançamento referir os artigos de lei que descrevem a hipótese ocorrida (fatos) e a consequente obrigação tributária de pagar o ICMS, bem como os demais dispositivos que demonstram a forma de quantificação do imposto apurado. Geralmente, o conceito de norma vem descrito de forma expressa no relatório fiscal, juntamente com os respectivos dispositivos legais.

Note-se que tanto a descrição do conceito de fato como do conceito de norma relacionam-se à validade do ato a partir da demonstração do elemento *formalístico* do lançamento tributário, isto é, constitui a *motivação* do lançamento, cuja finalidade é dar conhecimento dos fatos ocorridos e do direito aplicado. Dessa forma, sendo tais descrições omissas ou insuficientes, haverá provavelmente um prejuízo ao exercício do direito de defesa por parte do sujeito passivo autuado, por ausência de *motivação*, sendo inválido o lançamento até que sejam sanadas as referidas omissões.

Podemos dizer, então, que um auto de infração que tenha uma motivação com um defeito sintático (ex. omissão sobre algum dispositivo legal) pode gerar a impossibilidade de se compreender a imputação legal que foi adotada. Nesse caso, estamos diante de um problema de insuficiência sintática, pela ausência de um enunciado objetivo que gera uma dificuldade de compreensão do conceito de norma utilizado. Outra hipótese possível ocorre quando a descrição do fato jurídico é insuficiente à compreensão do fato que se subsume à norma. Nesse caso, nós teremos um problema semântico, ou seja, há a presença dos enunciados que descrevem o fato que ocorreu, mas a leitura deles impossibilita a compreensão do que efetivamente ocorreu. Se isso dificultar o exercício da defesa, nós teremos um vício formal. O vício de forma está relacionado, portanto, à insuficiência descritiva tanto do conceito de norma como do conceito de fato. Nessa esteira, a Lei Estadual n. 6.537/73 e o Decreto n. 70.235/72 fixaram requisitos mínimos, para que a administração, observando esses elementos, proferisse um ato válido sob o ponto de vista formal, ou seja, que completando a forma prevista em lei preencha um requisito mínimo para que o contribuinte possa compreender os fatos que estão sendo imputados contra si e realizar a sua defesa ou o pagamento, se for o caso. Na hipótese ora examinada, teoricamente, o fisco tem o direito de refazer o lançamento, corrigindo o equívoco formal do ato, observando o prazo disposto no art. 173, II, do CTN (cinco anos da decisão que anulou o lançamento por vício formal).

Caso 2 – Ausência de prova da subsunção

Uma segunda hipótese de nulidade do lançamento pode ocorrer quando estiverem ausentes as provas que embasam a descrição do fato e da norma aplicada. Ou seja, os conceitos de fato e de norma estão perfeitamente descritos, mas o lançamento não está acompanhado de elementos que provem o fato e a norma descritos no ato. Percebe-se, nessa situação, que o elemento formal *motivação* está presente, no entanto, a prova da veracidade da descrição da matéria realizada não está comprovada, afetando a validade do próprio crédito tributário, objeto do lançamento. Ou seja, o nascimento da obrigação tributária está vinculado à subsunção dos eventos ocorridos aos critérios (material, espacial, temporal, pessoal e quantitativo). É parte constitutiva da comprovação do motivo do lançamento a apresentação de provas concretas acerca da matéria tributável ora descrita. Sem as provas embasando as circunstâncias de fato e de direito descritas no lançamento, há um esvaziamento do motivo, cuja finalidade é exatamente demonstrar o fenômeno da incidência dos fatos à hipótese legal do tributo. Nesse caso, o lançamento é invalidado pela inexistência de certeza e liquidez em relação à obrigação tributária reputada nascida, afetando, por fim, a própria legalidade da tributação. Esse é o entendimento da melhor doutrina:[23]

> Não se aplica ao lançamento tributário a doutrina segundo a qual os atos administrativos gozam de presunção de validade, cabendo sempre ao particular o ônus da prova dos fatos necessários a infirmá-los. O tributo somente é devido se ocorre o fato que, nos termos da lei, cria a obrigação tributária correspondente. Seria, assim, absurdo admitir que o contribuinte teria de pagar um tributo apenas porque não teve condições de provar a inocorrência de determinado fato.

Segundo aponta Eduardo Domingos Bottallo[24] "a figura da verdade sabida não é compatível com o ordenamento jurídico vigente. Portanto, sob tal perspectiva, a pretensão da Fazenda, sob pena de se ver frustrada, deve estar fundamentada na ocorrência do fato imponível, pelo quê lhe cabe demonstrar, de forma clara e inequívoca, a identidade entre a matéria fática e o tipo legal".

Um exemplo dessa hipótese ocorre quando é lançado o valor do ICMS devido sobre as vendas realizadas, por determinado sujeito passivo, mas não são anexadas ou referidas as respectivas notas fiscais. Nesse caso, o fato se subsume à norma, mas tal subsunção não restou provada, configurando mero indício. Ou seja, a prova seria o documento que confirma o motivo do lançamento. Logo, não pode ser reaberto esse processo sob pena de ferir a segurança jurídica, exceto na comprovação de alguma das hipóteses previstas no art. 149, do CTN. No entanto, se a administração interpretou todos os fatos, mas não provou, não poderá retroagir ao realizar o novo lançamento.

Nesse caso, entendemos que a administração tributária deve anular o lançamento e somente poderá realizar um novo, caso consiga juntar os elementos probatórios necessários à efetiva comprovação da incidência tributária. Cumpre destacar, ainda, que o prazo decadencial para realizar o novo lançamento deverá obedecer ao prazo referido no inciso I, do art. 173, do CTN (cinco anos do fato gerador), pois o cancelamento do ato

---

[23] Hugo de Brito Machado, "O devido processo legal administrativo tributário e o mandado de segurança". In: *Processo Administrativo Fiscal*, p. 85.

[24] Eduardo Domingos Bottallo, *Curso de Processo Administrativo Tributário*, São Paulo: Malheiros, p. 31.

deu-se por vício material e, caso haja alteração no motivo do lançamento, esse somente será realizado em relação às competências posteriores à introdução do novo motivo, segundo prescreve o art. 146 do CTN.[25]

Caso 3 – Erro no conceito de fato

O erro no conceito de fato está relacionado ao desconhecimento de alguma circunstância fática do evento ocorrido ou à distorção das mesmas pela autoridade autuadora. O erro no conceito de fato atinge o MOTIVO do lançamento, uma vez que se está diante de um fato inexistente, portanto, impossível de se subsumir à norma jurídica aplicada. No julgamento do processo administrativo n. 36378.002124/2006-92,[26] proferido pelo antigo Segundo Conselho de Contribuintes, consegue-se extrair claramente uma situação de erro de fato e ausência de prova, *in verbis*:

> Fica obscuro o lançamento sobre a situação de fato que atinge a cada um ou mesmo um determinado grupo de segurados de forma especifica, como por exemplo, os que atuam como fiscais de prova (somente são contratados para trabalho no dia da aplicação da prova), os que atuam na área administrativa, os que atuam na coleta de dados, os que atuaram na promoção de certo projeto. Entender de outra forma é simplesmente entender-se que o recorrente não poderá vir a contratar contribuintes autônomos, fato este que restringe o seu direito de coexistir em sociedade, bem como de exercer com amplitude as suas atividades institucionais.
>
> A caracterização como segurados empregados deveria ter-se valido de maior amostragem dos contratos realizados, bem como da análise mais especifica da situação de cada um dos empregados segurados, ou mesmo de grupos, e nunca de forma a ter-se como a mesma situação a um todo.
>
> As alegações realizadas pelo fiscal são gerais e constituem interpretação própria do mesmo acerca da legislação, o que, ao ver deste relator não é capaz de espancar toda e qualquer dúvida acerca da ocorrência da relação de emprego, em face de todos os segurados empregados, cujos pagamentos foram base de cálculo das contribuições objeto da NFLD.

No caso em liça, pode-se observar que, na realização do lançamento, não se apresentou o motivo suficiente para caracterizar a relação de emprego existente que deveria ser analisada de acordo com cada relação de jurídica entre as partes contratantes (empresa e funcionários). Cumpre destacar, ainda, que no caso supracitado, segundo depreende-se do voto analisado, houve a tentativa de um julgador de tentar anular o lançamento por vício formal, face à ausência de motivação. No entanto, esse entendimento restou superado, uma vez que o caso não era de falta de motivação (descrição), mas sim do próprio motivo que fundamentava o lançamento. Vejamos o trecho do voto a seguir transcrito:

> Não se trata aqui, de situação de nulidade da NFLD em decorrência pura e simples da ausência de demonstração, pelo fiscal auditor, dos elementos que o levaram a decidir por caracterizar mais de 5.000 pessoas como segurados empregados, mas sim, de situação na qual a indicação dos motivos

---

[25] É possível fazer uma analogia com a coisa julgada: quando o auto de infração é julgado improcedente, porque não houve a prova do fato descrito, é o mesmo que uma ação ser julgada por ausência de prova – não há coisa julgada material.

[26] Conselho Administrativo de Recursos Fiscais, acórdão n° 2402-00.381, disponível em <http://carf.fazenda.gov.br/sincon/public/pages/index.jsf. Acesso em: 27/08/2011.

não fora realizada de forma a afastar toda e qualquer dúvida sobre a ocorrência ou não dos requisitos do art. 3º da CLT, com azo a completa caracterização do fato gerador das contribuições.

Em tais situações, entendemos que o lançamento deva ser anulado por vício material, face à evidente falta de motivo ensejador do ato administrativo. Como consequência, não é possível o refazimento do lançamento, salvo na hipótese de um novo motivo válido e desde que respeitada a irretroatividade referida no art. 146, do CTN.

Caso 4 – Conceito de norma inadequado

A quarta e última situação diz respeito à inadequação do motivo eleito pela autoridade fiscal, em relação ao ordenamento jurídico vigente. Ocorre quando os elementos formais estão presentes, o fato está provado, mas o conceito de norma utilizado revela-se inadequado em relação ao ordenamento jurídico. Nesse sentido, destaca o Prof. Paulo de Barros Carvalho:[27]

> O erro do lançamento, entretanto, pode ser de direito. Quer os elementos do fato jurídico tributário, no antecedente, quer os elementos da relação obrigacional, no consequente, que ambos, podem, perfeitamente, estar em desalinho com os enunciados da hipótese ou da consequência da regra-matriz do tributo, acrescendo-se, naturalmente, a possibilidade de inadequação com outras normas gerais e abstratas, que não a regra-padrão de incidência.

Maria Sylvia Zanella Di Pietro[28] entende que "o vício relativo ao motivo ocorre quando a matéria, de fato ou de direito, em que se fundamenta o ato, é materialmente inexistente *ou juridicamente inadequada ao resultado obtido*".

Em tais situações, ocorre não apenas uma impossibilidade de refazimento do lançamento em relação às competências passadas, como fulmina o direito do fisco lançar os créditos apurados posteriormente à anulação do lançamento, com base no mesmo fundamento.

Uma conclusão que nos parece necessária, a partir das constatações tomadas até o presente momento, revela que o ato administrativo lançamento poderá ser cancelado por ausência de motivo ou de motivação, acarretando consequências diferentes em cada uma dessas situações. Nesse sentido, a situação que mais nos deparamos refere-se a lançamentos cujo elemento motivação está presente, mas o motivo inexiste ou está inadequadamente aplicado. Nesses casos, muitas vezes, cancela-se o lançamento por vício formal conduzido por uma visão distorcida desses elementos. A fim de facilitar a visualização das situações, construímos um quadro com a descrição das hipóteses possíveis já examinadas.

---

[27] CARVALHO, Paulo de Barros. *Curso de Direito Tributário*, 14. ed. São Paulo: Saraiva, 2002, p. 411.

[28] I Seminário de Direito Administrativo TCM/SP. De 29 de setembro a 03 de outubro de 2003. Pressupostos do Ato Administrativo. Vícios, anulação, revogação e convalidação em face das leis de processo administrativo. Acessível pelo site http://www.tcm.sp.gov.br/legislacao/doutrina/29a03_10_03/4Maria_Silvia1.htm. Acessado em 14/03/2012.

	MOTIVO	MOTIVAÇÃO	CONTRADITÓRIO (observância)	NULIDADE	NOVO LANÇAMENTO
Caso 1	SIM	NÃO	NÃO	FORMAL	SIM
Caso 2	NÃO	SIM	SIM	MATERIAL	NÃO
Caso 3	NÃO	SIM	SIM	MATERIAL	NÃO
Caso 4	NÃO	SIM	SIM	MATERIAL	NÃO

Frise-se que, na última coluna, em relação aos casos 2 e 3 não é possível a convalidação ou o refazimento do lançamento em relação ao mesmo período compreendido no primeiro lançamento. Ou seja, poderá a administração realizar nova diligência que culmine na lavratura de novo lançamento, desde que demonstrado que o *motivo* não provado anteriormente, abranja período posterior às competências fiscalizadas no primeiro lançamento.

III. Conclusão

A síntese dos argumentos apresentados nesse estudo revela a necessidade de se identificar, a partir da legislação e doutrina pertinentes, as hipóteses em que a insuficiência da descrição da matéria tributável figura como elemento formal (*motivação*) ou material (*motivo*) do lançamento, trazendo efeitos jurídicos distintos em relação a cada situação.

O caminho percorrido nessa verificação revela que o lançamento pode ser examinado sob a perspectiva formal do ato administrativo, hipótese em que podemos agrupar outros elementos formais como a assinatura do agente, a qualificação do autuado, o local e data da lavratura. São requisitos legais extrínsecos do ato que permitem que se referem ao direito do contribuinte de conhecer todas as circunstâncias que levaram o agente público àquela ação. No entanto, sendo corrigidas essas irregularidades poderá o Fisco efetuar novo lançamento, abrangendo as mesmas competências atingidas no primeiro lançamento, observado o prazo decadencial fixado no art. 173, inciso II, do CTN.

Por outro lado, o lançamento tributário vinculado à lei, para ser válido, deve identificar e comprovar a perfeita subsunção do fato ocorrido com os critérios descritos na regra de incidência tributária de cada tributo, sob pena de violação à legalidade. Nessa esteira, identificamos três casos em que o *motivo* do lançamento não resta configurado validamente: a) falta de prova dos fatos ocorridos; b) erro no conceito de fato e c) erro no conceito de norma.

Nesse sentido, colacionamos um julgado do antigo Conselho de Contribuintes, que resume adequadamente o nosso entendimento:

> O vício material ocorre quando o auto de infração não preenche aos requisitos constantes do art. 142 do Código Tributário Nacional, havendo equivoco na construção do lançamento quanto à *verificação das condições legais para a exigência do tributo* ou contribuição do crédito tributário, enquanto que o vício formal ocorre quando o lançamento contiver omissão ou inobservância de formalidades essenciais, de normas que regem *o procedimento* da lavratura do auto, ou seja, *da maneira de sua realização...*[29] (Grifo nosso)

Por fim, os presentes apontamentos não deixam de representar um alerta aos colegas do direito, em relação aos cuidados necessários à realização da fundamentação das defesas administrativas e dos respectivos pedidos, atentando, quando necessário, para a identificação dos eventuais vícios contidos no lançamento, auxiliando no trabalho dos julgadores na busca pela conclusão mais adequada ao processo.

---

[29] Acórdão n° 192-00.015 IRPF, de 14/10/2008 da Segunda Turma Especial do Primeiro Conselho de Contribuintes)

— 10 —

Cálculo do prazo decadencial em relação ao crédito indevido de ICMS – a aplicação do artigo 173, inciso I, do Código Tributário Nacional, e a busca do conceito de "exercício" para os fins do prazo de decadência

ADOLPHO BERGAMINI

Advogado e professor. Juiz do Tribunal de Impostos e Taxas de São Paulo (TIT/SP). Pós-Graduado em Direito Tributário pela PUC/SP e em Tributação do Setor Industrial pela FGV/SP – Gvlaw. Autor e coordenador de obras doutrinárias dedicadas ao Direito Tributário. Membro do Comitê Técnico da Revista de Estudos Tributários da IOB, do Conselho Consultivo da APET, do Conselho Editorial da Revista de Direito Tributário da APET e do Conselho Editorial da Revista de Estudos Aduaneiro, Marítimo e Portuário da IOB/IEM

Sumário: 1. Introdução; 2. As espécies de lançamentos tributários: análise do prazo decadencial aplicável aos lançamentos de ofício e por homologação, bem como o enquadramento do ICMS neste último; 3. Aplicabilidade do artigo 150, § 4º, do Código Tributário Nacional, ao cômputo do prazo decadencial aplicável à glosa de créditos indevidos de ICMS; 4. A jurisprudência administrativa e judicial sobre a aplicabilidade do prazo decadencial à glosa de créditos indevidos de ICMS; 5. A aplicação do artigo 173, inciso I, do Código Tributário Nacional, e a busca do que seja *exercício* aos fins da contagem do prazo decadencial; 6. Conclusão.

1. Introdução

A despeito de serem temas por demais conhecidos, o ICMS e a decadência ainda são fontes de incontáveis controvérsias entre Fiscos e contribuintes. O embate chega ao seu clímax quando esses dois temas – ICMS e decadência – são analisados conjuntamente para se saber qual o termo inicial do prazo decadencial ao lançamento tributário de ofício, via Auto de Infração, que tenha como objeto o crédito do imposto apropriado indevidamente.

O propósito do presente ensaio é enfrentar o tema em todas as suas facetas.

Por essa razão, em proêmio serão analisadas as espécies de lançamentos atualmente existentes, mormente os lançamentos de ofício e por homologação, o prazo decadencial aplicável a cada qual, bem como a inserção do ICMS neste último.

Em seguida, o estudo terá como foco os aspectos jurídicos que orbitam a decadência no direito tributário e, após considerá-la no contexto da constituição do crédito tributário motivado pela apropriação indevida de créditos de ICMS.

Nessa oportunidade, será demonstrado, do ponto de vista contábil e escritural, como os créditos de ICMS estão contextualizados no evento *pagamento* do tributo para, em seguida, enquadrá-lo na disciplina dada pelo artigo 150, §§ 1º e 4º, do Código Tributário Nacional.

Seguindo a trilha natural de exame, a abordagem subsequente será a análise dos posicionamentos jurisprudenciais dos tribunais administrativos e judiciais sobre a aplicabilidade do artigo 173, inciso I, do Código Tributário Nacional, ou artigo 150, § 4º, também do Código Tributário Nacional, para as situações em que os Fiscos Estaduais constituem crédito tributário a partir da glosa de créditos de ICMS apropriados indevidamente pelo contribuinte.

Por fim, estar-se-á diante do escopo que em verdade motivou este ensaio: perquirir a correta aplicação do prazo decadencial disciplinado pelo artigo 173, inciso I, do Código Tributário Nacional, bem como a busca do conteúdo semântico que o termo *"exercício"* exprime nesse contexto.

Feita essa introdução, segue agora, sem mais delongas, o exame do que fora proposto.

2. As espécies de lançamentos tributários: análise do prazo decadencial aplicável aos lançamentos de ofício e por homologação, bem como o enquadramento do ICMS neste último

De acordo com o artigo 150 do Código Tributário Nacional, o lançamento por homologação é aplicável aos tributos cuja legislação atribua ao sujeito passivo o dever de declarar à autoridade administrativa as operações tributáveis, calcular o montante devido e antecipar o seu pagamento sem prévio exame do Fisco. Tal pagamento extingue o crédito tributário sob condição resolutória de ulterior homologação, nos termos do § 1º do artigo 150 do Código Tributário Nacional.

Isso só é possível porque, nas situações em que há o lançamento por homologação, é dado ao contribuinte conhecer os elementos da própria obrigação tributária, especialmente os aspectos material, temporal, espacial, quantitativo e subjetivo, bem como os meios ao seu pagamento.

Ou seja, conhecedor de todos os elementos que constituem a obrigação tributária, o contribuinte está autorizado a quitá-la antecipadamente e prestar as respectivas informações ao Fisco, que poderá, ou não, homologar esses procedimentos dentro do prazo de 05 (cinco) anos. Segundo o §4º do mesmo artigo 150 do Código Tributário Nacional, este prazo tem seu marco inicial na data da ocorrência do fato gerador.

Cabe aqui um breve aparte. Apesar de ser essa a norma contida no artigo 150, §4º, do Código Tributário Nacional, penso que em verdade o termo inicial do prazo decadencial aplicável aos tributos sujeitos ao lançamento por homologação consiste no dia em que é entregue a declaração constitutiva do crédito tributário pelo contribuinte (DCTF em relação aos tributos federais e GIA em quanto aos estaduais). Afinal, somente com ela (a declaração constitutiva) é que será possível ao Fisco verificar a retidão do cálculo do tributo pelo contribuinte e, ainda, do pagamento por ele antecipado.

A par do lançamento por homologação, há o lançamento de ofício. Como tal devem ser entendidos aqueles tributos cujo adimplemento não é possível de ser cumprido pelo contribuinte sem que, antes, o próprio Fisco trace os limites da obrigação tributária, na forma do artigo 142 do Código Tributário Nacional. Tenha-se como exemplo o IPTU. Pelo fato de a base de cálculo do imposto ser, em regra, o valor venal do imóvel apurado segundo a Planta Genérica calculada pelo próprio Município, o proprietário (contribuinte) só poderá quitar a obrigação depois da respectiva notificação pelo Fisco Municipal.

O prazo decadencial aplicável aos tributos sujeitos ao lançamento de ofício é disciplinado pelo artigo 173, inciso I, também do Código Tributário Nacional, que dá como termo inicial o "primeiro dia do exercício seguinte àquele em que o lançamento poderia ter sido efetuado".

O ICMS é imposto cujo lançamento se dá por *homologação*, disso não há dúvidas, porquanto a legislação do imposto permite ao contribuinte adimplir a obrigação tributária ao lhe fornecer todos os elementos componentes da obrigação tributária e, ainda, mecanismos ao seu pagamento antecipado.

Por essa razão, deveriam ser aplicáveis ao ICMS, sempre, as regras do artigo 150, § 4º, do Código Tributário Nacional,[1] inclusive em relação à apropriação de créditos indevidos pelo contribuinte, conforme será examinado nas linhas seguintes.

---

[1] A única exceção seria a hipótese de o contribuinte agir de má-fé, consoante a parte final do mencionado artigo 150, §4º, do Código Tributário Nacional.

3. Aplicabilidade do artigo 150, § 4º, do Código Tributário Nacional, ao cômputo do prazo decadencial aplicável à glosa de créditos indevidos de ICMS

Conforme é sabido, a incidência do ICMS ocorre na saída de mercadoria do estabelecimento do contribuinte ou na ocasião da prestação de serviços de transporte interestadual, intermunicipal ou de comunicação, sendo o seu valor calculado pela aplicação de uma alíquota ao valor da operação. Este resultado é o montante de imposto devido (despesa de ICMS), que será pago com (i) créditos e (ii) dinheiro.

Do ponto de vista contábil, ao realizar determinada venda, o contribuinte credita em conta de passivo *"ICMS a Recolher"* à contrapartida de em débito na conta *"Despesa com ICMS"*, que é o imposto devido. O pagamento do ICMS se dará pelo crédito da conta *"ICMS a Recuperar"* em contrapartida a um débito no passivo *"ICMS a Recolher"*, devendo o saldo credor existente ser debitado em contrapartida a um crédito da conta *"Disponibilidades"*. Essa breve descrição deixa claro que os *créditos* de ICMS do contribuinte, lançados em conta de ativo a *débito contábil*, são indissociáveis do *fato* do pagamento do imposto.

Tais conclusões são confirmadas pelo exame da escrituração fiscal do ICMS. De acordo com a legislação, o imposto destacado na Nota Fiscal de aquisição é lançado como crédito no livro Registro de Entradas. Já o ICMS calculado a cada venda é destacado na Nota Fiscal emitida pelo contribuinte e registrado no livro Registro de Saídas. Ao final do mês, o total de débitos do imposto, que é a despesa tributária total no período, será diminuído do total dos créditos apropriados pelas entradas de mercadorias e, deste encontro de contas, surgirá o valor a pagar em dinheiro ao Fisco. ou o valor do crédito a ser transportado ao período subsequente de apuração (hipótese de saldo credor).

Disso fica claro que, tanto do ponto de vista contábil como escritural, os créditos de ICMS realmente constituem *moeda escritural de pagamento* do imposto, porquanto reduzem o montante final a ser pago em dinheiro. Esse é, inclusive, o entendimento do Superior Tribunal de Justiça a respeito, *in verbis*:

> 3. O termo "cobrado" deve ser, então, entendido como "apurado", que não se traduz em valor em dinheiro, porquanto a compensação se dá entre operações de débito (obrigação tributária) e crédito (direito ao crédito). Por essa razão, o direito de crédito é uma moeda escritural, cuja função precípua é servir como moeda de pagamento parcial de impostos indiretos, orientados pelo princípio da não cumulatividade [...] (STJ. AgRg no REsp 1065234/RS. 1ª Turma. DJe 01/07/2010)

Ora, se assim o é, então a apropriação e utilização dos créditos de ICMS, ainda que indevidos, está no contexto do *pagamento antecipado* condicionado a ulterior homologação pelo Fisco de que trata o artigo 150, § 1º, do Código Tributário Nacional. Logo, o prazo decadencial à glosa desses créditos indevidos deve ser disciplinado pelo § 4º do mesmo dispositivo.

Há, entretanto, entendimentos de alguns Fiscos Estaduais pela aplicação do artigo 173, inciso I, do Código Tributário Nacional, ao cômputo do prazo decadencial que, em suma, sustentam que os valores eventualmente exigidos em auto de infração são lançados de ofício após as verificações fiscais, nos termos do artigo 149, incisos V e VIII, do Código Tributário Nacional.

São relativamente comuns autuações lavradas pelos Fiscos Estaduais glosando créditos de ICMS utilizados ao pagamento do imposto que, todavia, são perpetradas quando já decorrido o quinquênio contado da ocorrência do fato gerador (a apropriado dos créditos pelos contribuintes), ou da entrega da declaração constitutiva de crédito, nos termos do artigo 150, § 4º, do Código Tributário Nacional. Fazem-no, os Fiscos, justamente porque a eles este fato é irrelevante em vista do entendimento segundo, sendo o auto de infração ato de ofício, deve ser aplicável o artigo 173, inciso I, do Código Tributário Nacional.

Contudo, essa não parece ser a trilha mais adequada a se seguir. Afinal, a *não homologação* é atividade ínsita ao artigo 150, § 1º, do Código Tributário Nacional. E o prazo para a *não homologação* é de 05 (cinco) anos contados do fato gerador do tributo, nos exatos termos do artigo 150, § 4º. Admitir o deslocamento do início do prazo decadencial àquele previsto no artigo 173, inciso I, do Código Tributário Nacional, seria fazer letra morta do artigo 150, §§ 1º e 4º.

Dado este embate, fica evidente a necessidade de se examinar as jurisprudências administrativa e judicial.

4. A jurisprudência administrativa e judicial sobre a aplicabilidade do prazo decadencial à glosa de créditos indevidos de ICMS

A jurisprudência administrativa apresenta posicionamentos divergentes em relação à aplicabilidade dos artigos 150 ou 173 ao cálculo do prazo decadencial à glosa de créditos de ICMS.

O Conselho de Contribuintes do Estado do Rio de Janeiro já se manifestou favoravelmente à aplicabilidade do artigo 150, § 4º, do Código Tributário Nacional. Vejamos:

ICMS – CRÉDITO INDEVIDO

PRELIMINAR DE DECADÊNCIA acolhida. Não sendo comprovado dolo específico no caso das transferências de crédito de ICMS objeto da Inicial, não há que se falar na não aplicação do § 4º do artigo 150 do CTN [...]

(CC/RJ. 3ª Câmara. Recurso nº 35.818 (26.635). Acórdão nº 7.840)

ICMS – PRELIMINAR DE EXTINÇÃO DE PARTE DO CRÉDITO TRIBUTÁRIO EXIGIDO NO LANÇAMENTO PELA DECADÊNCIA. O prazo inicial para a contagem da decadência para os impostos sujeitos ao chamado auto-lançamemto é o consignado no § 4º do art.150 do Código Tributário Nacional.

ICMS – CRÉDITO INDEVIDO – MATERIAL DE USO E CONSUMO DO ESTABELECIMENTO. Inadmissível o aproveitamento do crédito fiscal relativo à aquisição de materiais refratários de qualquer espécie, visto que são considerados bens de uso e consumo do estabelecimento, os quais somente darão direito a crédito do imposto a partir de 1.º de janeiro de 2011, ex vi do disposto pelos artigos 32, 33, § 2.º, e 83, inciso i, da Lei nº 2.657/1996, com a redação da lei n.º 5.037/2007.

Recurso desprovido

(CC/RJ. 1ª Câmara. Recurso nº – 30.440. Acórdão nº 7.681)

O Conselho de Contribuintes do Estado de Minas Gerais, por sua vez, tem se posicionado pela aplicação do artigo 173, inciso I, do Código Tributário Nacional, às autuações que tenham sido motivadas pela glosa de créditos indevidos de ICMS. Seguem precedentes nesse sentido:

> Inicialmente, a Impugnante erige a decadência do direito da Fazenda Pública realizar o lançamento com fundamento no § 4º do art. 150 do Código Tributário Nacional (CTN). No entanto, tal dispositivo se refere à homologação tácita dos valores recolhidos pela Contribuinte por ocasião do lançamento realizado, e não dos valores não pagos que são submetidos ao lançamento de ofício, previsto no inciso I do art. 173 do CTN.
>
> [...]
>
> Sobre o tema, o Egrégio Tribunal de Justiça do Estado de Minas Gerais em decisão de 15/03/07 confirmou tal posição em acórdão assim ementado:
>
> DIREITO TRIBUTÁRIO. PRAZO DECADENCIAL. CONVÊNIO 69/1998. ICMS/COMUNICAÇÃO. BASE DE CÁLCULO. ILEGALIDADE. CDA. PRESUNÇÃO RELATIVA DE CERTEZA E LIQUIDEZ. HONORÁRIOS ADVOCATÍCIOS. EXECUÇÃO EMBARGADA. ART. 20, § 4º, DO CÓDIGO DE PROCESSO CIVIL. NÃO HAVENDO PAGAMENTO DO TRIBUTO OU NÃO CARACTERIZANDO A HIPÓTESE DE HOMOLOGAÇÃO EXPRESSA OU TÁCITA PELA FAZENDA PÚBLICA DO LANÇAMENTO, NÃO SE APLICA O DISPOSTO NO ART. 150, § 4º, DO CÓDIGO TRIBUTÁRIO NACIONAL EM RELAÇÃO À DECADÊNCIA. INCIDE, NESTA SITUAÇÃO, A REGRA GERAL ESTABELECIDA PELO ART. 173, INC. I, DO CÓDIGO TRIBUTÁRIO NACIONAL, CONFORME A JURISPRUDÊNCIA DO SUPERIOR TRIBUNAL DE JUSTIÇA (...). TJMG – PROC. Nº 1.0024.05.692077-0/001(1); RELATORA DESEMBARGADORA MARIA ELZA; PUB. 30/03/2007.
>
> Naquela decisão, ao analisar exigência sobre serviço preparatório de comunicação não levado à tributação pelo ICMS, mas tributado pelo ISS, a Contribuinte recolheu o saldo devedor mensal apurado, como na situação ora em análise. Entenderam os ilustres julgadores que não havendo o pagamento sobre aquela parcela, não há que se falar em homologação, mas sim em lançamento de ofício, ensejando aplicação da norma do art. 173, I do CTN.
>
> [...]
>
> Dessa forma, sob a luz do art. 173, inciso I do CTN, o prazo para a Fazenda Pública Estadual constituir o crédito tributário expirou em 31 de dezembro de 2010, não ocorrendo a decadência relativamente ao crédito tributário exigido, uma vez que a Autuada foi regularmente intimada da lavratura do Auto de Infração em 23 de novembro de 2010, conforme consta às fls. 06 dos autos [...]
>
> (CC/MG. Acórdão: 19.289/11 2ª PTA/AI: 01.000167930-62)

Já a jurisprudência do Tribunal Administrativo de Recursos Fiscais do Estado do Rio Grande do Sul não é uniforme quanto à aplicação do artigo 150, §4º, do Código Tributário Nacional, ao cômputo do prazo decadencial à glosa de créditos indevidos de ICMS. Vejamos:

A decisão de 1ª instância apresentou manifestação sobre todos os argumentos trazidos aos autos, expondo, ainda que objetivamente, as razões pelas quais chegou a conclusão final. Assim sendo, não enxergo ausência de fundamentação na decisão singular, razão pela qual afasto tal preliminar.

Já em relação à decadência, consta que o lançamento em questão, datado de 14-09-2009, refere-se ao período compreendido entre janeiro de 2004 e março de 2006.

Entendo, pois, que o auto de lançamento não poderia abarcar operações anteriores ao dia quatorze de setembro do ano de 2004, em face do implemento do prazo decadencial de cinco anos.

Necessário referir que tenho acompanhado o novo posicionamento de parte desta Colenda Primeira Câmara, inaugurado pelo eminente Juiz, Dr. Rafael Nichele, no que tange à aplicação da regra constante do §4º do artigo 150 do CTN [...]

(TARF/RS. Recurso nº 1269/10. Acórdão nº 478/11. Processo nº 116527-14.00/10-9)

Conforme já adiantado, tal decisão não é o entendimento unânime do Tribunal Administrativo de Recursos Fiscais do Rio Grande do Sul, afinal, há decisões aplicando o artigo 173, inciso I, do Código Tributário Nacional, combinado com o artigo 149, também do Código Tributário Nacional, ao argumento de que a apropriação do crédito de ICMS, posteriormente tido como indevido, reduziu o imposto a pagar sem que houvesse a configuração do evento *pagamento antecipado* (em dinheiro), de modo ser impossível aplicar a regra da homologação pelo simples fato de não haver qualquer atividade homologatória nessa situação. Seguem os trechos relevantes do precedente:

> [...] 1. decadência:
>
> Com referência a preliminar de decadência evidenciada pela recorrente em seu apelo voluntário, destaco que o meu posicionamento está consolidado de acordo com os doutrinadores clássicos do Direito Tributário Brasileiro, onde no meu entender, salvo melhor juízo, a solução do impasse encontra-se na parte em que se estuda as modalidades do lançamento, a saber:
>
> 1 – O Lançamento Direto refere-se às hipóteses em que o lançamento, por determinação legal, deve ser efetuado de ofício pela autoridade administrativa, conforme disposição contida no Art. 149, inciso I, do Código Tributário Nacional. Como exemplo citamos o Imposto sobre a Propriedade de Veículo Automotor (IPVA). Alguns autores entendem que esta modalidade encontra-se absorvida pela modalidade do lançamento de ofício.
>
> 2 – Lançamento por Homologação é o lançamento feito quanto aos tributos cuja legislação atribua ao sujeito passivo o dever de antecipar o pagamento sem prévio exame da autoridade administrativa no que concerne a sua determinação. Opera-se pelo ato em que a autoridade, tomando conhecimento da determinação feita pelo sujeito passivo, expressamente a homologa. Em outras palavras, é do sujeito passivo a atribuição de operar o lançamento e a efetuar (antecipar) opagamento do tributo e o sujeito ativo, limitando-se a homologá-lo, expressa ou tacitamente, mantendo, contudo, uma fiscalização genérica. Encontra-se previsto no art. 150 do CTN e citamos como exemplo o IPI, ICMS e o ISSQN.
>
> 3 – Lançamento por Declaração é aquele constituído em face de declaração fornecida pelo contribuinte ou terceiro, quando um ou outro presta à autoridade administrativa informações quanto à matéria de fato indispensável a sua efetivação. Sintetizando, é a modalidade em que o sujeito passivo fornece os elementos e o sujeito ativo efetua o lançamento. Sua fundamentação encontra-se no art. 147 do CTN e citamos como exemplo a Declaração Anual de Imposto de Renda, tanto na pessoa física como jurídica.
>
> 4 – O lançamento de ofício ou suplementar é aquele que é efetuado por iniciativa da autoridade administrativa, independentemente de qualquer colaboração do sujeito passivo. Qualquer tributo pode ser lançado de ofício, desde que não tenha sido lançado regularmente na outra modalidade. Resumindo,

é a modalidade em que o próprio Fisco efetua o lançamento, por sua iniciativa própria. A Fundamentação legal encontra-se no art. 142 do CTN.

Frisamos que nas modalidades de lançamento por homologação e por declaração a iniciativa é do Sujeito Passivo enquanto que no lançamento direto e no de ofício a iniciativa é do Fisco.

O lançamento com base em declaração não gera efeitos confirmatórios-extintivos, uma vez que o pagamento somente se dá após notificação regular do ato feita ao sujeito passivo, o qual poderá optar pelo pagamento ou não, sendo esta a principal diferenciação com o lançamento por homologação que desencadeia efeitos confirmatórios-extintitvos, porque somente se aperfeiçoa com o pagamento e a confirmação-extinção do crédito por meio do ato homologatório, expresso ou tácito.

O pagamento por homologação somente é passível de concretização se existiu pagamento. Não tendo o contribuinte antecipado o pagamento devido, nem expressa, nem tacitamente, dar-se-á a homologação. Nesse caso então, poderá ter lugar o lançamento de ofício, disciplinado no art. 149 do CTN.

A inexistência de pagamento de tributo que deveria ter sido lançado por homologação, ou a prática de dolo, fraude ou simulação por parte do sujeito passivo ensejam a prática do lançamento de ofício, ou revisão de ofício, prevista no art. 149. Inaplicável se torna então a forma de contagem disciplinada no art. 150, § 4º, do CTN, própria para homologação tácita do pagamento (se existente). Ao lançamento de ofício, aplica-se a regra geral do prazo decadencial de cinco anos e a forma de contagem fixada no artigo 173 do CTN. Dessa forma, compreende-se a ressalva constante no § 4º, do art. 150 do CTN: "salvo se comprovada a ocorrência de dolo, fraude ou simulação".

O caso dos autos envolve a modalidade de lançamento de ofício. O art. 173 do CTN estabelece que o direito de a Fazenda Pública constituir o crédito tributário extingue-se após 5 (cinco) anos, contados do primeiro dia do exercício seguinte àquele em que o lançamento poderia ter sido efetuado. Por conseguinte, na data em que constituído, não havia ainda o direito sido fulminado pela fluência do prazo decadencial, que no caso ocorreria somente em 31/12/2005 [...]

(TARF/RS. Recurso nº 1233/10. Acórdão nº 490/11. Processo nº 123960-14.00/10-4)

A Câmara Superior do Tribunal de Impostos e Taxas de São Paulo por longo tempo sustentou que o prazo decadencial à glosa de créditos indevidos de ICMS havia de ser calculado pelo artigo 150, § 4º, do Código Tributário Nacional, conforme segue abaixo:

ICMS. CRÉDITO INDEVIDO DO IMPOSTO REFERENTE VALORES SUPERIORES AOS DESTACADOS EM DOCUMENTO FISCAL e CRÉDITOS SEM COMPROVAÇÃO DE ORIGEM – DECADÊNCIA PARCIAL. Conheço do recurso, mas nego-lhe provimento nos termos do pacificado entendimento desta Câmara Superior de que é aplicável o artigo 150, § 4° do CTN. RECURSO CONHECIDO. NEGADO PROVIMENTO. DECISÃO NÃO UNÂNIME. (TIT/SP. Câmara Superior. Processo DRTC-II-886369/2007)

ICMS. DECADÊNCIA – ACUSAÇÃO REFERENTE A CRÉDITO INDEVIDO DO IMPOSTO POR ENTRADA DE MERCADORIA ACOMPANHADA DE DOCUMENTAÇÃO INIDÔNEA. Nossos tribunais superiores não têm jurisprudência firmada a respeito do tema "decadência". PEDIDO DE REFORMA DE JULGADO NÃO CONHECIDO. DECISÃO NÃO UNÂNIME. (TIT/SP. Câmara Superior. Processo DRTC II-562797/2007)

ICMS. I – CRÉDITOS INDEVIDOS RELATIVOS À ENTRADA DE MERCADORIAS NO ESTABELECIMENTO ACOBERTADAS POR NOTAS FISCAIS QUE NÃO ATENDAM AS CONDIÇÕES PREVISTAS NO RICMS/00. Pedido de Reforma de Julgado Administrativo requerido pela FESP. Alegação de interpretação quanto à decadência divergente da adotada pelo Superior Tribunal de Justiça. A Fazenda Pública não logrou êxito ao demonstrar a divergência, havendo ausência de requisito de admissibilidade para o apelo, uma vez que nossos Tribunais Superiores não têm jurisprudência firmada a respeito do tema. PEDIDO DE REFORMA DE JULGADO NÃO CONHECIDO. DECISÃO NÃO UNÂNIME. (TIT/SP. Câmara Superior. Processo DRT 12-2478/2008)

O aludido posicionamento, firme na aplicação do artigo 150, § 4º, do Código Tributário Nacional, às autuações motivadas pela glosa de créditos indevidos de ICMS, instigou a Secretaria da Fazenda do Estado de São Paulo a divulgar o Ofício Circular nº 002/2010, dando orientação (i) à Diretoria Executiva da Administração Tributária a observar a jurisprudência da Câmara Superior do TIT sobre a matéria para o planejamento de ações fiscais e à lavratura de Autos de Infração e Imposição de Multa, bem como (ii) à Diretoria da Representação Fiscal para não interpor recursos ou formular pedidos postulando a aplicação de regra diversa daquela fixada nos Acórdãos da Câmara Superior. Na justificativa do referido administrativo, está dito que "a medida se impõe em razão de que tais recursos não apresentam possibilidade de êxito em face da jurisprudência atual, retardando, inclusive, a cobrança de crédito tributário remanescente pela Fazenda Pública, dado que na grande maioria dos casos se verifica a manutenção das infrações em valores muito superiores aos itens cancelados por decadência". Segue o seu inteiro teor:

> O Coordenador da Administração Tributária, no uso de suas atribuições legais, considerando as decisões emanadas pela Câmara Superior do Tribunal de Impostos e Taxas acerca do prazo decadencial para constituição do crédito tributário decorrente de creditamento indevido do ICMS; considerando a relevância da matéria; considerando os princípios da eficiência e da economia processual e a necessidade de padronizar os procedimentos no âmbito das diretorias da CAT, resolve:
>
> I – A Câmara Superior do Tribunal de Impostos e Taxas vem decidindo reiteradamente, em sede de Recurso Especial, que a regra de decadência aplicável aos lançamentos de ofício por creditamento indevido de ICMS, sem que haja comprovação de dolo, fraude ou simulação, é aquela contida no artigo 150, § 9º do Código Tributário Nacional – CTN, segundo o qual a Administração dispõe do prazo de cinco anos para constituir o crédito tributário, contados a partir da ocorrência do fato gerador. Dezenas de processos já foram julgados nesse mesmo sentido.
>
> II – Em face de tais decisões, a Fazenda Pública vem interpondo Pedidos de Reforma de Julgado, sustentando que as decisões proferidas em Recurso Especial divergem da jurisprudência consolidada no Poder Judiciário, no que diz respeito à regra de decadência aplicável aos lançamentos fiscais por creditamento indevido de ICMS. Nesses pedidos, a Fazenda Pública postula a aplicação do disposto no artigo 173, inciso I, do CTN para os casos da espécie, na qual o prazo de cinco anos começa a fluir a partir do 1º dia do exercício seguinte àquele em que o lançamento poderia ter sido efetuado.
>
> III – Em sessão monotemática realizada no dia 16 de setembro de 2010, o órgão pleno do TIT procedeu ao Julgamento de vinte pedidos de reforma de julgado apresentados pela Fazenda Pública e concluiu, por expressiva maioria de votos, pelo não conhecimento dos pedidos, por ausência de pressuposto de conhecimento definido no artigo 50, inciso II, da Lei nº 13.457/2009. O órgão de julgamento entendeu que não há jurisprudência consolidada sobre a matéria nos tribunais superiores, no caso, o Superior Tribunal de Justiça, impossibilitando o conhecimento dos apelos. Nesse sentido, as decisões recorridas restaram inalteradas. Dos dezesseis juízes que integram a Câmara Superior, treze votaram pelo não conhecimento e três votaram pelo conhecimento.
>
> IV – A decisão da Câmara Superior em sede de Pedido de Reforma de Julgado é definitiva no âmbito do contencioso administrativo tributário, dela não cabendo qualquer tipo de Recurso. Muito embora não signifique o fim das discussões jurídicas sobre o tema, esses julgados sinalizam forte entendimento do Tribunal de Impostos e Taxas e servirão de baliza para o julgamento dos demais processos versando sobre o mesmo tema.
>
> V – Nesse sentido, até que sobrevenha eventual modificação do entendimentos dos Tribunais Superiores do Poder Judiciário no que se refere à matéria objeto deste ofício, observar-se-á o que segue:

1 – A Diretoria Executiva da Administração Tributária – DEAT – observará a jurisprudência da Câmara Superior do TIT sobre a matéria, no que se refere ao planejamento da ação fiscal e à lavratura do Auto de Infração e Imposição de Multa.

2 – A Diretoria da Representação Fiscal não deverá interpor recursos ou formular pedidos postulando a aplicação de regra diversa daquela fixada nos Acórdãos da Câmara Superior, especificamente no que se refere à matéria versada nesse Ofício. A medida se impõe em razão de que tais recursos não apresentam possibilidade de êxito em face da jurisprudência atual, retardando, inclusive, a cobrança de crédito tributário remanescente pela Fazenda Pública, dado que na grande maioria dos casos se verifica a manutenção das infrações em valores muito superiores aos itens cancelados por decadência.

Contudo, na sessão realizada em 22 de março de 2011, a Câmara Superior do Tribunal de Impostos e Taxas modificou o seu posicionamento quanto à matéria, passando a entender que, às autuações que tenham como objeto o creditamento indevido de ICMS, devem ser aplicadas as regras do artigo 173, inciso I, do Código Tributário Nacional, em detrimento ao artigo 150, § 4º, do mesmo diploma, a exemplo do que se pode verificar pela leitura das ementas abaixo transcritas:

> ICMS. REFORMA DE JULGADO. CREDITAMENTO INDEVIDO. DECADÊNCIA. APLICAÇÃO DO ARTIGO 173, I DO CTN. ANTAGONISMO ENTRE A DECISÃO REFORMANDA E A JURISPRUDÊNCIA DO STJ. Está firmada, consolidada e pacificada a jurisprudência do Superior Tribunal de Justiça para aplicar a regra do artigo 173, I do CTN nos casos de aproveitamento irregular de créditos do ICMS. PEDIDO CONHECIDO. PROVIDO. DECISÃO NÃO UNÂNIME. Vencido o voto do juiz relator pelo não conhecimento do pedido. (TIT/SP. Câmara Superior. Processo DRT 12-921223/06)

> ICMS. REFORMA DE JULGADO. CREDITAMENTO INDEVIDO. DECADÊNCIA. APLICAÇÃO DO ARTIGO 173, I DO CTN. ANTAGONISMO ENTRE A DECISÃO REFORMANDA E A JURISPRUDÊNCIA DO STJ. Está firmada, consolidada e pacificada a jurisprudência do Superior Tribunal de Justiça para aplicar a regra do artigo 173, I do CTN nos casos de aproveitamento irregular de créditos do ICMS. PEDIDO CONHECIDO. PROVIDO. DECISÃO NÃO UNÂNIME. (TIT/SP. Câmara Superior. Processo DRT 12-921154/2006)

Fê-lo a Câmara Superior do Tribunal de Impostos e Taxas de São Paulo, seguindo o entendimento firmado no Superior Tribunal de Justiça quanto à aplicabilidade do artigo 173, inciso I, do Código Tributário Nacional, à contagem do prazo decadencial para o Fisco constituir crédito tributário em relação à apropriação de crédito indevido de ICMS. *In verbis*:

> [...] 3. A jurisprudência do STJ firmou o entendimento no sentido de que, havendo creditamento indevido de ICMS, o prazo decadencial para que o Fisco efetue o lançamento de ofício é regido pelo art. 173, I, do CTN, contando-se o prazo de cinco anos, a partir do primeiro dia do exercício seguinte à ocorrência do fato imponível, donde se dessume a não ocorrência, in casu, da decadência do direito de o Fisco lançar os referidos créditos tributários. Agravo regimental improvido. (STJ. AgRg no REsp 1199262 / MG. Rel. Min. Humberto Martins. DJe 09/11/2010)

> PROCESSUAL CIVIL. AGRAVO REGIMENTAL NO AGRAVO DE INSTRUMENTO. TRIBUTÁRIO. ICMS. CREDITAMENTO INDEVIDO DO IMPOSTO. LANÇAMENTO DE OFÍCIO. APLICAÇÃO DA REGRA PREVISTA NO ART. 173, I, DO CTN. SUPOSTA OFENSA AOS ARTS. 19 E 20 DA LC 87/96. ACÓRDÃO RECORRIDO FUNDADO NO ART. 155, § 2º, II, DA CF/88. ENFOQUE CONSTITUCIONAL DA MATÉRIA.

1. Havendo creditamento indevido de ICMS, o prazo decadencial para que o Fisco efetue o lançamento de ofício é regido pelo art. 173, I, do CTN, razão pela qual a decadência não ficou caracterizada no caso dos autos, como bem observou o Tribunal de origem.
Nesse sentido: REsp 842.413/MG, 2ª Turma, Rel. Min. Castro Meira, DJ de 19.10.2006; REsp 979.228/RS, 2ª Turma, Rel. Min. Eliana Calmon, DJe de 16.4.2009. (STJ. AgRg no Ag 1273246 / RS. Rel. Min. Mauro Campbell Marques. DJe 03/09/2010)

Diante desse novo panorama, os esforços não devem se inclinar à investigação de qual o dispositivo a regulamentar a contagem do prazo decadencial para que o Fisco efetue o lançamento relativo à apropriação de créditos indevidos de ICMS, já que, apesar de alguns tribunais administrativos ainda aplicarem o artigo 150, § 4°, do Código Tributário Nacional, o Superior Tribunal de Justiça já se posicionou pela aplicação do artigo 173, inciso I, do Código Tributário Nacional, no que foi seguido por alguns órgãos de julgamento administrativo, a exemplo do novel entendimento da Câmara Superior do Tribunal de Impostos e Taxas de São Paulo.

Assumindo, pois, que o artigo 173, inciso I, é a norma aplicável, então o que se torna relevante nesse contexto é compreender a sua correta aplicação, em especial o que significa o termo *exercício* para os fins da decadência tributária.

5. A aplicação do artigo 173, inciso I, do Código Tributário Nacional, e a busca do que seja *exercício* aos fins da contagem do prazo decadencial

O artigo 173, inciso I, do Código Tributário Nacional, conta com a seguinte redação:

Art. 173. O direito de a Fazenda Pública constituir crédito tributário extingue-se após 5 (cinco) anos, contados:
I – do primeiro dia do exercício seguinte àquele em que o lançamento poderia ter sido efetuado.

O vocábulo *exercício* exprime inúmeros conteúdos semânticos e, consequentemente, diversas unidades de tempo para medi-lo. Dada a falta de definição deste conceito aos fins do prazo decadencial, é necessário construí-lo a partir de uma interpretação sistêmica do ordenamento jurídico.

Ao se referir ao *exercício social*, por exemplo, o artigo 175 da Lei n° 6.404/76 dispõe que, em regra, sua duração será de 01 (um) ano, mas poderá ter outra duração a depender do estatuto da sociedade.

Já o artigo 150, inciso III, alínea *b*, da Constituição Federal, refere-se ao termo *exercício financeiro* para regulamentar o princípio constitucional da anterioridade. Neste caso específico, a jurisprudência equiparou o conceito de *exercício financeiro* ao de *exercício civil* para garantir a esperada segurança jurídica das relações tributárias, evitando que o contribuinte seja surpreendido com leis que venham a instituir ou aumentar tributos no apagar das luzes de todos os anos. Para esses fins exclusivos, o vocábulo *exercício* deve ser entendido como o período compreendido entre 1º de janeiro e 31 de dezembro de cada ano.

Ocorre que o *exercício* dito no texto do artigo 173, inciso I, do Código Tributário Nacional, não é aquele tratado na Lei das Sociedades por Ações, tampouco o *exercício financeiro* mencionado no artigo 150, inciso III, alínea *b*, da Constituição Federal.

É necessário, pois, caracterizá-lo devidamente.

A redação do já mencionado artigo 173, inciso I, do Código Tributário Nacional, dá conta que o *exercício* lá referido é o *seguinte àquele em que o lançamento poderia ter sido efetuado*. Para se saber, então, qual o *exercício* dito no citado dispositivo, é necessário saber, antes, o momento a partir do qual lançamento de ofício (via Auto de Infração) pode ser efetuado.

Em se tratando de tributos sujeitos ao lançamento por homologação, tal possibilidade existe a partir da entrega da declaração do contribuinte que constitui crédito tributário, nos termos do artigo 150 do Código Tributário Nacional.

A corroborar essas conclusões, tenha-se em conta que o Superior Tribunal de Justiça, ao ser instado a se manifestar sobre essa sistemática em relação à denúncia espontânea, decidiu que o contribuinte que entrega declaração constitutiva do crédito tributário (GIA, DCTF etc.), mas realiza o pagamento antecipado a destempo, não poderá fazê-lo com a exclusão da multa (moratória ou punitiva) porque, segundo o entendimento firmado, a entrega da declaração tem o efeito de iniciar o *"procedimento administrativo ou medida de fiscalização"* relatado no artigo 138, parágrafo único, do Código Tributário Nacional.[2] Aliás, o mesmo Superior Tribunal de Justiça, em outras oportunidades, vem decidindo que "a apresentação perante o Fisco da Guia de Informação e Apuração de ICMS (GIA) equivale ao próprio lançamento".

Assentada a premissa segundo a qual a entrega de declaração, pelo contribuinte, tem o efeito de constituir crédito tributário e, ainda, dar início ao *"processo administrativo ou medida de fiscalização"* por parte do Fisco,

---

[2] "TRIBUTÁRIO. ICMS. EMBARGOS À EXECUÇÃO FISCAL. TRIBUTO DECLARADO PELO CONTRIBUINTE E NÃO PAGO NO PRAZO. DENÚNCIA ESPONTÂNEA. NÃO CARACTERIZAÇÃO. SÚMULA 360/STJ. 1. Nos termos da Súmula 360/STJ, "O benefício da denúncia espontânea não se aplica aos tributos sujeitos a lançamento por homologação regularmente declarados, mas pagos a destempo". É que a apresentação de Guia de Informação e Apuração do ICMS – GIA, de Declaração de Débitos e Créditos Tributários Federais – DCTF, ou outra declaração dessa natureza, prevista em lei, é modo de constituição do crédito tributário, dispensando, para isso, qualquer outra providência por parte do Fisco. Se o crédito foi assim previamente declarado e constituído pelo contribuinte, não se configura denúncia espontânea (art. 138 do CTN) o seu posterior recolhimento fora do prazo estabelecido. 2. Recurso especial parcialmente conhecido e, no ponto, improvido. Recurso sujeito ao regime do art. 543-C do CPC e da Resolução STJ 08/08" (STJ. REsp nº 886.462 e 962.379. 1ª Seção. DJe 28/10/2008)

tanto que a partir daí o contribuinte já não pode mais se valer da denúncia espontânea, é intuitivo concluir que, por meio dessa declaração, o Fisco já está habilitado a analisar as informações prestadas, apurar eventuais irregularidades no lançamento e, eventualmente, realizar de ofício a sua revisão, via Auto de Infração, nos termos do artigo 149, inciso V, do Código Tributário Nacional.

Por essas razões, o conceito do *exercício* mencionado no artigo 173, inciso I, do Código Tributário Nacional, está afeto ao período de apuração de determinado tributo e, em função de seu encerramento, à possibilidade de o Fisco efetuar o lançamento de ofício pelo conhecimento prévio das informações prestadas pelo contribuinte em suas declarações.

É essa a orientação que se afigura mais adequada em função da interpretação que se extrai do artigo 173, inciso I, em si mesmo considerado. Para averiguar a veracidade de tal afirmação, socorrer-me-ei da análise histórica do aludido dispositivo, bem como das motivações do legislador ao introduzi-lo no ordenamento jurídico, nos termos apostos no *Trabalho da Comissão Especial do Código Tributário Nacional*, publicado em 1954.[3]

Por seu exame, verifica-se que o artigo 173, inciso I, do Código Tributário Nacional, estava originalmente idealizado no artigo 138 do Projeto do Código, que em seu § 1º traz os limites do conceito de *exercício*. Vejamos:

> Art. 138. O direito da Fazenda Pública exercer a atividade prevista na legislação tributária para a constituição do crédito extingue-se, salvo quando menor prazo seja expressamente fixado na lei tributária, com o decurso do prazo de cinco anos, contados:
>
> I – Do primeiro dia do exercício seguinte àquele em que o lançamento poderia ter sido efetuado;
>
> [...]
>
> § 1º. Considera-se iniciado o exercício da atividade a que se refere este artigo pela notificação, ao contribuinte, de qualquer medida preparatória indispensável ao lançamento [...].

À primeira vista, seria crível dizer que, para os fins do prazo decadencial, o §1º do artigo 138 do Projeto do Código preconizava o termo inicial do prazo decadencial como sendo os atos de ofício dos Fiscos (as *notificações* ditas no dispositivo) preparatórios e indispensáveis ao lançamento tributário. Mas, para que essa interpretação seja atualizada aos tempos hodiernos, é necessário apresentar as exposições de motivos da Comissão para assim definir o marco inicial do prazo decadencial, cujos trechos mais relevantes seguem abaixo transcritos:

> [...] Na fixação dos prazos, a Comissão manteve o de cinco anos, tanto para a caducidade do direito como para o seu exercício, por ser o tradicional em nosso direito quanto aos créditos e obrigações da Fazenda Pública; mas, atendendo às possibilidades de retardamento de seu termo inicial (art. 138 ns. I e II), e de interrupção de seu decurso (art. 139, § único), fixou, no art. 138, §3º, um prazo máximo igual ao de extinção das obrigações pessoais, como já previa o art. 216 do Anteprojeto (Código Civil, art. 177). Ficaram assim rejeitadas as sugestões 52, 178, 237, 252, 252, 527 e 761.

---

[3] *Trabalho da Comissão Especial do Código Tributário Nacional*, composto e impresso nas Oficinas do Serviço Gráfico do IBGE, Rio de Janeiro, 1954, p. 227 e 228.

Na fixação do termo inicial do prazo de caducidade do direito de constituir o crédito (art. 138 ns I e II e seu §1º), o Projeto teve em vista que o seu decurso deve partir da data em que o fisco teve, real ou presumidamente, conhecimento da ocorrência do fato gerador da obrigação. A doutrina moderna, tendo em vista que a extinção de direitos e ações pelo decurso do tempo não tem por fundamento beneficiar o devedor, nem, inversamente, prejudicar o credor, admite aquela extinção mesmo que a inércia do credor seja fruto do desconhecimento da situação de fato. Ao direito tributário, entretanto, essa conclusão não é rigorosamente aplicável, de vez que o fato gerador do direito prescrevendo é pessoal do devedor, tanto assim que a doutrina italiana sustenta que o direito do fisco ao tributo só começa a extinguir-se com o lançamento, isto é, a partir do momento em que aquele está em condições de exigir o cumprimento de uma obrigação caracterizada e liquidada (Giannini, *Il Rapporto Giuridico d'Imposta*, p. 314; Tesoro, *Principii di Diritto Tributario*, p. 503; Pugliese, *Istituzioni di Diritto Finanziario*, p. 394).

Sem chegar a esse extremo, *o art. 138 nº I subordina o início do prazo de decadência à possibilidade de ser efetuado o lançamento*, disposição que, combinada com as do art. 111, permitiu dispensar a casuística dos arts. 212 §1º, 213 e 214 do Anteprojeto. *Temperando a rigidez do dispositivo, os §§1º e 2º do art. 138 fixam limites à atividade fiscal que configura o exercício do direito à constituição do crédito*, afastando ainda o seu efeito interruptivo, por se tratar de hipótese de decadência. Ficaram, assim, prejudicadas as sugestões 176, 177, 450, 526, 547, 970 e 971 [...]" (grifei)

Pelos motivos literais expostos alhures, fica claro que, para os fins do prazo decadencial, em sua gênese "o Projeto teve em vista que o seu decurso deve partir da data em que o fisco teve, real ou presumidamente, conhecimento da ocorrência do fato gerador da obrigação". Mais ainda, fica claro que o artigo 138, nº I, do Projeto, atualmente vigente na redação do artigo 173, inciso I, do Código Tributário Nacional, "subordina o início do prazo de decadência à possibilidade de ser efetuado o lançamento" por parte do Fisco.

Nesse contexto, aplicando tudo o quanto fora até aqui exposto ao ICMS, é correto afirmar que, se a apuração do imposto é mensal, então também o seu exercício deve ser mensal. Nesse sentido, em relação ao caráter *mensal* da apuração do ICMS, calha ressaltar, aqui, que esse tem sido o entendimento da jurisprudência, a exemplo do que se verifica de precedentes do Tribunais de Justiça do Estado de São Paulo[4] e do Tribunais de Justiça do Estado do Rio de Janeiro.[5]

---

[4] "[...] Destarte, entre o creditamento extemporâneo com correção monetária de operações com combustíveis, levado a efeito em agosto/92, que determinou o início do prazo decadencial no dia 01.09.92 (o ICMS tem exercício mensal e não anual), e a lavratura do Auto de Infração e Imposição de Multa (28.01.95), não intermediou prazo superior a cinco anos. Portanto, não padece o crédito de tal defeito temporal [...]" (TJSP – Apelação 9116248-28.2002.8.26.0000. Julgado em 18/04/2006)

"[...] ICMS. imposto não-cumulativo. Legislação do ICMS que reconhece o direito de creditar-se de todas as entradas de matérias primas, produtos intermediários e de embalagens, desde que o produto final, seja alcançado pela oneração fiscal, imposto que não incide em cascata, mas em cada etapa da circulação da mercadoria, abatendo-se o valor destacado em etapa anterior. Princípio da não cumulatividade adotado pela Constituição de 1988, pelo menos até o advento da Lei Complementar nº 87/96, dá direito ao crédito do ICMS os produtos intermediários e de consumo vinculados, necessariamente, no consumo do processo produtivo. Sendo consumido ou integrando o produto cuja saída seja tributada, o crédito é sempre possível. Preliminar rejeitada, recursos improvidos e desacolhido o reexame necessário. [...] Assim, andou bem a r. sentença, que merece ser mantida, quando esclarece que *"após a apuração mensal, o crédito não apropriado ou não compensado no próprio exercício mensal, só pode ser escriturado devidamente corrigido, assim como o débito não pago na época oportuna, só*

Consequentemente, seguindo a regra do artigo 173, inciso I, do Código Tributário Nacional, o prazo decadencial aplicável ao Fisco para efetuar o lançamento de ofício deve ter início no exercício (mês) subsequente àquele em que o lançamento poderia ter sido efetuado, que consiste no mês de entrega da GIA, porquanto este é o documento que constitui crédito tributário e permite ao Fisco efetuar o lançamento tributário de ofício após analisar as informações prestadas pelo contribuinte, inclusive os créditos do imposto apropriados indevidamente.

Em outras palavras, segundo o artigo 173, inciso I, do CTN, o prazo decadencial à glosa de créditos indevidos de ICMS deve ter início no primeiro dia do terceiro mês subsequente ao do fato gerador, afinal, (i) no mês seguinte ao do fato gerador há a entrega da GIA, (ii) no mês subsequente ao da entrega da GIA o Fisco Estadual já pode iniciar a fiscalização; e (iii) no mês seguinte a este tem início o prazo decadencial.

Não é demais lembrar, por fim, que essa proposta aplicação do mencionado dispositivo foi aventada em voto vista do Juiz Eduardo Perez Salusse, da Câmara Superior do Tribunal de Impostos e Taxas, na ocasião da sessão realizada em 22 de março de 2011, quando, conforme já dito alhures, o órgão de julgamento entendeu pela aplicação do artigo 173, inciso I, do Código Tributário Nacional, para disciplinar o prazo decadencial à glosa de créditos indevidos de ICMS. *In verbis*:

> [...] Admitindo-se a aplicação da regra do artigo 173 do CTN para o caso de crédito indevido, qual seria o primeiro dia do exercício seguinte àquele em que o lançamento poderia ter sido efetuado, considerando que o ICMS é apurado em exercícios mensais? *A expressão "exercício" do art. 173 do CTN refere-se a períodos mensais no caso de ICMS, conforme jurisprudência de alguns tribunais do país* [...]" (grifei)

6. Conclusão

Em resumo aos argumentos apresentados neste ensaio, é possível concluir que, segundo a interpretação sistemática dos artigos 150, §4º, e 173, inciso I, ambos do Código Tributário Nacional, o prazo decadencial hábil a regulamentar o prazo decadencial à glosa de créditos indevidos

---

pode ser liquidado devidamente corrigido [...]" (TJSP. Apelação 9111347-22.1999.8.26.0000. Julgado em 13/09/2004) (grifei)

[5] "TRIBUTÁRIO. – EXECUÇÃO FISCAL. – *ICMS. APURAÇÃO MENSAL* – EXERCÍCIOS DE NOVEMBRO E DEZEMBRO DE 1999 – ESGOTAMENTO DE TODOS OS MEIOS PARA CITAÇÃO PESSOAL: encerramento irregular das atividades da sociedade empresária. – CITAÇÃO EDITALÍCIA CONSUMADA EM JANEIRO DE 2006 – Apelação do ESTADO afirmando que a constituição definitiva do crédito tributário somente teria ocorrido em 24.04.2001 quando se encerrou o processo administrativo. – *Hipótese de autolançamento lançamento por homologação* (art. 150 § 4º CTN) *apuração mensal do imposto devido* – Inocorrência de homologação do autolançamento – Lavratura de auto de infração em 18.04.2000 – ajuizamento da execução fiscal em 20.11.2001 – interrupção da prescrição procedência liminar do apelo com fundamento no artigo 557, §1º A DO CPC" (TJRJ – Apelação 26963 RJ 2009.001.26963, Julgamento: 22/07/2009, 18ª Câmara Cível. DOE 24/07/2009) (grifei)

de ICMS deve ser aquele previsto no artigo 150, § 4º, afinal, a apropriação e utilização do crédito do imposto, mesmo que indevido, se insere no contexto do *pagamento* do tributo, nos termos preconizados no artigo 150, § 1º.

Contudo, tendo em vista a sedimentação do entendimento acerca da aplicação do artigo 173, inciso I, do Código Tributário Nacional, deve ser perquirida qual a correta aplicação de sua redação, especialmente a interpretação do vocábulo *exercício* para os fins do prazo decadencial.

E, ao fim e ao cabo do presente estudo, a conclusão mais adequada sobre o tema é que este termo *exercício* corresponde ao período de apuração do tributo que, aplicado ao ICMS, deve ser entendido como mensal, e não anual, tendo como termo inicial a data da constituição do crédito tributário pela entrega da GIA.

Logo, o prazo para o Fisco constituir crédito tributário em razão da apropriação de créditos indevidos de ICMS deve se iniciar no primeiro dia do segundo mês subsequente ao do fato gerador, porque (i) no mês seguinte ao do fato gerador há a entrega da GIA, (ii) no mês subsequente ao da entrega da GIA, o Fisco Estadual já pode iniciar a fiscalização; e (iii) no mês seguinte a este, tem início o prazo decadencial.

— 11 —

O direito de fiscalizar do Estado e a violação do sigilo de dados do contribuinte

ADRIANA ESTEVES GUIMARÃES

Advogada, Juíza do Tribunal de Impostos e Taxas do Estado de São Paulo, Conselheira do Conselho Municipal de Tributos de São Paulo, doutoranda em Direito Tributário.

DANIEL TEIXEIRA DE FIGUEIREDO PASSOS

Advogado tributarista e pós-graduando em Direito Tributário pela Pontifícia Universidade Católica de São Paulo – PUC/SP.

Sumário: 1. Introdução; 2. Garantia fundamental à intimidade e à privacidade; 3. O poder de fiscalizar conferido ao Estado; 3.1. A obrigação de prestar informações de terceiros; 4. A Lei Complementar nº 104/2001: veículo introdutor da relativização do sigilo; 5. O fisco paulista e a violação do sigilo; 5.1. O Estado do Rio Grande do Sul e a relativização do sigilo; 6. Conclusão.

1. Introdução

O Estado democrático de direito, inaugurado com a Constituição Federal de 1988, estabeleceu alicerces sólidos nos quais devem se pautar as ações do Estado, por meio de seus representantes, delimitando a forma e o objeto de competência. O mesmo texto constitucional também estabeleceu normas de cunho essencial, que não podem ser alvo nem mesmo de Emendas Constitucionais denominadas de cláusulas pétreas. Os direitos fundamentais do cidadão estão entre esses pilares onde se assentam o Estado, assim como a sua forma federativa e republicana de organização e administração.

Com esses iniciais e singelos pressupostos estabelecidos, percebe-se a instalação de um conflito de interesses: de um lado, os direitos e garantias fundamentais do cidadão; de outro, e não menos importante, o direito do Estado inaugurado com o texto constitucional que é dotado de poderes para fiscalizar e instituir normas de como se dará o exercício deste direito, respeitada a competência de cada esfera que compõe a federação.

A década de 90 marcou o início da era digital. A abertura às importações, durante o governo do então presidente Fernando Collor, possibilitou a importação de máquinas e equipamentos de informática, aumentando sua oferta e contribuindo para sua popularização. A *internet* – a rede mundial de computadores – trouxe um novo dinamismo para troca de informações. O envio e recebimento de documentos estavam distantes a apenas um clique.

A informatização dos contribuintes e as informações por ele geradas, bem como do aparato estatal e os meios pelos quais recebe o novo formato de dados dos contribuintes criaram a necessidade de adequação técnica, com a aquisição de máquinas e equipamentos que possibilitassem o processamento dessas informações, além do treinamento e qualificação da mão de obra para compreender e analisar tudo aquilo que é recebido. Também se fez necessária a adequação das normas que regiam as relações Estado x Contribuinte, com a previsão específica da possibilidade de envio digital de dados e, posteriormente, estabelecendo esta a única forma de recebimento de determinado tipo de informação.

Esses fatores aliados culminaram no surgimento das Leis Complementares 104 e 105, ambas publicadas em janeiro de 2001, propiciaram a relativização do direito individual de sigilo e a transmissão das informações dos contribuintes, através, por exemplo, das operadoras de cartões de crédito, sem prévia autorização judicial para tanto.

As legislações estaduais aproveitaram a possibilidade trazida ao ordenamento jurídico pelas novas Leis Complementares e estabeleceram, dentro de sua competência, normas que tratam desde a obrigatoriedade do envio das informações pelas operadoras de cartões de crédito a aceitação compulsória do Contribuinte do ICMS no envio desta informação.

A discussão a respeito da sobreposição de princípios constitucionais, do direito coletivo sobre o individual, além do embate a respeito do direito de fiscalizar e da necessidade do mesmo ente fiscalizador ser responsável pela preservação e guarda do direito fundamental ao sigilo, são alguns dos temas discutidos pelo Poder Judiciário na tentativa de melhor compreender a nova tendência do Estado Democrático moderno e sua relação com os cidadãos.

2. Garantia fundamental à intimidade e à privacidade

A Constituição Federal foi exaustiva ao elencar e especificar os direitos e garantias fundamentais do cidadão em seu artigo 5º. Muito desse zelo está pautado no momento histórico de elaboração e promulgação do texto constitucional. O país, recém-saído de um governo ditatorial, ainda saboreava as liberdades e garantias que por duas décadas foram veementemente cassadas pelos militares.

Daí a previsão e proteção à intimidade e à privacidade, que por muitas vezes tiveram seus conceitos confundidos, foram especificamente tratadas em dois incisos do artigo 5º, vejamos:

> Art. 5º Todos são iguais perante a lei, sem distinção de qualquer natureza, garantindo-se aos brasileiros e aos estrangeiros residentes no País a inviolabilidade do direito à vida, à liberdade, à igualdade, à segurança e à propriedade, nos termos seguintes:
> (...)
> X – são invioláveis *a intimidade, a vida privada*, a honra e a imagem das pessoas, assegurado o direito a indenização pelo dano material ou moral decorrente de sua violação;
> (...)
> XII – *é inviolável o sigilo* da correspondência e das comunicações telegráficas, *de dados* e das comunicações telefônicas, salvo, no último caso, por ordem judicial, nas hipóteses e na forma que a lei estabelecer para fins de investigação criminal ou instrução processual penal;

Não há que se confundir intimidade e vida privada como sinônimos, tampouco afastá-las por completo. São direitos que se complementam. A privacidade está diretamente conectada às relações interpessoais, enquanto a intimidade diz respeito às particularidades individuais e singulares da vida privada não postas em qualquer relação. Luiz Alberto David Araújo e Vidal Serrano Nunes Júnior delimitam com sabedoria os dois conceitos:

> Podemos vislumbrar, assim, dois diferentes conceitos. Um, de privacidade, onde se fixa a noção das relações interindividuais que, como as nucleadas na família, devem permanecer ocultas ao público. Outro, de intimidade, onde se fixa uma divisão linear entre o "eu" e os "outros", de forma a criar um espaço que o titular deseja manter impenetrável mesmo aos mais próximos. Assim, o direito de intimidade tem importância e significação jurídica na proteção do indivíduo exatamente para defendê-lo de lesões a direitos dentro da interpessoalidade da vida privada.[1]

Os incisos X e XII acima citados, quando interpretados conjuntamente, ampliam o rol de garantias descritas em cada um deles. Ou seja, a violação do sigilo implica necessariamente a exposição de informações e dados que antes eram mantidos na esfera íntima do cidadão, por exemplo. Vê-se, portanto, a real intenção do legislador à época: ilustrar possibilidades de violação a direitos e garantias fundamentais maiores. Assim, a violação ao *sigilo de dados*, tratada pelo inciso XII, significa impossibilidade de acesso às informações que digam respeito a um determinado cidadão sem a autorização deste, ou, em hipótese de exceção, na ausência de decisão judicial que possibilite tal relevação.

Pode causar alguma dúvida, em primeira análise, a ausência de expressões como, por exemplo, *fiscal* e *bancária* para tratarem de prote-

---

[1] Luiz Alberto David Araújo e Vidal Serrano Nunes Júnior. *Curso de Direito Constitucional*. 11ª ed. São Paulo: Saraiva, 2007, p. 134.

ção a informações dessa natureza dos contribuintes. Porém, partindo-se da premissa de que o rol da garantias é previsto em gênero, e não em espécie, a discussão doutrinária limitou-se somente à adequação semântica das expressões para determinar se estariam albergadas pelo inciso X, como elemento da intimidade, ou pelo inciso XII, como espécie de dados:

> A falta de rigor técnico do legislador constituinte ao optar pela expressão "sigilo de dados", suscitou dúvidas e acirradas discussões doutrinárias acerca do tipo de informação tutelada pelo Legislador Constituinte através do inciso XII da CF/88. A doutrina, buscando a melhor exegese do mencionado dispositivo constitucional, se dividiu basicamente em duas correntes majoritárias, uma manifestando o entendimento de que o legislador constituinte utilizou-se apropriadamente da expressão "sigilo de dados" como gênero, com a finalidade de resguardar as espécies sigilo bancário e fiscal; e a outra, considerando que o sigilo bancário e fiscal estaria amparado apenas pelos princípios consagrados pelo inciso X da CF, defendendo a idéia de que o inciso XII visa tutelar a comunicação de dados e não os dados em si.[2]

Por uma via ou outra de interpretação, chega-se sempre à mesma conclusão: os sigilos fiscal e bancário devem ser entendidos como garantias fundamentais do cidadão, de natureza constitucional e albergados pelo conceito da inviolabilidade sem decisão judicial que assim determine. A violação é, portanto, exceção à regra constitucional.

3. O poder de fiscalizar conferido ao Estado

A Carta Magna trata da matéria tributária estabelecendo limites e competências para instituição e regulação de tributos pelos entes federados. Conceitua os impostos, taxas e contribuições de melhorias, os entes jurídicos responsáveis por sua cobrança, a divisão dos frutos da arrecadação e até mesmo a sistemática de cobrança em cadeia, como é o caso do ICMS, por exemplo, e o princípio da não cumulatividade.

A Administração Tributária, entendida como espécie do gênero Administração Pública, teve seu primeiro tratamento legal pormenorizado com a edição e publicação do Código Tributário Nacional em 1966, ainda sob a égide da ditadura militar, sob a forma de lei ordinária, porém, com a democratização e promulgação da nova ordem constitucional, a lei foi recebida como se Lei Complementar fosse. Homenageada ainda pelo texto constitucional que partiu das diretrizes do CTN para elaborar as linhas gerais da matéria tributária para o "novo" Estado de Direito que se inaugurava, chamado de *Sistema Tributário Nacional*, que inaugura o Título VI da Carta Magna dedicado à Tributação e ao Orçamento.

---

[2] PIZOLIO, Reinaldo e GAVALDÃO JR., Jayr Viégas (coord.). *Sigilo Fiscal e Bancário*. São Paulo: Quartier Latin, 2005.

3.1. A obrigação de prestar informações de terceiros

A recepção do CTN gera, por conclusão lógica, que a nova ordem tributária seguiria a linha legislativa adotada em lei anterior, que já previa o procedimento de fiscalização e o grau de acesso às informações dos contribuintes, por exemplo. E, vale ressaltar novamente, trata-se de lei ordinária publicada no curso de um regime de exceção, o que, por si só, gera dúvidas quanto a legitimidade e observância aos princípios da democracia e liberdade que pretendia o novo texto constitucional.

O artigo 197 do CTN trata da obrigação de terceiros que obtenham informações daquele contribuinte que está sendo investigado e que, após notificação para tanto, são compelidos a prestar as informações de que disponham, independentemente da obrigação de sigilo que pode derivar da função exercida por este terceiro ou de contrato firmado entre as partes:

> Art. 197. Mediante intimação escrita, *são obrigados a prestar à autoridade administrativa todas as informações de que disponham* com relação aos bens, negócios ou atividades de terceiros:
> I – os tabeliães, escrivães e demais serventuários de ofício;
> II – os bancos, casas bancárias, Caixas Econômicas e demais instituições financeiras;
> III – as empresas de administração de bens;
> IV – os corretores, leiloeiros e despachantes oficiais;
> V – os inventariantes;
> VI – os síndicos, comissários e liquidatários;
> VII – quaisquer outras entidades ou pessoas que a lei designe, em razão de seu cargo, ofício, função, ministério, atividade ou profissão.
> Parágrafo único. A obrigação prevista neste artigo não abrange a prestação de informações quanto a fatos sobre os quais o informante esteja legalmente obrigado a observar segredo em razão de cargo, ofício, função, ministério, atividade ou profissão.

O inciso II acima citado dispõe, após a intimação para tanto, os bancos e demais instituições financeiras deverão prestar *"todas as informações de que disponham"*. Merece especial destaque em sua análise a abrangência trazida pelo legislador que não delimitou que tipo, ou de que natureza seria a informação prestada por terceiro, alheio ao procedimento de fiscalização, acerca daquele sujeito fiscalizado.

O sigilo bancário não recebeu tratamento específico do legislador constituinte, mas, como já vimos, é enquadrado pela doutrina pátria nos incisos X e XII do artigo 5º da redação Magna como, respectivamente, uma espécie inclusa na seara da *vida privada* ou um tipo de *informação* que deve ser mantida em sigilo por terceiro que dela disponha. Em que pese não haver dispositivo tácito acerca do sigilo bancário, este é tido como uma garantia fundamental do cidadão.

Por outra via, as garantias fundamentais individuais não são de forma alguma tidas como absolutas, irresolutas e intocáveis, pois perdem relevância à medida que colidem com interesses gerais e coletivos postos em patamar superior à singularidade. Se nem mesmo os preceitos expressamente previstos são absolutos, o mesmo se pode esperar de um direito equiparado e incluído pela hermenêutica como preceito fundamental:

> Aliás, quase na totalidade dos países ocidentais, existe a possibilidade de acesso às movimentações bancárias sempre que tal seja importante para apuração de crimes e fraudes tributárias em geral. Dos 30 países integrantes da *Organization for Economic Cooperation and Development* (de que são parte Alemanha, Austrália, Itália, Japão, Portugal, Espanha, Reino Unido, Estados Unidos e a Suíça, inclusive, dentre outros), apenas dois (República Eslovaca e Luxemburgo) não facultam tal acesso, conforme nos informa o Min. José Delgado em artigo publicado na RE nº 22, nov-dez/01. (...)[3]

O acesso às informações bancárias não são exclusivas de regimes de exceção, ditaduras ou distantes repúblicas socialistas do oriente, mas real possibilidade em Estados com modernos conceitos de democracia. A violação do sigilo bancário se mostra como a única ferramenta de acesso da Administração Pública à totalidade de informações financeiras que refletem a realidade vivida pelo Contribuinte então investigado.

As informações prestadas pelo cidadão quando declara seu Imposto de Renda – à guisa de exemplo por se tratar de imposto sujeito a lançamento por homologação – merecem e devem ser revisadas, avaliadas e convalidadas, ou não, pela Receita Federal do Brasil por intermédio de seus agentes. O que se questiona é a forma como se deve dar este acesso, quais os argumentos e fundamentos que devem anteceder a quebra e violação de preceito de fundamental relevância para a vida em sociedade, que fazem parte de certa forma daquilo que homenageia o texto constitucional de regência.

4. A Lei Complementar nº 104/2001: veículo introdutor da relativização do sigilo

A publicação da Lei Complementar 104/01, utilizada como ferramenta introdutora das alterações que pretendia o legislador mais adiante, concluída pela Emenda 105/01, denotam o real interesse em ampliar a faculdade estatal de fiscalizar e adentrar ao campo das informações dos contribuintes. Cediço que o Estado tem a obrigação de fiscalizar a conduta dos indivíduos inseridos no seio social, mas a alteração do artigo 198 do CTN se mostrou com um viés articulativo malicioso para ampliação desta obrigação estatal.

A manobra legislativa foi severamente criticada pela doutrina pátria, que viu na ação do legislador uma manobra legal para viabilizar a publi-

---

[3] PAULSEN, Leandro. *Direito Tributário*: Constituição e Código Tributário à luz da doutrina e jurisprudência. 12ª ed. Porto Alegre: Livraria do Advogado; ESMAFE, 2010, p. 1256.

cação de conteúdo ainda mais discutível, aquele contido na Lei Complementar seguinte.

Considerada isoladamente, a norma introduzida no ordenamento jurídico pela Emenda Constitucional nº 105/01, que diz respeito à entrega das informações bancárias de um determinado contribuinte fiscalizado para a autoridade administrativa fiscalizadora, poderia representar uma simples transferência de sigilo, mas não a quebra e violação deste sigilo.

Ocorreria uma transferência e divisão de responsabilidade acerca da manutenção do sigilo dos dados objetos de fiscalização, aqueles que se viram obrigados a fornecê-los permaneceriam incumbidos do dever de guardar sigilo, assim como a Administração Pública que ao tê-los e acessá-los também se revestiriam de obrigação em mantê-los sigilosos, sem que pudesse fornecê-los a terceiros.[4] Isto ocorreria caso ainda vigesse a redação original do artigo 198, sem as alterações que foram introduzidas pela LC nº 104/01.

A ampliação do artigo 198, que passou a prever possibilidades de relativização deste sigilo, a respeito das informações obtidas pelo Estado quando no exercício de sua atividade fiscalizadora, incluiu exceções à norma proibitiva generalizada de divulgação contida anteriormente no *caput* e excetuada apenas por aquilo previsto pelo seu parágrafo único.[5]

As hipóteses de exceção eram elencadas de forma taxativa, sem qualquer possibilidade de ampliação hermenêutica, pois o parágrafo único previa que eram exceções à norma descrita no *caput* do artigo 198 "unicamente" as seguintes hipóteses: a possibilidade de transferência de informações previstas no artigo seguinte (o artigo 199 trata da permuta de informação entre as Fazendas para fiscalização de tributos de suas competências) e quando houvesse requisição de autoridade judiciária na defesa dos interesses da justiça.

O legislador visualizou na expressão *unicamente* um obstáculo, e com razão, para as normas que pretendia trazer à baila com a edição e publicação da LC nº 105/01. A melhor saída encontrada foi a exclusão desta expressão do artigo que tratava da matéria *sigilo*, obtenção da informação, utilização e *transferência* dos dados obtidos.

Não haveria, portanto, sustentação legal para as previsões e intenções implantadas pela Emenda 105 caso não houvesse a relativização das

---

[4] Marco Aurélio Greco em *Sigilo Fiscal e Bancário*. (PIZOLIO, Reinaldo; GAVALDÃO JR., Jayr Viégas (coords.). Sigilo Fiscal e Bancário. São Paulo: Quartier Latin, 2005.)

[5] A redação original do artigo 198 tinha o seguinte conteúdo: Art. 198. Sem prejuízo do disposto na legislação criminal, é vedada a divulgação, para qualquer fim, por parte da Fazenda Pública ou de seus funcionários, de qualquer informação, obtida em razão do ofício, sôbre a situação econômica ou financeira dos sujeitos passivos ou de terceiros e sôbre a natureza e o estado dos seus negócios ou atividades. Parágrafo único. Excetuam-se do disposto neste artigo, únicamente, os casos previstos no artigo seguinte e os de requisição regular da autoridade judiciária no interêsse da justiça.

hipóteses previstas pelo artigo 198 e, em especial, a supressão da palavra *unicamente*.

Outra supressão importante foi feita no *caput* do artigo, a expressão *para qualquer fim* também foi excluída, pelos mesmos motivos que o parágrafo único, pois limitavam o uso das informações obtidas.

Feitas as observações necessárias, pode-se fazer uma leitura mais crítica do conteúdo descrito no "novo" artigo 198, que possibilitou a publicação da Emenda 105/01, vejamos sua redação atual:

> Art. 198. Sem prejuízo do disposto na legislação criminal, é vedada a divulgação, por parte da Fazenda Pública ou de seus servidores, de informação obtida em razão do ofício sobre a situação econômica ou financeira do sujeito passivo ou de terceiros e sobre a natureza e o estado de seus negócios ou atividades.
>
> § 1º *Excetuam-se do disposto neste artigo*, além dos casos previstos no art. 199, os seguintes:
>
> I – requisição de autoridade judiciária no interesse da justiça;
>
> II – solicitações de autoridade administrativa no interesse da Administração Pública, desde que seja comprovada a instauração regular de processo administrativo, no órgão ou na entidade respectiva, com o objetivo de investigar o sujeito passivo a que se refere a informação, por prática de infração administrativa.
>
> § 2º O intercâmbio de informação sigilosa, no âmbito da Administração Pública, *será realizado mediante processo regularmente instaurado*, e a entrega será feita pessoalmente à autoridade solicitante, mediante recibo, que formalize a transferência e assegure a preservação do sigilo.
>
> § 3º Não é vedada a divulgação de informações relativas a:
>
> I – representações fiscais para fins penais;
>
> II – inscrições na Dívida Ativa da Fazenda Pública;
>
> III – parcelamento ou moratória.
>
> (grifos nossos)

O primeiro ponto digno de análise no artigo supracitado, além das supressões da expressão *para qualquer fim* no *caput*, diz respeito à intenção do legislador que inclui possibilidades a partir do § 1º que se excetuam ao conteúdo principal do artigo. Há uma repetição do conteúdo anteriormente previsto pelo parágrafo único, pois continuam valendo as regras de permuta previstas pelo artigo 199 e a concessão de informações quando houver requisição de autoridade judiciária no interesse da justiça (agora prevista no inciso I do § 1º).

O conteúdo trazido pelo inciso II do § 1º afasta a regra geral prevista pelo *caput*, mas não incumbe ao Estado o dever de sigilo sobre as informações obtidas e também não confere uma obrigação de fornecer tais informações obtidas a outros órgãos ou agentes da Administração Pública.

Marco Aurélio Greco[6] diz que o Fisco se encontra numa situação de "poder fornecer". Ou seja, ao livre arbítrio do agente administrativo,

---

[6] Marco Aurélio Greco em *Sigilo Fiscal e Bancário*. O ilustre mestre ensina que a conferência de faculdade ao agente administrativo está inserida no texto legal e a decisão de fornecer ou não os dados que tenha obtido decorrem "das circunstâncias do caso concreto". O "poder fornecer" não traz a

agindo em nome do Fisco como espécie de personificação do aparato estatal irá eleger e determinar a real relevância acerca do fornecimento da informação. Há, portanto, a conferência de discricionariedade ao agente para determinar a relevância das informações e a real necessidade de transferência dos dados.

A insegurança à esfera das garantias e direitos fundamentais do contribuinte foi inaugurada, com a ampliação interpretativa após a exclusão das expressões que a limitavam, e consagradas com a publicação, no mesmo dia, da Emenda Constitucional n° 105/01.

5. O fisco paulista e a violação do sigilo

Após a relativização ao sigilo dos contribuintes possibilitada pela edição e publicação das Leis Complementares 104/01 e 105/01, que trouxeram inovações, primeiramente, ao Código Tributário Nacional e, posteriormente, à possibilidade de acesso às informações fiscais das empresas, o Estado de São Paulo editou a Lei Estadual n° 12.294/06.[7] O texto determinou a obrigação das administradoras de cartões de crédito a apresentarem à Secretaria de Estado da Fazenda informações relativas às operações realizadas pelos contribuintes paulistas.

A Secretaria da Fazenda bandeirante dispunha de previsão legal para tanto na lei geral, qual seja, o Código Tributário Nacional, e tratou no âmbito de sua competência dos pormenores que cercariam a transmissão de dados das operadoras, a sua recepção pela fiscalização e os procedimentos de análise.

O Fisco passa a dispor de nova ferramenta para fiscalizar as operações realizadas pelos estabelecimentos suspeitos, obtendo informações de terceiros, em decorrência de previsão legal que os compela a tanto. Acontece que a transmissão das informações relativas a tais operações ocorreram antes mesmo que os sujeitos passivos da relação jurídico-tri-

---

obrigação em colaborar com outros órgãos da Administração Pública e nem delimita de imediato a amplitude e o tipo de informação que pode ser compartilhada. (PIZOLIO, Reinaldo & GAVALDÃO JR., Jayr Viégas (coord.). Sigilo Fiscal e Bancário. São Paulo: Quartier Latin, 2005.)

[7] A Lei n° 12.294, de 06 de março de 2006, trouxe significativas alterações à redação da Lei n° 6.374/89, vejamos: "Artigo 2° – Ficam acrescentados, com a redação que se segue, os dispositivos adiante indicados à Lei n° 6.374, de 1° de março de 1989. I – ao inciso VII do artigo 9°, a alínea *d*: "a entrega ou remessa de mercadoria ou bem originários do exterior com destino a estabelecimento ou pessoa diversos daqueles que a tenham importado, arrematado ou adquirido em licitação promovida pelo Poder Público."; II – ao artigo 75, os incisos X e XI: "X – as empresas administradoras de cartões de crédito ou débito, relativamente às operações ou prestações de serviço realizadas por contribuinte do imposto; XI – as empresas de informática que desenvolvem programas aplicativos para usuário de Equipamento Emissor de Cupom Fiscal – ECF."; O artigo 75 da Lei n° 6.374/89 previa que "Não podem embaraçar a ação fiscalizadora e, mediante notificação escrita, são obrigados a exibir os impressos, os documentos, os livros, os programas e os arquivos magnéticos relacionados com o imposto e a prestar informações solicitadas pelo fisco.".

butária tivessem qualquer certeza a respeito das informações que eram transmitidas à fiscalização, ou que fossem notificados de tal.

As críticas feitas às medidas adotadas pelo Fisco de São Paulo transformaram-se em ações judiciais para a discussão do procedimento de fiscalização. Fica posto de lado o que de fato foi constatado: infração do contribuinte e não recolhimento de imposto devido aos cofres públicos. A dicotomia, demasiadamente, instaura-se ao perceber que a defesa do contribuinte infrator resulta em prejuízo ao Estado, que jamais teria conhecimento das sonegações que não por este meio que lhe facultou a Lei Complementar.

Postos lado a lado, o direito individual ao sigilo e o direito coletivo que defende o Estado ao arrecadar os tributos de sua competência para seu custeio (o que envolve desde os gastos mais simples a investimentos com educação, saúde e segurança pública), há, obviamente, que se relativizar o primeiro em proteção ao segundo, de maior amplitude e reflexo imediato na consecução do bem-estar social.

Quando iniciados os procedimentos de fiscalização, o Fisco bandeirante divulgou por meio de seu sítio eletrônico como se daria a operação. Mensalmente, a partir de março de 2006, as operadoras de cartão de crédito estavam obrigadas a encaminhar informações relativas às operações realizadas pelos estabelecimentos credenciados e autorizados a operar com cartões de crédito. A Secretaria da Fazenda montou uma estrutura para receber e processar as informações das operadoras de cartões de crédito e cruzá-las com as informações enviadas pelos contribuintes.

As informações dos contribuintes eram obtidas através das GIAs (Guias de Informação e Apuração do ICMS), ou das Declarações Simplificadas (DSs), obrigação acessória do Contribuinte, decorrente de previsão legal. O ICMS, imposto por homologação que é, depende das informações enviadas pelos Contribuintes para que o Estado homologue, ou não, em tempo hábil, aqueles valores e lançamentos efetuados pelos sujeitos passivos.

A este procedimento de fiscalização foi dado o nome de *Operação Cartão Vermelho*, desencadeada oficialmente a partir de 25 de setembro de 2007, com notificações encaminhadas aos contribuintes para informar que os dados por eles encaminhados seriam cruzados com as informações que já vinham sendo enviadas ao Fisco pelas operadoras.

Na mesma data foi lançado pelo Fisco bandeirante um Programa de Parcelamento Incentivado do ICMS (PPI do ICMS) voltado às empresas que fossem flagradas em irregularidades relacionadas às operações, ou em outros débitos do imposto, ou que resolvessem assumir os débitos decorrentes das sonegações com o Estado, com fato gerador ocorrido até 31 de dezembro de 2006.[8]

A mega-estrutura montada para a Operação Cartão Vermelho seria capaz de fiscalizar mais de 220.500 estabelecimentos em todo o Estado com a mobilização de técnicos para cruzamento das informações, além de fiscais que percorreriam os estabelecimentos apontados pelas primeiras averiguações como aqueles que apresentaram maior divergência entre as informações cruzadas.

Somente no mês de setembro de 2007 foram 400 notificações encaminhadas e no mês seguinte, em outubro, quando foi deflagrada a segunda etapa da operação, mais 450 estabelecimentos receberam notificações em todo o Estado de São Paulo.

A Secretaria de Estado divulgou notícias em seu sítio eletrônico a respeito da Operação e dos resultados obtidos. Constatações de irregularidades que foram apuradas graças à Operação Cartão Vermelho como, por exemplo, estabelecimentos que declaravam em suas GIAs operações correspondentes a um quarto daquilo efetivamente realizado, outros que sequer emitiam documentação fiscal, ou de outros que não declaram absolutamente nada a respeito das operações de venda realizadas mesmo tendo recebido considerável repasse das operadoras de cartões.

Os procedimentos de fiscalização já eram iniciados, portanto, quando o Fisco recebia das operadoras as informações relacionadas aos contribuintes. Depois de constatada possível irregularidade, quando a informação das operadoras era confrontada com as GIA's entregues, é que eram emitidas as Ordens de Fiscalização para determinado contribuinte, que só então estava obrigado a apresentar seus documentos ao agente responsável pelo procedimento. Não obstante, aquele procedimento inaugurado pela OVF – Ordem de Verificação Fiscal – era meramente pró-forma, a infração já havia sido apurada à revelia do Contribuinte, com a relativização do seu sigilo, sem que tivesse conhecimento de tanto.

A Operação significou, portanto, um incremento aos cofres públicos paulista ao possibilitar novo procedimento de fiscalização com a obtenção de dados sem margens de erro ou fraude nas declarações fornecidas pelos

---

[8] Por meio do seu sítio eletrônico a Secretaria de Estado da Fazenda divulgou as diretrizes que seriam adotadas pelos agentes da administração tributária responsáveis pela *Operação Cartão Vermelho* e divulgou a hipótese de adesão ao PPI do ICMS para aqueles contribuintes que declarassem o débito voluntariamente, ou aqueles que já haviam sido fiscalizados, com a concessão de benefícios como a redução das penalidades de multa aplicáveis e das alíquotas das taxas de juros de correção do s valores exigidos.
Aplicando a tática do medo, a SEFAZ/SP conseguiu expressiva adesão dos contribuintes ao PPI, pois, até onde se sabia, não se tinha noção até que ponto as fiscalizações seriam implementadas e quais os períodos seriam passíveis de possível lavratura de Auto de Infração e Imposição de Multa – AIIM. Informações disponíveis em http://www.fazenda.sp.gov.br/publicacao/noticia.aspx?id=567 (acessado em 15 de setembro de 2011, matéria intitulada Fisco Paulista Identifica Indícios de Sonegação Fiscal de R$ 1,5 bi).

contribuintes do ICMS. O que foi apurado pela Secretaria da Fazenda era, de fato, imposto devido e não pago. O Estado agiu calcado na Lei Complementar n° 105/01, mas, principalmente, em seu direito constitucional de fiscalizar em defesa da coletividade.

5.1. O Estado do Rio Grande do Sul e a relativização do sigilo

O Estado gaúcho, conhecido no mundo jurídico por seu posicionamento de vanguarda em decisões judiciais e produção doutrinária, também produziu legislação própria que relativiza o direito fundamental do contribuinte ao sigilo de suas informações.

Após a celebração dos Convênios ICMS 156/94, 50/00 e 85/01 através do CONFAZ, que regulamentaram a utilização de Emissor de Cupom Fiscal – ECF – para contribuintes do ICMS, o Rio Grande do Sul, através de sua Secretaria da Fazenda, editou e publicou a Instrução Normativa n° 001/03 (D.O.E. de 14/01/2003), que compeliu o contribuinte do imposto a aceitar, por assim dizer, o acesso a suas informações bancárias relacionadas às operações com cartões de crédito e débito quando este contribuinte utilizasse outro equipamento para emissão do comprovante de pagamento da operação que não o equipamento ECF.

A institucionalização da concessão de acesso aos dados relativos às operações de cartões de crédito dos contribuintes sujeitos passivos da relação jurídica tributária foi prevista da seguinte forma pela citada Instrução:

> DO CARTÃO DE CRÉDITO OU DE DÉBITO
>
> A comprovação do pagamento realizado mediante cartão de crédito ou de débito será efetuada pela emissão, por ECF, de documento de controle de Operações Não-Sujeitas ao ICMS, de Comprovante Não-Fiscal ou de Comprovante de Crédito ou Débito, observado o disposto no Convênio ICMS 156/94, 50/00, ou 85/01, respectivamente, vigente na data da homologação do ECF.
>
> O contribuinte usuário de ECF que aceitar cartão de crédito ou de débito como meio de pagamento de operações ou prestações sujeitas ao imposto e, para a emissão do comprovante de pagamento, usar outro tipo de *equipamento poderá continuar assim procedendo, se optar por autorizar a administradora do cartão a fornecer, ao Departamento da Receita Pública Estadual, as informações sobre o faturamento do estabelecimento, na forma e nos prazos determinados nesta Seção.*
>
> (...)
>
> (grifos nossos)

Ora, a adequação dos contribuintes à nova regulamentação de utilização do equipamento ECF podia ser dispensada desde que o Contribuinte autorizasse a quebra de seu sigilo bancário, assinando um modelo de autorização padrão, que permitia o acesso da Receita Pública Estadual a tais dados. Não há, porém, qualquer regulamentação a respeito do envio destas informações, o seu trânsito entre a instituição financeira e o órgão de fiscalização, muito menos previsão acerca da possibilidade de acesso do contribuinte aos dados fornecidos ou prévia notificação.

Tal instrução Normativa apenas regulamentou a alteração ao Regulamento do ICMS gaúcho que já havia sido implementada com a publicação do Decreto 42.057/02 que assim determinou em seu artigo 2º:

> Art. 2º Com fundamento no disposto no Convênio ECF 01/01, publicado no Diário Oficial da União de 12/07/01, fica introduzida a seguinte alteração no Livro II do Regulamento do ICMS aprovado pelo DECRETO Nº 37.699, de 26/08/97, numerada em seqüência à introduzida pelo artigo anterior:
> ALTERAÇÃO Nº 1431 – Fica acrescentado o § 6º ao art. 178 com a seguinte redação:
> § 6º Em substituição à exigência prevista no parágrafo anterior, o contribuinte usuário de ECF que aceitar cartão de crédito ou débito como meio de pagamento das operações ou prestações sujeitas ao imposto e não utilizar o ECF para a emissão do comprovante de pagamento poderá continuar a não utilizar o ECF para esse fim, se optar por autorizar a administradora do cartão a fornecer informações sobre o faturamento do estabelecimento, na forma e nos prazos determinados pelo Departamento da Receita Pública Estadual.

Muitas vezes o processo de adequação de um determinado contribuinte a nova norma técnica de natureza operacional, como é o caso da utilização de equipamento ECF, requer um prazo maior de adequação em alguns casos. Pequenos comerciantes, por exemplo, com baixa circulação de mercadorias e um menor patamar médio de lucro, não terão os mesmos artifícios de empresas de maior porte, capazes de contratar pessoal especializado para implementação das máquinas e treinamento de funcionários. Ainda assim, caso optasse o contribuinte do ICMS por meio diverso do ECF para emissão de comprovante de pagamento, deveria assinar termo para renunciar a direito e garantia fundamental que lhe assegura a Constituição Federal, qual seja, o seu sigilo bancário.

Deve ser verificada a constitucionalidade da legislação gaúcha que facultou ao seu contribuinte a possibilidade de renúncia a direito e garantia fundamental. Aceitar, sem qualquer questionamento, referida legislação seria o mesmo que admitir a possibilidade de relevação e relativização de quaisquer dos direitos elencados pelo artigo 5º, classificado como cláusula pétrea ante sua essencialidade para o Estado Democrático de Direito.

6. Conclusão

A Lei Complementar n° 105/01 ainda vai ser objeto de muita discussão nos tribunais de todo o país e deveremos aguardar a decisão do Supremo Tribunal Federal a respeito da sua inconstitucionalidade, ou não. O que há são argumentos equivalentemente fortes e sustentáveis tanto para os contribuintes do ICMS, nos casos aqui narrados, como para as Fazendas Públicas.

De um lado, o Contribuinte utiliza-se do argumento de origem constitucional e da violação de seu sigilo bancário, sem procedimento de fiscalização instaurado, no caso da Operação paulista, ou de ter sido compelido a aceitar o fornecimento de transferência de informações bancárias para que pudesse continuar emitindo os comprovantes de pagamento em maquinas que não as ECFs, como visto na hipótese gaúcha.

A garantia individual do cidadão insculpida em cláusula pétrea no texto magno é resultado histórico, representa uma garantia política social de liberdade e defesa das individualidades no Estado Democrático de Direito que o Texto de 1988 inaugurou.

Porém, em outra via, temos o Estado e sua Administração Tributária que também receberam do mesmo texto constitucional a responsabilidade de fiscalizar os contribuintes, poderes para deles cobrar os tributos devidos quando ocorridos seus fatos geradores e, por fim, dispondo de verba suficiente capaz para seu custeio e aplicação na consecução maior da Constituição, qual seja, o bem-estar social.

A relativização da primeira garantia – a individual – é sobremaneira relevante para exercício e defesa de outro interesse ainda maior: a coletividade. A supremacia do interesse público sobre o particular parece, de início, o primeiro grande desafio para os contribuintes que tiveram seus sigilos bancários relativizados em quaisquer das hipóteses, mas sempre tendo o Poder Público – o Estado por meio de sua Administração Tributária – no embate e defesa das garantias individuais.

A solução para o conflito de interesses, a sobreposição de um ou outro, em determinados hipóteses, sempre será objeto de divergência entre contribuinte e Estado. Importante é que os avanços sociais e políticos não se percam no meio da disputa legislativa e fiscalizadora.

O Estado precisa de verba para sua manutenção e custeio, mas também precisa apreender a lidar de maneira mais adequada com as garantias individuais, especialmente quando da elaboração de leis que adentrem esta seara por meio do Poder Legislativo, mas, antes de tudo, que a relativização do individual seja levada a efeito até a efetiva aplicação dos produtos decorrentes da relativização em melhorias para a coletividade. A discussão está longe de um final feliz, para quaisquer das partes.

Parte IV

COMENTÁRIOS À LEI Nº 6.537/73

— 12 —

A disciplina do Lançamento no Processo Administrativo Tributário do Estado do Rio Grande do Sul – uma abordagem a partir da teoria das nulidades do ato administrativo

ANTÔNIO RICARDO VASCONCELLOS SCHMITT

Graduado em Engenharia Elétrica (1983) e Ciências Jurídicas e Sociais (1999) pela UFRGS. Especialista em Direito Tributário pelo IBET (2002), Mestre em Direito pela UFRGS (2005) e Especialista em Gestão Tributária pela ESAF-CIAT (2010). Juiz do Tribunal Administrativo de Recursos Fiscais/RS. Membro da Fundação Escola Superior de Direito Tributário (FESDT). Professor da Escola da Associação dos Fiscais de Tributos do Estado (Afisvec). Palestrante pela Secretaria da Fazenda/RS e FESDT. Chefe da Divisão de Consultoria Tributária da Subsecretaria da Receita Estadual/RS (2007-2010). Colaborador de grupos de trabalho da Comissão Técnica Permanente (COTEPE) no âmbito do Conselho Nacional de Política Fazendária (CONFAZ) (1999-2007). Professor do Curso de Especialização em Direito Tributário do PPGD/UFRGS (2007-2008) e Professor substituto na UFRGS nas disciplinas de Economia Política, Direito Tributário I e II e Direito Financeiro (2005-2006). Instrutor junto ao IMAG-DF (2007-2008). Agente Fiscal do Tesouro do Estado/RS concursado desde 1992.

Sumário: Introdução; I) Panorama Jurídico e Doutrinário; a) Matriz Normativa; b) Teoria dos Atos Administrativos; II) O Processo Administrativo Tributário Estadual e a Teoria das nulidades; a) Disciplina Legal; b) Casos Práticos; Conclusões; Bibliografia.

Introdução

A disciplina do lançamento tem sede constitucional, inserida nos princípios gerais do sistema tributário nacional e remetida ao regramento através de Lei Complementar. O Código Tributário Nacional, recepcionado pela Constituição de 1988 com força de Lei Complementar, tratou da matéria de modo discreto, estabelecendo requisitos mínimos para o Lançamento e sua natureza como procedimento administrativo. Todavia, a legislação local, Lei 6.537/73, disciplinou diversamente, estabelecendo outros requisitos, diversamente da implementação efetuada no âmbito do Processo Administrativo Fiscal da União.

Além dos diferentes regramentos legais, a natureza administrativa do lançamento permite também o enfoque da disciplina do direito administrativo, que passa pela análise da competência quanto a esse ramo e, complementarmente, das contribuições doutrinárias. Nesse ponto, ganha relevância a teoria dos atos administrativos, desenvolvida autonomamente e já consolidada quando da edição daqueles diplomas.

Esse cenário permite levantar as seguintes questões: Qual o nível de autonomia da legislação local? E os efeitos decorrentes da disciplina diversa? Tais efeitos também estão submetidos ao regramento por Lei Complementar? Na lacuna da disciplina por via de Lei Complementar, qual a disciplina aplicável? Em que medida a doutrina pode contribuir para esses fins? Quais as contribuições da Teoria dos atos administrativos? O regramento do Processo Administrativo da União é aplicável, ainda que subsidiária ou analogicamente?

Esse panorama teórico deve ser cotejado com o tratamento determinado pelo legislador gaúcho e com seu entendimento e aplicação dado aos casos práticos, especialmente no âmbito do Tribunal Administrativo de Recursos Fiscais da Secretaria da Fazenda do Estado do Rio Grande do Sul.

I) Panorama Jurídico e Doutrinário

a) Matriz Normativa

A Constituição de 1988 remeteu à Lei Complementar estabelecer normas gerais em matéria de legislação tributária, especialmente sobre lançamento e crédito tributário, dentre outros, conforme consta em seu art. 146, III, "b". Essa disposição foi inovadora. As Constituições anteriores não fixavam esse requisito. Mesmo a exigência de diploma disciplinador das normas gerais de Direito Tributário só passou a existir com a Constituição de 1967, em seu art. 19, § 1º.

Todavia, o Código Tributário Nacional (CTN), Lei 5.172/66, já especificava requisitos para o lançamento, estabelecendo a necessidade de fazer constar a verificação da ocorrência do fato gerador, a matéria tributável, o cálculo do tributo devido, a identificação do sujeito passivo e, sendo o caso, a aplicação da penalidade cabível.

Ao disciplinar o Processo Administrativo Fiscal da União através do Decreto 70.235/72, o legislador adotou para o auto de infração, em seus arts. 9º e 10,[1] requisitos semelhantes, senão na denominação, ao menos na função, como a qualificação do autuado (identificação do sujeito passivo), a descrição do fato (verificação da ocorrência do fato gerador e matéria tributável), a penalidade aplicável (aplicação da penalidade cabível), a determinação da exigência (cálculo do tributo devido). Suplementarmente, foram alinhados ainda outros elementos que permitem o gerenciamento administrativo de interesse da administração, como data e hora da lavratura, assim como o local, que deve coincidir com o local de verificação da falta, o prazo de trinta dias para cumprir ou impugnar a exigência, e a qualificação do autuante. Complementando o requisito relativo à penalidade aplicável, fixou-se também a indicação da disposição legal infringida, de modo a permitir, por parte do autuado principalmente, a verificação da adequação da penalidade aplicada. Ainda, o lançamento deve ser distinto para cada penalidade ou tributo, com exceção daquele relativo ao regime especial unificado, que pode englobar os tributos abrangidos.

A Lei 6.537/73, se não reproduziu as indicações do Decreto 70.235/72, adotou parâmetro bastante semelhante, alinhando no § 1º do art. 17 a menção ao fato gerador (inciso III), à matéria tributável (inciso III), à base de cálculo (inciso III) e ao valor do tributo, inclusive atualização monetária (inciso V), à qualificação do sujeito passivo (inciso I), à multa (inciso V) com o fato que haja infringido a legislação tributária (inciso III). Da mesma forma, fez constar a necessidade de data, hora e local da lavratura, a notificação para pagar com indicação do prazo e da repartição para apresentar a impugnação, e a qualificação do autor do procedimento.

---

[1] Art. 9º A exigência do crédito tributário e a aplicação de penalidade isolada serão formalizados em autos de infração ou notificações de lançamento, distintos para cada tributo ou penalidade, os quais deverão estar instruídos com todos os termos, depoimentos, laudos e demais elementos de prova indispensáveis à comprovação do ilícito. § 1º Os autos de infração e as notificações de lançamento de que trata o caput deste artigo, formalizados em relação ao mesmo sujeito passivo, podem ser objeto de um único processo, quando a comprovação dos ilícitos depender dos mesmos elementos de prova. § 2º Os procedimentos de que tratam este artigo e o art. 7º, serão válidos, mesmo que formalizados por servidor competente de jurisdição diversa da do domicílio tributário do sujeito passivo. § 3º A formalização da exigência, nos termos do parágrafo anterior, previne a jurisdição e prorroga a competência da autoridade que dela primeiro conhecer. § 4º O disposto no caput deste artigo aplica-se também nas hipóteses em que, constatada infração à legislação tributária, dela não resulte exigência de crédito tributário. § 5º Os autos de infração e as notificações de lançamento de que trata o caput deste artigo, formalizados em decorrência de fiscalização relacionada a regime especial unificado de arrecadação de tributos, poderão conter lançamento único para todos os tributos por eles abrangidos. § 6º O disposto no caput deste artigo não se aplica às contribuições de que trata o art. 3º da Lei nº 11.457, de 16 de março de 2007. Art. 10. O auto de infração será lavrado por servidor competente, no local da verificação da falta, e conterá obrigatoriamente: I – a qualificação do autuado; II – o local, a data e a hora da lavratura; III – a descrição do fato; IV – a disposição legal infringida e a penalidade aplicável; V – a determinação da exigência e a intimação para cumpri-la ou impugná-la no prazo de trinta dias; VI – a assinatura do autuante e a indicação de seu cargo ou função e o número de matrícula.

Diversamente do Processo Administrativo Fiscal da União, contudo, estabeleceu o requisito da capitulação legal (inciso IV). Este elemento, embora não referido no art. 142, não foi negligenciado no CTN, pois, ao tratar da Certidão de Dívida Ativa (CDA), foi listado como de indicação obrigatória na mesma.[2] E, enquanto o CTN silencia sobre os efeitos da ausência ou deficiência dos requisitos do lançamento, é positivo na disciplina das lacunas da CDA em relação a tais elementos.[3] Registre-se apenas que, embora vazadas como causa de nulidade, seus efeitos são de anulabilidade, na medida em que o mesmo artigo admite seu saneamento até a decisão de primeira instância, que se viabiliza pela substituição ou emenda da CDA, conforme trata a Lei 6.830/80.[4]

Se esse é um requisito obrigatório da CDA, já se justifica sua menção como elemento do lançamento pela Lei local. Se o lançamento dará origem à CDA, nada mais lógico que tal requisito já conste do ato que dará início ao processo de cobrança. O que se pode indagar é se sua ausência ou deficiência já fulminaria o ato do lançamento na origem. Embora se pudesse traçar o paralelo com o regramento dado pelo CTN à CDA para concluir que, se a lacuna é causa de anulabilidade, não restaria outra possibilidade para a Lei estadual, pode-se contrapor a questão da autonomia do ente federado para estabelecer requisitos ou efeitos mais específicos. Além disso, ao fixar esse elemento, qual sua relação com os requisitos essenciais dos atos administrativos que podem anulá-lo?

Essas controvérsias devem ser analisadas à luz da Teoria dos atos administrativos não só porque as questões relativas à nulidade ou anulabilidade encontram lá um enfoque amadurecido, mas também porque a disciplina das competências no que respeita ao Direito Administrativo é fundamental para estabelecer a autonomia no regramento da matéria, não bastasse a expressa previsão legal no sentido de considerar o lançamento como ato administrativo e o vasto suporte doutrinário na mesma linha.[5]

---

[2] Art. 202. O termo de inscrição da dívida ativa, autenticado pela autoridade competente, indicará obrigatoriamente: I – o nome do devedor e, sendo caso, o dos co-responsáveis, bem como, sempre que possível, o domicílio ou a residência de um e de outros; II – a quantia devida e a maneira de calcular os juros de mora acrescidos; III – a origem e natureza do crédito, mencionada especificamente a disposição da lei em que seja fundado; IV – a data em que foi inscrita; V – sendo caso, o número do processo administrativo de que se originar o crédito. Parágrafo único. A certidão conterá, além dos requisitos deste artigo, a indicação do livro e da folha da inscrição.

[3] Art. 203. A omissão de quaisquer dos requisitos previstos no artigo anterior, ou o erro a eles relativo, são causas de nulidade da inscrição e do processo de cobrança dela decorrente, mas a nulidade poderá ser sanada até a decisão de primeira instância, mediante substituição da certidão nula, devolvido ao sujeito passivo, acusado ou interessado o prazo para defesa, que somente poderá versar sobre a parte modificada.

[4] Art. 2º (...) § 8º Até a decisão de primeira instância, a Certidão de Dívida Ativa poderá ser emendada ou substituída, assegurada ao executado a devolução do prazo para embargos.

[5] Ver, por todos, Paulo de Barros Carvalho, Curso de Direto Tributário, 2009, Saraiva, Capítulo XII.

b) Teoria dos Atos Administrativos

Diversamente do que ocorre quanto ao Direito Tributário, em que a competência dos entes federados é concorrente, reservada à União a competência para legislar sobre normas gerais, quanto ao Direito Administrativo a competência de cada ente é de autonomia plena, até porque se trata de matéria restrita ao âmbito da respectiva administração.

Assim, também por esse motivo não se pode cogitar de encontrar respostas para as questões levantadas na legislação federal que estabelece normas básicas sobre processo administrativo – Lei 9.784/99, não bastasse seu caráter subsidiário em relação aos processos administrativos específicos, regidos por lei própria.[6]

Pela mesma razão, não há impedimentos a que a legislação de cada ente arrole outros requisitos de índole administrativa para o lançamento e nem para que discipline os efeitos de eventuais ausências ou deficiências dos mesmos.

Embora não se trate de diploma diretamente aplicável às controvérsias ora enfrentadas, a Lei da Ação Popular, Lei 4.717/65, fixou os critérios de nulidade[7] dos atos administrativos lesivos ao patrimônio dos entes públicos: incompetência, vício de forma, ilegalidade do objeto, inexistência dos motivos e desvio de finalidade.

Tomando-os como parâmetros, o exame da deficiência ou ausência de capitulação legal não traduziria um desses critérios, mesmo sob o enfoque do vício formal. Ocorre que, no magistério de Hely Lopes Meirelles,[8] trata-se de "revestimento exteriorizador do ato administrativo",[9] não de requisito intrínseco. Na mesma linha, Celso Antônio Bandeira de Mello.[10]

Passando pelo crivo dos requisitos de nulidade e tendo em vista principalmente a autonomia das competências administrativas, além da

---

[6] Art. 69. Os processos administrativos específicos continuarão a reger-se por lei própria, aplicando-se-lhes apenas subsidiariamente os preceitos desta Lei.

[7] Art. 2º São nulos os atos lesivos ao patrimônio das entidades mencionadas no artigo anterior, nos casos de: a) incompetência; b) vício de forma; c) ilegalidade do objeto; d) inexistência dos motivos; e) desvio de finalidade. Parágrafo único. Para a conceituação dos casos de nulidade observar-se-ão as seguintes normas: a) a incompetência fica caracterizada quando o ato não se incluir nas atribuições legais do agente que o praticou; b) o vício de forma consiste na omissão ou na observância incompleta ou irregular de formalidades indispensáveis à existência ou seriedade do ato; c) a ilegalidade do objeto ocorre quando o resultado do ato importa em violação de lei, regulamento ou outro ato normativo; d) a inexistência dos motivos se verifica quando a matéria de fato ou de direito, em que se fundamenta o ato, é materialmente inexistente ou juridicamente inadequada ao resultado obtido; e) o desvio de finalidade se verifica quando o agente pratica o ato visando a fim diverso daquele previsto, explícita ou implicitamente, na regra de competência.

[8] *Direito Administrativo Brasileiro*, 34ª ed. São Paulo: Malheiros, 2008.

[9] Idem, p. 155.

[10] *Curso de Direito Administrativo*, 5ª ed. São Paulo: Malheiros, 1994, p. 178.

especificidade do Processo Administrativo Estadual, cabe perquirir da própria Lei 6.537 os efeitos de eventuais deficiências do Lançamento.

II) O Processo Administrativo Tributário Estadual e a Teoria das nulidades

a) Disciplina Legal

A Lei 6.537/73 encampou a teoria das nulidades dos atos administrativos tal como versada na Lei da Ação Popular em seu art. 23.

> Art. 23. Consideram-se nulos os atos, despachos e decisões emanados de autoridade incompetente para praticá-los ou proferi-los.
>
> § 1º A nulidade de qualquer ato só prejudica os posteriores que dele diretamente dependam ou sejam consequência.
>
> § 2º A nulidade será declarada pela autoridade competente para praticar o ato ou julgar de sua legitimidade.
>
> § 3º Na declaração de nulidade, a autoridade mencionará os atos alcançados e determinará as providências necessárias ao prosseguimento ou solução do processo.
>
> § 4º As incorreções e omissões dos atos, despachos e decisões administrativas não importarão em nulidade e só serão sanadas, salvo se o sujeito passivo lhes houver dado causa, quando prejudicarem o seu direito de defesa.

Em síntese, apenas no caso incompetência da autoridade autuante haveria nulidade do lançamento, inadmitindo-se, *a contrario sensu* do § 4º, seu saneamento. Os demais casos, apenas na medida em que prejudicarem o direito de defesa do sujeito passivo, é que serão sanados.

Assim, a ausência ou deficiência da capitulação legal, admitindo-se tratar-se de vício prejudicial ao direito de defesa, deve ser sanada, até porque, como já visto, será requisito essencial para CDA, o que implicaria ver suprida tal deficiência até a conclusão do processo administrativo, tendo em vista que, pelo que dispõem seus arts. 66 e 67,[11] a inscrição em dívida ativa é automática a partir da decisão definitiva.

Portanto, tal deficiência deveria ser sanada até a decisão de primeira instância, quando o julgador monocrático verificar sua ocorrência, ainda que isso não tenha sido aventado na impugnação, tendo em vista não só o potencial prejuízo ao direito de defesa do sujeito passivo, mas também porque o julgador de primeira instância deve procurar resolver todas as

---

[11] Art. 66. A decisão contrária ao sujeito passivo será por este cumprida no prazo de 15 (quinze) dias, contado da data em que se tornou definitiva. Parágrafo único – O sujeito passivo será exonerado de ofício dos gravames da exigência quando a decisão lhe for favorável. Art. 67. Esgotados os prazos a que se referem os artigos 17, § 3º, 28 e 66, sem que o sujeito passivo tenha pago ou impugnado o crédito tributário ou, ainda, requerido parcelamento: (...) Parágrafo único – A inscrição como Dívida Ativa do total ou, quando for o caso, do saldo do crédito tributário não pago, com os acréscimos legais devidos, será efetuada automaticamente: a) assim que esgotados os prazos referidos no *caput* deste artigo, quando tiver havido impugnação ao lançamento;

questões suscitadas no procedimento,[12] e essa é uma questão de ordem legal. Pelo mesmo motivo, mesmo que não haja previsão expressa nesse sentido, na segunda instância administrativa deve ser suprida essa lacuna, ainda que não ventilada no Recurso. Para isso, pode-se mesmo fazer valer a previsão de conversão do julgamento em diligência, caso entenda-se necessário ser suprida tal omissão pela autoridade responsável pela lavratura da peça fiscal.

b) Casos Práticos

A teoria das nulidades tal como encampada na Lei 6.537/73 tem sido adotada em entendimento que se pode dizer uníssono no TARF, de que são exemplos mais bem acabados os acórdãos[13] abaixo cujas ementas são parcialmente reproduzidas.

> RECURSO Nº 1107/07 ACÓRDÃO DO PLENO Nº 044/08
> RECORRIDA: FAZENDA ESTADUAL (Proc. nº 77387-14.00/07-3)
> ACÓRDÃO Nº 325/07, DA PRIMEIRA CÂMARA
> DECISÃO DE 1ª INSTÂNCIA Nº: 72206118
> AUTO DE LANÇAMENTO Nº: 12592625
> ICMS – ENERGIA ELÉTRICA – SUBSTITUIÇÃO TRIBUTÁRIA INTERESTADUAL – OPERAÇÃO DESTINADA AO CONSUMO DE ESTABELECIMENTO INDUSTRIAL – AGENTE COMERCIALIZADOR ESTABELECIDO EM OUTRA UNIDADE DA FEDERAÇÃO – HIPÓTESE DE INCIDÊNCIA DO IMPOSTO – NÃO RECOLHIMENTO DO DÉBITO DE RESPONSABILIDADE INCIDENTE – PRELIMINAR DE NULIDADE DA PEÇA FISCAL POR CAPITULAÇÃO DEFICIENTE – AUSÊNCIA DE PREJUÍZO AO EXERCÍCIO DO DIREITO DE DEFESA – REJEIÇÃO – RECURSO EXTRAORDINÁRIO DESPROVIDO – MAIORIA.
> No tocante à prefacial argüida, conforme bem apontado pela decisão recorrida, tem-se que "eventual deficiência na capitulação legal da imposição tributária não afeta a higidez do ato administrativo praticado, mormente quando se verifica tão-somente lacuna no que tange à indicação do texto legal a que se referem determinados dispositivos citados, não se evidenciando como relevantes para embasar a matéria tributável descrita", razão pela qual, inexistindo afronta aos ditames do § 1º do artigo 17 da Lei nº. 6.573/73, rejeita-se a preliminar.

> RECURSO Nº 690/05 ACÓRDÃO Nº 092/06
> RECORRIDA: FAZENDA ESTADUAL (Proc. nº 32972-14.00/05.9)
> PROCEDÊNCIA: PORTO ALEGRE – RS
> ICMS. CONTRIBUINTE INSCRITO NO CGC/TE COMO EMPRESA DE PEQUENO PORTE. LIVRO REGISTRO FISCAL SIMPLIFICADO DA EPP. NOTAS FISCAIS DE SAÍDAS NÃO REGISTRADAS. OBRIGAÇÃO TRIBUTÁRIA PRINCIPAL. DESCUMPRIMENTO. TIPIFICAÇÃO DA INFRAÇÃO. PENALIDADE.
> Recurso Voluntário.
> Preliminar.
> Nulidade do Auto de Lançamento.

---

[12] Art. 37.

[13] Julgados pelo Pleno, o primeiro, e pela Primeira Câmara os demais, em datas de 14/8/2008, 15/2/2006, 11/12/2002 e 11/9/2002, respectivamente.

A irregularidade praticada pelo contribuinte está perfeitamente descrita no Anexo da peça fiscal lavrada, sendo que eventuais deficiências na capitulação legal correspondente não acarretaram prejuízo para a defesa, segundo se extrai dos autos. Incidência do artigo 23, § 4°, da Lei n° 6.537/73.

De acordo com o artigo 24 do Decreto Estadual n° 35.160/94, aplicam-se à Empresa de Pequeno Porte as normas da legislação tributária estadual, exceto no que conflitarem com a suas disposições. Disso decorre a indicação de dispositivos legais da Lei n° 8.820/89 e do Regulamento do ICMS (aprovado pelo Decreto n° 37.699/97) no Auto de Lançamento.

No pertinente a falta de identificação do cargo da autoridade que promoveu o lançamento, a matéria foi exaurida pelo julgador monocrático (fl. 24, processo anexo), cujo conteúdo temos como aqui reproduzido.

Na dicção do artigo 23 da Lei n° 6.537/73, somente será considerado nulo o ato emanado de autoridade incompetente para a sua prática.

RECURSO N° 1002/02 ACÓRDÃO N° 1336/02
RECORRIDA: FAZENDA ESTADUAL (Proc. n° 26037-14.00/02.0)
PROCEDÊNCIA: UBERLÂNDIA – MG
ICMS. OBRIGAÇÃO ACESSÓRIA. EMISSÃO IRREGULAR DE DOCUMENTO FISCAL. INFRAÇÃO DE NATUREZA FORMAL CARACTERIZADA.
Trânsito de mercadorias acompanhadas de notas fiscais que consignavam, conjuntamente, mercadorias sujeitas à substituição tributária e mercadorias não sujeitas àquele regime especial de tributação. Imposição de multa pelo cometimento de infração formal prevista no artigo 11, II, "e", da Lei n° 6.537/73.
Preliminares.
Não há como acatar as argüições de nulidade da peça fiscal sob o pretexto de que, conforme afirma a recorrente, nela não haveria adequada capitulação legal, faltaria a indicação da repartição fiscal para apresentação do recurso e constaria a qualificação irregular do sujeito passivo. Primeiro, porque, nos termos do § 4° do artigo 23 da Lei n° 6.537/73, as incorreções e omissões do ato administrativo não importaram em nulidade e só serão sanadas quando prejudicarem o direito de defesa do sujeito passivo. Portanto, houvesse eventual imperfeição no lançamento, que implicasse prejuízos para a defesa da recorrente, tal seria motivo, apenas, de saneamento e não de nulidade.
Contudo, de registrar que, no Auto de Lançamento, não se verifica a irregular capitulação legal dos fatos tidos como infringentes à legislação tributária e, ao contrário do referido pela recorrente, nele consta a clara indicação quanto ao prazo e local para a apresentação da defesa. Quanto ao endereço do sujeito passivo, ainda que tenha sido colocada a cidade de Belo Horizonte ao invés de Uberlândia (o restante está correto), tal não tem o condão de caracterizar incorreta qualificação do sujeito passivo e, muito menos, ensejar a nulidade da peça fiscal, até porque a empresa possui filial em Belo Horizonte.
De qualquer forma, fundamental é que, em momento algum, a recorrente teve cerceado seu direito de defesa. Todas as correspondências chegaram ao destino certo, não houve qualquer problema em relação ao cumprimento dos prazos processuais e, ademais, a recorrente, no curso do processo, demonstrou possuir absoluto domínio do acusatório fiscal, bem como da legislação tributária aplicável à espécie.
Nesses termos, são rejeitadas as preliminares argüidas.

RECURSO N° 637/02 ACÓRDÃO N° 939/02
RECORRIDA: FAZENDA ESTADUAL (Proc. n° 19857-14.00/02.4)
PROCEDÊNCIA: PORTO ALEGRE – RS
ICMS. BASE DE CÁLCULO REDUZIDA. NÃO APLICAÇÃO.
A redução da base de cálculo do imposto para os produtos acabados de informática e automação aplica-se, exclusivamente, às mercadorias relacionadas no Apêndice XIII do RICMS. Aplicação, também, do disposto no artigo 111 do CTN. Precedentes neste Tribunal, inclusive com relação à recorrente.

Preliminar de nulidade do Auto de Lançamento, por vício formal, rejeitada. Recurso Voluntário improvido.

RECURSO VOLUNTÁRIO contra a Decisão Administrativa de Primeira Instância nº 72202055 (folhas 523 a 531) que julgou procedente o Auto de Lançamento nº 4712064 (folhas 265 a 487), lavrado contra o sujeito passivo, ora recorrente, em 16/10/2001, do qual foi cientificada em 18/10/2001. A notificação da Decisão ocorreu em 20/05/2002, por via postal, conforme Aviso de Recebimento nº 940577578 (folha 532).

1. PRELIMINAR DE NULIDADE DO AUTO DE LANÇAMENTO, POR VÍCIO FORMAL.

Os fatos com infração à legislação tributária foram ampla e convenientemente descritos na peça acusatória. E o foram assim tão bem e suficientemente expostos, que propiciaram perfeitas condições para apresentação de bem articulada defesa. Ademais, segundo já assinalado pelo julgador singular e apontado pela Douta Defensoria da Fazenda, a defesa deve dirigir-se contra os fatos que lhe são imputados, e não contra a capitulação dos dispositivos legais e regulamentares infringidos. Conveniente registrar, conforme anotado na decisão *a quo* que, se fosse o caso, eventual incorreção ou omissão do ato administrativo, na dicção do art. 23, § 4º, da Lei nº 6.537/73, e alterações, não importa em sua nulidade, somente sendo sanada se prejudicar o direito de defesa, o que, conforme visto, absolutamente não se coaduna com o caso sob exame.

À conta do exposto, rejeitada a preliminar.

Do exame da jurisprudência colacionada, constata-se que o principal parâmetro de aferição da nulidade tem sido a amplitude do exercício de defesa do sujeito passivo, o que não invalida a necessidade de preenchimento de eventual lacuna nos casos em que a omissão ou deficiência não houver sido por ele alegada.

Conclusões

1) Ainda que não haja previsão específica no CTN para que conste do lançamento a capitulação legal da exigência, trata-se de requisito indispensável à CDA, conforme previsão expressa no mesmo Código.

2) Embora o CTN refira tratar-se tal omissão como caso de nulidade, ao admitir seja suprida até decisão de primeira instância, através de emenda da CDA, significa dizer anulabilidade.

3) A matriz constitucional de competências inviabiliza a adoção da legislação que trata de normas gerais do processo administrativo, aliada à inaplicabilidade da mesma aos processos regulados por lei específica.

4) Pela mesma razão, não há impedimentos a que a legislação de cada ente arrole outros requisitos de índole administrativa para o lançamento e nem para que discipline os efeitos de eventuais ausências ou deficiências dos mesmos.

5) A teoria dos atos administrativos, ao tratar dos seus elementos essenciais, competência, objeto, motivação, finalidade e forma, também dá apoio a que não se considere a ausência ou deficiência da capitulação legal uma hipótese de nulidade, até porque o requisito da forma, tal como vislumbrado pela doutrina, não comporta o enquadramento daquele elemento.

6) A Lei 6.537 encampou a teoria das nulidades quanto ao vício de competência, admitindo o saneamento nos demais casos.

7) Não só o mandamento do art. 17 da Lei 6.537, como também o CTN, ao mencionar tratar-se de requisito indispensável à CDA, acarretam a obrigação de suprir-se tal omissão ou deficiência, o que deve se dar até o fim do processo administrativo.

8) O entendimento do TARF tem sido uniforme no sentido da possibilidade de saneamento, valendo-se do parâmetro da amplitude do exercício de defesa.

Bibliografia

ANJOS, Luís Henrique Martins dos; ANJOS, Walter Jone dos. *Manual de Direito Administrativo*. Porto Alegre: Livraria do Advogado, 2001.

AMARO, Luciano. *Direito tributário brasileiro*. 11. ed. São Paulo: Saraiva, 2005.

BASTOS, Celso Ribeiro. *Curso de Direito Administrativo*. São Paulo: Celso Bastos Editor, 2002.

BECKER, Alfredo Augusto. *Teoria geral do direito tributário*. Porto Alegre: Saraiva, 1972.

BERNI, Maurício Batista; CASSIANO, Adão Sérgio do Nascimento; Danilevicz, Ígor. *Direito tributário*. Porto Alegre: Síntese, 2000.

BORGES, José Souto Maior. *Lançamento Tributário*. São Paulo: Malheiros, 1999.

CARVALHO, Paulo de Barros. *Curso de Direito Tributário*. São Paulo: Saraiva, 2009.

——. *Direito Tributário: fundamentos jurídicos da incidência*. São Paulo: Saraiva, 1999.

COELHO, Sacha Calmon Navarro. *Curso de direito tributário brasileiro*. Rio de Janeiro: Forense, 2002..

DI PIETRO, Maria Sylvia Zanella. *Direito Administrativo*. 10ª ed. São Paulo: Atlas, 1998.

FIGUEIREDO, Lúcia Valle de. *Curso de Direito Administrativo*. 4ª ed., São Paulo: Malheiros, 1999.

GASPARINI, Diógenes. *Direito Administrativo*. 5 ª ed. São Paulo: Saraiva, 2000.

GIANNINI, Massimo Severo. *Derecho Administrativo*. Madri: Ministerio para las Administraciones Publicas, 1991, v. 1.

MACHADO, Hugo de Brito. *Curso de Direito Tributário*. São Paulo: Malheiros, 1998.

MEDAUAR, Odete. *Direito Administrativo Moderno*. 4ª ed., São Paulo: Revista dos Tribunais, 2000.

MEIRELLES, Hely Lopes. *Direito Administrativo Brasileiro*. 10ª ed., São Paulo: Malheiros, 2008.

MELLO, Celso Antônio Bandeira de. *Curso de direito administrativo*. São Paulo: Malheiros, 1994.

NOGUEIRA, Ruy Barbosa. *Direito tributário*. São Paulo: José Bushatsky, 1973.

PAULSEN, Leandro. *Direito tributário*. Porto Alegre: Livraria do Advogado, 2007.

SOUZA, Rubens Gomes de; ATALIBA, Geraldo; CARVALHO, Paulo de Barros. *Comentários ao Código Tributário Nacional*. São Paulo: Revista dos Tribunais, 1975.

TORRES, Ricardo Lobo. *Curso de direito tributário e financeiro*. Rio de Janeiro: Renovar, 1999.

— 13 —

A intervenção do sujeito passivo no procedimento tributário administrativo

JULIANO PACHECO MACHADO
Advogado e Juiz do TARF/RS

De acordo com a Constituição da República Federativa do Brasil, "aos litigantes, em processo judicial ou administrativo, e aos acusados em geral são assegurados o contraditório e ampla defesa, com os meios e recursos a ela inerentes" (art. 5°, inciso LV). O devido processo legal, com o exercício ao direito do contraditório e o exercício ao direito da ampla defesa, bem como o duplo grau de cognição, são garantidos ao Contribuinte no âmbito do procedimento tributário administrativo do Estado do Rio Grande do Sul.

No entanto, para que tais direitos sejam desempenhados na plenitude, existem dispositivos legais e regulamentares que estabelecem a forma para o eficaz exercício. Essas regras devem ser observadas, sob pena de não se instaurar a fase litigiosa do procedimento, ou melhor, o contencioso administrativo fiscal, elidindo, deste modo, a possibilidade de o Contribuinte ter suas razões analisadas pelo Julgador de Processos Administrativos Tributários e/ou pelo Tribunal Administrativo de Recursos Fiscais (TARF).

Pois bem, a lei de regência sobre o procedimento tributário administrativo – Lei Estadual 6.537, de 27 de fevereiro de 1973 – estabelece, em seu art. 19 que:

> Art. 19. A intervenção do sujeito passivo no procedimento tributário administrativo faz-se pessoalmente ou por intermédio de procurador, que deverá ser advogado inscrito na Ordem dos Advogados do Brasil.
>
> § 1º A intervenção direta dos entes jurídicos faz-se por seus dirigentes legalmente constituídos.
>
> § 2º A intervenção de dirigentes ou procurador não produzirá nenhum efeito se, no ato, não for feita a prova de que os mesmos são detentores dos poderes de representação. (Redação dada pelo art. 1°, III, da Lei 9.826, de 03/02/93. (DOE 04/02/93))

§ 3º É lícito ao procurador, não podendo apresentar junto com a defesa prova de habilitação, prestar caução "de rato".

Na mesma linha, com outras palavras, a Seção II, a qual trata do Contribuinte e do seu Procurador, do Capítulo V, do Regimento Interno do Tribunal Administrativo de Recursos Fiscais (TARF), publicado no Diário Oficial do Estado em 23 de dezembro de 2002, dispõe que:

> Art. 15. A intervenção do sujeito passivo far-se-á diretamente ou por intermédio de procurador, que deverá ser advogado inscrito na Ordem dos Advogados do Brasil.
>
> § 1º. A intervenção direta de entes jurídicos far-se-á por seus dirigentes legalmente constituídos.
>
> § 2º. É facultado ao sujeito passivo, por seu dirigente ou procurador, vista dos autos na Secretaria-Geral ou na Secretaria da Câmara.
>
> § 3º. A produção de sustentação oral deverá ser comunicada por escrito, até o início da sessão.
>
> § 4º. A intervenção de dirigente ou de procurador, inclusive nas hipóteses previstas nos parágrafos 2º e 3º, requer a comprovação, no ato, de que são detentores de poderes de representação.

A inobservância às exigências constantes nos dispositivos supramencionados enseja o indeferimento, sem julgamento de mérito, da impugnação, consoante preceitua o inciso I do art. 38 da Lei 6.537/73:

> Art. 38. A inicial será indeferida sem o julgamento do mérito quando: (Redação dada ao art. 38 pelo art. 1º, V, da Lei 10.370, de 19/01/95. (DOE 20/01/95))
>
> I – a parte for manifestamente ilegítima ou deixar de fazer prova de sua capacidade, conforme o disposto no artigo 19 desta Lei;
>
> (...).

Muito embora esteja este comando legal inserido na Seção IV da lei em comento, seção que trata do *Julgamento em Primeira Instância*, não há dúvidas que à Segunda Instância Administrativa (TARF) também se sujeita ao referido dispositivo. Entendo que o TARF, não somente quando houver modificação na representação processual (impugnação e recurso voluntário firmados por pessoas físicas distintas), deverá, quando lhe for devolvida a matéria, analisar se a intervenção do Sujeito Passivo ocorreu na forma prescrita em lei.

No âmbito do procedimento tributário administrativo, naquilo que diz com a representação processual, ou seja, com a intervenção do Sujeito Passivo, os principais problemas decorrem, segundo penso, devido a dois fatores: regras restritivas constantes nos documentos constitutivos da pessoa jurídica e a desatenção a essas regras. Explico: suponhamos que determinada pessoa jurídica, constituída sobre a forma de sociedade limitada, tenha um auto de lançamento lavrado contra si. Essa mesma pessoa jurídica decide se defender da autuação, apresentando, então, impugnação no prazo de trinta dias depois de devidamente intimada do lançamento. Para fazer prova da capacidade processual, impõe-se que o Contribuinte, por intermédio de seu representante ou procurador, anexe à inicial (impugnação) os seus atos constitutivos. Assim, caso o contrato social refira que a constituição de procurador somente será legítima se o instrumento de mandato for outorgado por, no mínimo, dois sócios e a procuração apresentada estiver firmada por apenas um dos sócios, a intervenção do Sujeito Passivo no procedimento tributário administrativo restará nula, inexistente.

O mesmo artigo 38 da lei de regência do procedimento tributário administrativo, em seu parágrafo primeiro, prevê a necessidade de o Sujeito Passivo da obrigação tributária ser intimado para que, no prazo de cinco dias, junte prova da capacidade processual, quando verificada a *ausência* de tal prova, sob pena de ser indeferido o pleito do Contribuinte.

> Art. 38 – (...).
> § 1º Verificando a autoridade preparadora ou julgadora a ausência da prova de capacidade processual, intimará ou determinará a intimação do sujeito passivo para que este junte aos autos, no prazo de 5 dias, a referida prova, sob pena de indeferimento da inicial. (Acrescentado pelo art. 1º, VII, da Lei 12.209, de 29/12/04. (DOE 30/12/04))
> (...).

Há renomados e importantes juristas que defendem a necessidade de o Contribuinte ser sempre intimado para proceder a regularização da representação processual, nos moldes do que dispõe o artigo 13 do Código de Processo Civil (CPC).

> Art. 13. Verificando a incapacidade processual ou a irregularidade da representação das partes, o juiz, suspendendo o processo, marcará prazo razoável para ser sanado o defeito.
> Não sendo cumprido o despacho dentro do prazo, se a providência couber:
> I – ao autor, o juiz decretará a nulidade do processo;
> II – ao réu, reputar-se-á revel;
> III – ao terceiro, será excluído do processo.

O Poder Judiciário, quando instado a se manifestar sobre o tema, não é uníssono. Ao julgar o Mandado de Segurança n. 001/1.06.0011196-6, o qual tramitou perante a Sexta Vara da Fazenda Pública do Foro Central da Comarca de Porto Alegre, impetrado contra ato do Presidente do TARF, pelo fato de determinado Contribuinte ter sua impugnação indeferida liminarmente por deficiência de representação, o excelentíssimo senhor Juiz de Direito, Dr. Murilo Magalhães Castro Filho, ratificou as decisões administrativas, ressaltando a inexistência de violação ao princípio constitucional do devido processo legal, concluindo que fora oportunizado "ao impetrante o exercício pleno do seu direito de defesa, que somente não se concretizou pela não observância dos requisitos formais exigidos pela legislação".

A sentença decorrente do referido processo judicial, ao ser levada para exame do Tribunal de Justiça do Estado do Rio Grande do Sul (TJRS), foi objeto de reforma por maioria de votos, não tendo, portanto, unanimidade de opiniões. O acórdão que julgou o processo n. 70015563166, cujo voto condutor fora lavrado pelo excelentíssimo senhor Desembargador

Dr. Adão Sérgio do Nascimento Cassiano, o qual fora acompanhado pelo excelentíssimo senhor Desembargador Dr. Roque Joaquim Volkweiss, anulou o processo administrativo, com base no § 1º do art. 38 da Lei Estadual 6.537/73, concedendo a segurança pleiteada, determinando "que o TARF admita a regularização da representação da impetrante e determine ao julgador administrativo de primeiro grau que julgue o mérito do processo administrativo".

O voto vencido, da lavra do excelentíssimo senhor Desembargador Dr. João Armando Bezerra Campos, utilizou, como parte da fundamentação, trecho do parecer do Ministério Público, proferido pelo excelentíssimo senhor Procurador de Justiça Dr. Júlio César Pereira da Silva. Ambos realçaram a diferença existente entre as leis que regem o processo civil e o processo administrativo tributário. Referiram, ainda, que a deficiência de representação processual "seria facilmente sanada pela aplicação do artigo 13 do CPC. No entanto, no processo administrativo não há tal previsão; antes pelo contrário: a Lei que regula o processo administrativo tributário é expressa ao determinar o indeferimento da impugnação quando o seu firmatário não exibir, *ab initio*, poderes de representação".

Aduzem ainda que "tal fato não atenta contra o devido processo legal, pois não está sonegando ao contribuinte seu direito de ampla defesa e contraditório. O processo administrativo tão somente segue parâmetros mais rígidos do ponto de vista formal; o tão só fato de não se utilizar das regras do processo civil não enseja nulidade alguma, pois o processo de mandado de segurança, por exemplo, não utiliza as regras gerais do CPC, tendo procedimento próprio, e nem por isso é dito que fira o devido processo legal, pois está positivado em Lei própria. É o mesmo caso do processo administrativo tributário, que também está positivado na Lei nº 6.537/73 e, nessa, *não há previsão para emenda ou substituição do instrumento de mandado*. Daí se concluir pela correção do julgamento do TARF ao improver o recurso da impetrante".

Concluíram referindo que "a rejeição da impugnação administrativa não impede a discussão judicial do auto de lançamento e do próprio crédito tributário, inexistindo qualquer prejuízo à defesa da impetrante".

Observe-se, pois, palavra por palavra, o ditame legal:

Art. 38 – (...).

§ 1º – Verificando a autoridade preparadora ou julgadora a ausência da prova de capacidade processual, intimará ou determinará a intimação do sujeito passivo para que este junte aos autos, no prazo de 5 dias, a referida prova, sob pena de indeferimento da inicial. (Acrescentado pelo art. 1º, VII, da Lei 12.209, de 29/12/04. (DOE 30/12/04))

(...).

Mister sublinhar a palavra *ausência*, inserta na supracitado dispositivo da lei de regência (6.537/73). Com efeito, rogando apologias às opiniões em contrário, entendo que *ausência* difere de *deficiência*. Baseando-se nessa diferença, a obrigatoriedade para se intimar o Sujeito Passivo decorre da inexistência, da carência, da falta de documento que tenha o condão de outorgar capacidade para representação processual. Caso seja juntado tal documento e ele se mostre inadequado, não há o que ser regularizado, pois a representação operou-se de forma deficiente.

Nesse contexto, para que o Sujeito Passivo tenha sua defesa analisada administrativamente, sem correr riscos com questões formais processuais, basta que haja atenção aos requisitos exigidos pela lei e às regras estabelecidas pelo próprio Contribuinte em seus atos constitutivos.

— 14 —

Do julgamento em primeira instância e do Recurso de Ofício

PAULO FERNANDO SILVEIRA DE CASTRO

Agente Fiscal do Tesouro do Estado – RS; Presidente da Fundação Escola Superior de Direito Tributário – FESDT; Juiz do Tribunal Administrativo de Recursos Fiscais RS; Professor Convidado do Curso de Especialização em Direito Tributário da Universidade de Caxias do Sul (UCS); Subsecretário-Adjunto da Receita Estadual do RS (2007/2010); Delegado da Receita Estadual em Caxias do Sul RS (1995/1997 e 2003/2006); Bel. em Ciências Jurídicas pela Faculdade de Direito de Santo Ângelo RS; Bel. em Ciências Econômicas pela UFRGS; Especialista em Direito Tributário pela UFRGS; Especialista em Gestão Fazendária pela PUCRS.

Sumário: 1. Introdução; 2. O processo administrativo tributário e o julgamento em primeira instância; a) Garantia constitucional do contribuinte; b) Marco inicial; 2. Comentários aos dispositivos relativos à matéria na lei processual do Estado do Rio Grande do Sul; Considerações finais; Referências.

1. Introdução

O presente estudo visa a tratar, no âmbito da obra que se propõe a analisar o Processo Administrativo Tributário do Rio Grande do Sul, os aspectos referentes ao julgamento em primeiro grau, que envolve tanto as decisões proferidas pelos julgadores singulares em processos de natureza contenciosa, originados por impugnações administrativas interpostas contra lançamentos de ofício, quanto as decisões que dizem respeito à contestação à recusa de recebimento de denúncia espontânea de infração, a pedidos de restituição e a pedidos de isenção cuja efetivação dependa de despacho da autoridade administrativa, estes últimos procedimentos especiais que têm, por força da norma processual gaúcha, mesmo tratamento procedimental, apesar de não se constituírem propriamente em contenciosos administrativos.

Também será objetivo deste trabalho analisar a natureza e o alcance do Recurso de Ofício, espécie peculiar que se destina a assegurar, também em relação às decisões de primeira instância contrárias à Fazenda Pública, o duplo grau de revisão administrativa, propiciando que o processo de revisão do lançamento tributário esteja submetido a igual condição, no que concerne ao número de etapas pelas quais poderá tramitar antes do julgamento definitivo neste esfera, tanto para o contribuinte quanto para o ente estatal titular da competência tributária.

Com esta visão, buscaremos enfrentar inicialmente alguns aspectos teórico-doutrinários sobre a matéria, para, em seguida, adentrar na análise dos dispositivos normativos específicos sobre estes dois institutos, contidos na Lei Estadual nº 6.537/73, instrumento legal que, incluídas as diversas modificações introduzidas por leis esparsas, é a matriz legislativa que consolida o Processo Tributário Administrativo em vigor no âmbito estadual.

2. O processo administrativo tributário e o julgamento em primeira instância

a) Garantia constitucional do contribuinte

Neste ponto da análise, cabe perquirir até que ponto o processo tributário administrativo está erigido pela Constituição no elenco dos direitos e garantias individuais e coletivos.

Sem querer aprofundar em demasia o tema, desbordando do objetivo traçado de analisar o processo sob o prisma da primeira instância administrativa, cabe mencionar que não há unanimidade na doutrina quanto à consideração de que o direito ao duplo grau de cognição no âmbito administrativo decorre dos direitos e garantias individuais insculpidos na *Lex Magna*, ou se esta apenas atribui este caráter a uma instância de apreciação do contencioso tributário..

A linha doutrinária que defende que o duplo grau é direito e garantia do contribuinte baseia seu entendimento no teor do disposto no inciso LV do artigo 5º da Constituição brasileira, onde há referência expressa à garantia de recurso como consequência do exercício da ampla defesa. Assim, a menção à garantia dos recursos inerentes a plenitude do direito de defesa aponta para a uma dupla apreciação, a ser proferida por uma instância superior.[1]

Para James Marins, a existência de revisão dos julgamentos fiscais por instância hierarquicamente superior é elevada à condição de princípio informador do processo tributário administrativo, concluindo que a instituição, em qualquer esfera político-administrativa, de instância úni-

---

[1] XAVIER, Alberto. *Do lançamento: teoria geral do ato, do procedimento e do processo tributário.* 2. ed. Rio de Janeiro: Forense, 1997, p. 314.

ca, mutilaria a regra constitucional posta no dispositivo anteriormente mencionado, restando prejudicada a exigibilidade do crédito tributário assim confirmado.[2]

Por outro lado, a leitura dos dispositivos constitucionais pode ser tomada em sentido oposto, qual seja o de que a garantia está restrita ao exame da impugnação administrativa, dentro do devido processo legal, sem que esteja assegurada a revisão da decisão, na forma do que dispuser a lei processual que rege a matéria.

Desta forma, restaria assegurado o duplo grau de exame do contencioso administrativo apenas quando tal circunstância estivesse prevista na lei processual própria, não havendo ofensa ao mandamento constitucional desde que assegurado ao contribuinte o exame de sua inconformidade ao lançamento, ainda que apenas em uma instância.

Contrariamente a boa parte da doutrina compulsada, esta linha de entendimento é manifestada em jurisprudência reiterada, tanto no Tribunal de Justiça do Rio Grande do Sul quanto em decisões do Superior Tribunal de Justiça.

Neste sentido, é de referir decisão do Tribunal de Justiça deste Estado, na Apelação Cível nº 70035697994, relator o eminente Desembargador Francisco José Moesch, que, ao examinar demanda que visava à remessa ao Tribunal Administrativo de Recursos Fiscais de pedido administrativo de compensação de créditos de ICMS com precatórios, denegou o apelo em razão da falta de previsão desta hipótese na lei processual, asseverando que "a Constituição Federal não garante o duplo grau de jurisdição na esfera administrativa, estando o direito condicionado à legislação específica".[3]

Em que pese as discussões doutrinárias e jurisprudenciais acerca da inclusão do duplo grau de jurisdição administrativa como direito previsto no capítulo das garantias individuais previstas na *Carta Magna*, é incontroverso que está firmado dentre as prerrogativas de cidadania estabele-

---

[2] MARINS, James. *Direito processual tributário brasileiro (administrativo e judicial)*. 2. ed. São Paulo: Dialética, 2002, p. 195.

[3] APELAÇÃO CÍVEL. DIREITO TRIBUTÁRIO. MANDADO DE SEGURANÇA. PEDIDO ADMINISTRATIVO DE COMPENSAÇÃO DE CRÉDITO DE ICMS COM PRECATÓRIOS. INDEFERIMENTO. RECURSO VOLUNTÁRIO NÃO RECEBIDO. AUSÊNCIA DE ILEGALIDADE NO ATO DO DELEGADO DA FAZENDA ESTADUAL DE CAXIAS DO SUL. LEI ESTADUAL Nº 6.537/73. PRECEDENTES JURISPRUDENCIAIS. I) É inviável interposição de recurso administrativo contra decisão que indefere a compensação de crédito tributário decorrente de ICMS com precatórios, nos termos do art. 24 combinado com o art. 44 da Lei Estadual nº 6.537/73. Somente das decisões de primeira instância proferidas no processo contencioso tributário cabe recurso voluntário com efeito suspensivo a uma das Câmaras do TARF. II). A Constituição Federal não garante o duplo grau de jurisdição na esfera administrativa, estando o direito condicionado à legislação específica. III) Qualquer manifestação do Judiciário somente pode cingir-se a possíveis ilegalidades, sob pena de intervenção nos critérios de conveniência e oportunidade do administrador, afrontando a independência dos poderes. APELO DESPROVIDO. UNÂNIME.

cidas nos direitos fundamentais estatuídos pela Constituição brasileira a garantia, ao paciente de exação tendente à cobrança de qualquer espécie tributária, da análise de peça através do qual este impugne a exigência fiscal em processo administrativo revestido de todas as condições para que se possa exercer de forma plena o direito ao contraditório e a ampla defesa.

Não é outro o sentido da inclusão do processo administrativo junto do processo judicial no inciso LV do artigo 5º da "Constituição Cidadã" promulgada em 1988, o que elevou a solução das lides no âmbito administrativo, mormente aquelas decorrentes de insurgências do contribuinte em relação a exigências estatais de caráter tributário, ao *status* de garantia fundamental do cidadão-contribuinte.[4]

Assim sendo, podemos concluir que, ao menos no que concerne ao julgamento administrativo em primeira instância das lides tributárias, não há controvérsia de que se trata de direito constitucionalmente protegido.

Revestido das prerrogativas constitucionais também presentes no processo judicial, cumpre questionar se não seria adequado avaliar a evolução do modelo brasileiro, que prevê absoluta independência e dissociação do processamento do litígio tributário pela esfera *judicante*, desenvolvida no âmbito da Administração, e a esfera *jurisdicional*, atribuída exclusivamente ao Poder Judiciário, único órgão com competência para a prática de atos passíveis de constituir *coisa julgada*.[5]

Sob esta questão, em que pese respeitáveis divergências manifestadas pelos doutrinadores que se ocuparam da matéria também em relação a este ponto, filio-me à corrente que defende o aumento da autonomia e reestruturação do julgamento administrativo, onde se estabelece como expoente o ilustre jurista Paulo Celso Bonilha, que propõe que se torne obrigatória a prévia discussão em processo administrativo antes do exame perante o Judiciário, que ficaria reservado, em sede de ação específica, para as situações de decisões administrativas finais contrárias à lei ou à prova dos autos, cumprindo, assim, o ditame constitucional de inafastabilidade do controle jurisdicional.[6]

A evolução do sistema pátrio neste sentido, além de qualificar o exame por órgãos judicantes especializados, evitaria que a lide seja rediscutida desde o seu início após o transcurso da etapa administrativa, favorecendo manobras tendentes a procrastinação artificial da discussão, que tendem a reduzir drasticamente a possibilidade de cobrança do crédito tributário.

---

[4] MARINS. *Direito processual...*, p. 152.
[5] XAVIER. *Do lançamento...*, p. 294
[6] BONILHA, Paulo Celso Bergstrom. *Da prova no processo administrativo tributário*. São Paulo: LTr, 1992. p. 77.

Além disso, tal solução permitiria a resolução de grande parte das contendas tributárias no âmbito de uma jurisdição de caráter administrativo, desafogando a demanda que atualmente sobrecarrega o Poder Judiciário, e contribuindo para uma melhor distribuição da prestação jurisdicional.

b) Marco inicial

O processo administrativo fiscal, alcunha pela qual também é denominado por grande parte da doutrina o processo tributário administrativo, pode ser tido numa acepção mais ampla, compreendendo o conjunto dos atos administrativos cujo objetivo é o reconhecimento, pela autoridade competente, de uma situação jurídica decorrente da legislação tributária, ou sob uma ótica mais estrita, que normalmente se confunde com o próprio gênero do processo administrativo fiscal, compreendendo aqueles processos que objetivam à determinação e a exigência de crédito tributário, ou seja, o processo de lançamento do tributo.[7]

Considerada no seu sentido mais estrito, a consecução dos atos ordenados e com vistas a alcançar um determinado objetivo que consiste na constatação da obrigação tributária e sua formalização como crédito estatal com força plena de exigibilidade, pode, ainda, ser dividida em duas etapas distintas.

A primeira delas é aquela que vai desde a realização dos atos preparatórios ao lançamento até a constituição do crédito tributário pela autoridade administrativa competente. Tal etapa tem início, normalmente, pela lavratura de termo de início de ação fiscal, podendo ser deflagrado, com os mesmos efeitos, pela realização de qualquer ato tendente à constituição do crédito tributário.

Esta fase, que se conclui pela ciência do sujeito passivo do ato administrativo de *accertamento*, é eminentemente inquisitória, unilateral, posto que presidida pela autoridade administrativa responsável pelo lançamento, que busca coletar elementos e provas da ocorrência do fato gerador, identificação da matéria tributável e da base de cálculo, aplicação da alíquota e apuração do *quantum debeatur*, ainda que contando, em maior ou menor grau, com a colaboração do sujeito passivo.

De outra parte, encontramos a etapa contenciosa, inaugurada com a insurgência do particular com relação ao título representativo da obrigação tributária contra ele emitido pela autoridade administrativa.

A resistência administrativa à pretensão exacional inaugura efetivamente a etapa com dimensão processual da relação tendente à imposição

---

[7] MACHADO, Hugo de Brito. *Curso de direito tributário*. 19. ed. São Paulo: Malheiros, 2001, p. 383/384.

tributária, consistindo todos os atos anteriores, culminados pelo lançamento tributário, em atos procedimentais.[8]

Tal conclusão decorre da definição, à luz do conceito introduzido pelo inciso LV do artigo 5º da Constituição, de que, para a aplicação dos princípios informadores do processo, sob o critério estabelecido pela Constituição, é indispensável a instauração de litígio.

De qualquer sorte, a fase contenciosa, seja ela considerada uma etapa do processo tributário administrativo em sentido mais amplo ou, o que nos parece mais adequado, constitua o próprio processo administrativo fiscal, irradia sobre a relação fisco-contribuinte uma série de princípios a serem observados, e que vão além do caráter inquisitorial dos procedimentos que visam à constituição da exigência tributária pelo lançamento.

O contencioso fiscal, deste modo, inaugurado pela resistência do sujeito passivo à exigência estatal, passa a ser informado pelos princípios que regem uma relação eminentemente processual, como o do contraditório e da ampla defesa, além, evidentemente, da observância do devido processo legal.

Trazendo a questão da instauração do contencioso para a legislação processual gaúcha, observamos que a fase litigiosa, critério constitucional para a instauração de processo, inicia-se pela apresentação de impugnação a lançamento de tributo ou de penalidade, situação que se refere à hipótese mais usual dentre as previstas na norma estadual, bem como pela apresentação, pelo contribuinte, de contestação à recusa de recebimento de denúncia espontânea de infração, na forma dos incisos I e II do artigo 24 da Lei nº 6.537/73.[9]

No que concerne a esta última, a lide se forma em torno da manifestação da autoridade fiscal, prevista no artigo 18, § 1º, alínea "a" da referida norma,[10] no sentido de não acolher denúncia espontânea apresentada por contribuinte, pela preexistência de qualquer ato de ofício, escrito, praticado por servidor a quem compete a fiscalização do tributo, o que exclui a espontaneidade do sujeito passivo para em relação às infrações cometi-

---

[8] MARINS. *Direito Processual...*, p. 165/166.

[9] Art. 24. A fase litigiosa do procedimento inicia-se na repartição que jurisdiciona o domicílio fiscal do sujeito passivo ou em outra entidade pública ou privada credenciada pelo Secretário da Fazenda: I – pela impugnação a lançamento de tributo ou penalidade; II – pela contestação a recusa de recebimento de denúncia espontânea de infração...

[10] Art. 18. A denúncia espontânea de infração a que se refere o artigo 2º será apresentada por escrito à autoridade local encarregada da fiscalização, com a descrição da infração cometida e, sendo o caso, da matéria tributável, juntando-se prova do pagamento do tributo e acessórios devidos. § 1º A autoridade fiscal caberá: a) receber ou recusar a denúncia, tendo em vista, inclusive, o disposto no artigo 16; b) efetuar o lançamento do tributo cujo pagamento não tenha sido comprovado, da multa e dos juros. § 2º A recusa de recebimento da denúncia não impede o início ou o prosseguimento do procedimento tributário administrativo.

das, ao teor do disciplinado no artigo 16, § 1º, da lei processual tributária do Rio Grande do Sul.[11]

Desta forma, terá por objetivo o processo contencioso iniciado nesta peculiar situação, averiguar, mediante os elementos levantados pelo contribuinte e apresentados pela Administração Tributária, o cabimento da aplicação dos efeitos da confissão de débito, seja para o fim de excluir a responsabilidade pela infração cometida, desde que acompanhada do pagamento do tributo monetariamente atualizado e acompanhado pela multa moratória, seja para o fim de aplicação de multa favorecida por circunstância atenuante decorrente da antecipação do sujeito passivo, que é aquela denominada de multa privilegiada, cominando a penalidade correspondente a 30% do tributo devido (artigo 8º, inciso II, letra "b", da Lei nº 6.537/73).

Por fim, cabe mencionar situações previstas na norma estadual que, embora não representem de *per si* divergência representativa de litígio entre fisco e contribuinte, são colocadas no âmbito do contencioso administrativo com o mesmo tratamento, quais sejam os procedimentos especiais de restituição de tributo indevidamente pago[12] e de concessão de isenção por despacho de autoridade administrativa.[13]

Ao submeter estas hipóteses à mesma competência do processo contencioso, a legislação processual gaúcha concedeu a estes procedimentos administrativos, não em decorrência de mandamento constitucional, mas por decisão do legislador estadual, igual tratamento àquelas situações que envolvem litígios decorrentes da exigência de tributos pelo lançamento, ficando assegurado ao postulante as mesmas prerrogativas concernentes ao contraditório, à ampla defesa e ao devido processo legal.

2. Comentários aos dispositivos relativos à matéria na lei processual do Estado do Rio Grande do Sul

Seção IV – Do Julgamento em Primeira Instância

Art. 36 – O julgamento do processo em primeira instância compete:

---

[11] Art. 16. O procedimento administrativo tendente à imposição tributária tem início, cientificado o sujeito passivo, com: I – o primeiro ato de ofício, escrito, praticado por servidor a quem compete a fiscalização do tributo; II – a constatação, pela mesma autoridade referida no item anterior, da falta de pagamento de tributo denunciada espontaneamente pelo sujeito passivo, na forma do disposto no artigo 18; § 1º O início do procedimento exclui a espontaneidade do sujeito passivo em relação às infrações anteriores e, independentemente de intimação, a dos demais envolvidos...

[12] Art. 94. A competência para decidir sobre pedido de restituição é a mesma estabelecida nesta lei para o processo contencioso.

[13] Art. 96. A isenção, quando sua efetivação depender de despacho da autoridade administrativa, será precedida de requerimento em que o interessado fará prova do preenchimento das condições e do cumprimento dos requisitos previstos em lei. (...) § 2º Aplica-se ao pedido de isenção o disposto nos artigos 93 e 94

I – ao Superintendente da Administração Tributária ou a Fiscais de Tributos Estaduais, por ele designados;

II – ao Corregedor-Geral da Justiça, quanto à imposição de penalidade a infrator que seja membro ou servidor do Poder judiciário.

Iniciando as disposições legislativas sobre o julgamento de primeira instância, a norma processual gaúcha estabelece qual a autoridade competente para julgamento dos processos contenciosos administrativos.

Prevista no inciso I do artigo 36 da Lei nº 6.537/73, está atribuída ao titular da Administração Tributária estadual a competência para o julgamento em primeira instância. O artigo, refira-se, foi-se amoldando ao longo do tempo às diferentes denominações estabelecidas para a autoridade maior do Fisco estadual, hoje representada, a teor do artigo 4º da Lei Complementar nº 13.452/10 (Lei Orgânica da Administração Tributária – LOAT), pelo Subsecretário da Receita Estadual.

O próprio dispositivo, antevendo a impossibilidade material de submeter-se ao titular do órgão o julgamento de todos os processos instaurados a partir de impugnações ou pedidos de restituição de tributos interpostos pelos contribuintes, prevê a delegação desta competência para servidores da carreira responsável pelo lançamento tributário, hoje denominada de Agente Fiscal do Tesouro do Estado, através de designação efetivada pelo próprio detentor da competência originária, em ato administrativo próprio.

A atribuição do titular do cargo de AFTE para atuar no julgamento administrativo de primeira instância, refira-se, está prevista dentre as atribuições exclusivas da carreira, na forma do artigo 18, inciso I, alínea "aj", da Lei Orgânica da Administração Tributária, sendo igualmente reservada aos integrantes da carreira a atuação como julgador em segunda instância, nas vagas de Juiz representante da Fazenda Estadual, indicados pelo Secretário da Fazenda, bem como na designação para a função de Defensor da Fazenda Pública.

No entanto, em que pese constar como atribuição dos membros da carreira, inerente ao exercício do cargo, a interpretação sistemática dos dispositivos da Lei Complementar 13.452/10 com a atribuição de competência da lei processual (Lei nº 6.537/73), apontam para a necessária designação do julgador de primeira instância através de ato do Subsecretário da Receita Estadual, sob pena de nulidade das decisões proferidas pelo decididor monocrático, à luz do disposto no *caput* do artigo 23 da *lex processualis* estadual.[14]

Atualmente, a estrutura organizacional da Secretaria da Fazenda do Rio Grande do Sul, estabelecida pelo Decreto nº 47.590/10, prevê a

---

[14] Art. 23. Consideram-se nulos os atos, despachos e decisões emanados de autoridade incompetente para praticá-los ou proferi-los. ...

existência de uma divisão dentro da Subsecretaria da Receita Estadual – Divisão de Processos Fiscais – com a incumbência de preparar e realizar o julgamento dos processos tributários administrativos em primeira instância.

Já a hipótese prevista no inciso II do artigo 36 em análise decorre da possibilidade de serem constituídos créditos tributários correspondentes a penalidade imputada contra membro ou servidor do Poder Judiciário, em razão das hipóteses de responsabilidade de terceiros por infrações de que trata o artigo 137, inciso II, letra "a", no que concerne aos atos e omissões de responsabilidade de tabeliães, escrivães e demais serventuários de ofício, bem como pela prática de alguma das infrações de natureza formal atribuída a terceiros que possam incidir sobre estes servidores, vinculados ao Poder Judiciário, como a prevista no artigo 11, inciso V, alínea "g", da Lei n° 6.537/73.

Tais situações, a bem da verdade, são excepcionalíssimas, e, com a máxima vênia, não se encontra uma justificativa técnica para tal deslocamento da competência para o julgamento de questões de cunho tributário, o que torna o dispositivo praticamente em desuso, situação que sugere avaliação quanto à sua exclusão por ocasião de futura alteração na norma processual.

Esta conclusão fica reforçada na medida em que não há, nem no Código de Organização Judiciária do Estado (Lei n° 7.356/80), no capítulo que trata das competências da Corregedoria-Geral de Justiça, nem nos Regimentos Internos do Tribunal de Justiça do Estado do Rio Grande do Sul e da própria Corregedoria-Geral de Justiça, qualquer menção ao exercício desta competência.

De qualquer modo, ressalte-se que o dispositivo remete apenas as situações em que há imposição de penalidade, aplicada em caráter pessoal ao servidor mencionado, com o que se depreende que somente ficam abrangidas as situações em que a imputação se reporte à multa revestida de caráter punitivo e se dê em razão do cargo ou função exercida, descabendo sua aplicação no caso da exação ter sido constituída em razão da condição de mero contribuinte, no caso de cobrança de tributo impago, como uma obrigação decorrente de IPVA devido por um oficial de justiça, por exemplo.

> Art. 37. A decisão, proferida em 15 (quinze) dias, resolverá todas as questões suscitadas no procedimento e concluirá pela procedência ou improcedência, total ou parcial, do ato impugnado, definido, expressamente, os seus efeitos e determinando a intimação do sujeito passivo.

A decisão de primeira instância deverá considerar os elementos, provas e argumentos trazidos pela peça impugnatória, não tendo que necessariamente ficar adstrito a estes elementos, na forma do artigo 39 da lei processual gaúcha.

O disposto neste artigo remete para os elementos obrigatórios da decisão, que se assemelham aos exigidos para a sentença prolatada em processos judiciais, e que consistem no relatório, onde o julgador expõe de forma sucinta os fatos relevantes para a solução da contenda, na fundamentação, com a exposição das razões de decidir que levaram o julgador monocrático a formar seu convencimento, e, por fim, no dispositivo, onde se exprime o conteúdo decisório de sua manifestação do decididor singular, definindo em que monta haverá a confirmação total, parcial ou a desconstituição do lançamento tributário.

Prevê, ainda, a norma processual, que a decisão monocrática determine a notificação do sujeito passivo, com o que fica plenamente configurado o encerramento da fase processual que envolve a primeira instância.

Ainda sobre o teor deste dispositivo, cabe mencionar que a decisão de primeira instância, como de resto as decisões em geral proferidas no âmbito administrativo ou judicial, não tem que necessariamente rebater cada um dos argumentos suscitados pela parte em sua peça de impugnação, mas pode limitar suas considerações aos aspectos que entender necessários e suficientes para a formação do seu convencimento, desde que, evidentemente, exponha de forma clara e precisa as razões que o levaram à decisão proferida.

A decisão de primeiro grau deve, ainda, conter manifestação sobre o indeferimento de provas impertinentes ou indicadas com fito protelatório ou objetivando tumultuar a relação processual. Como de resto todas as decisões proferidas no bojo do processo tributário administrativo, o julgamento de primeira instância deverá apresentar justificativa objetiva para a rejeição da prova solicitada e indeferida no julgado, cumprindo a exigência da motivação, inerente a todos os atos administrativos.[15]

> Art. 38. A inicial será indeferida sem o julgamento do mérito quando:
>
> I – a parte for manifestamente ilegítima ou deixar de fazer prova de sua capacidade, conforme o disposto no artigo 19 desta Lei;
>
> II – o pedido for intempestivo;
>
> III – o pedido questionar a constitucionalidade ou a validade da legislação tributária;
>
> IV – o pedido for manifestamente protelatório, especialmente quando, dentre outras:
>
> 1 – não apontar erro de fato;
>
> 2 – não apresentar erro material do cálculo;
>
> 3 – não apresentar divergência entre o lançamento e a legislação pertinente.
>
> V – o sujeito passivo desistir da impugnação administrativa.
>
> § 1º Verificando a autoridade preparadora ou julgadora a ausência da prova de capacidade processual, intimará ou determinará a intimação do sujeito passivo para que este junte aos autos, no prazo de 5 dias, a referida prova, sob pena de indeferimento da inicial.

---

[15] MEIRELLES, Ely Lopes. *Direito administrativo brasileiro*. 28. ed. São Paulo: Malheiros, 2003. p. 662.

§ 2º A propositura, pelo sujeito passivo, de ação judicial que tenha objeto idêntico ao da impugnação ou contestação importa em desistência das mesmas.

O artigo 38 trata das hipóteses em que o julgamento de primeira instância se dá de forma sumária, sem exame do mérito, indeferindo de pronto a impugnação interposta em razão de algum vício formal, seja pela ilegitimidade da parte ou pela falta de comprovação de sua capacidade postulatória, seja pela apresentação da peça de defesa fora do prazo de 30 dias estabelecido pelo artigo 28 da lei processual.

Com relação à representação processual, o § 1º do artigo 38, introduzido pela Lei nº 12.209/04, refere-se a uma providência tomada pelo legislador no sentido de dar maior segurança e celeridade ao processo tributário administrativo, na medida em que determina à autoridade preparadora ou julgadora para que, diante da ausência de prova nos autos de capacidade processual do sujeito passivo, esta o intime para que possa ser saneado o processo com a apresentação da prova da regular representação do sujeito passivo, evitando o indeferimento imediato da impugnação, a qual, se comprovada em recurso apresentado ao Tribunal Administrativo de Recursos Fiscais (TARF), implicaria o retorno novamente à primeira instância para julgamento do mérito.

Importante salientar, em relação a este dispositivo, que não pode ser confundida pelo intérprete a situação de ausência de prova de capacidade processual, que é a situação onde a capacidade postulatória existe e está ausente nos autos apenas a prova desta condição, e a evidência de incapacidade processual, situação sobre a qual o mandamento legal não estabelece a obrigatoriedade de qualquer providência da autoridade preparadora ou julgadora de primeira instância.

Ou seja, a norma posta no parágrafo primeiro visa sanar capacidade postulatória que, em que pese não ter sido provada quando da apresentação da inicial, naquele momento existia e era plenamente regular, em atinência ao exigido pela norma processual tributária.[16]

É de se observar, ainda, que o saneamento previsto no dispositivo citado se limita ao julgamento do contencioso em primeira instância, o que se depreende da inserção do dispositivo na Seção que contempla a impugnação e a contestação, não havendo igual previsão quando da apreciação do processo pela instância superior.

Não há, destarte, no processo tributário administrativo estadual, a previsão para saneamento quando for manifesta a incapacidade do subs-

---

[16] A comprovação que se refere quando do recurso ao TARF, evidentemente, reporta-se à legitimidade processual no momento da apresentação da impugnação, de modo que não pode ser considerada suprida a comprovada falta de capacidade processual em primeira instância pela regular representação apenas por ocasião da apresentação do recurso voluntário.

critor da inicial, apontando a norma, pela regra do inciso I do artigo 38, para o indeferimento da inicial sem o exame do mérito.

Os incisos III, IV e V do artigo 38 foram introduzidos na reforma do Processo Tributário Administrativo estadual pela Lei n° 10.370/95, que modernizou o processo de forma a torná-lo mais ágil, restringindo a possibilidade do seu manejo como instrumento de mera protelação dos procedimentos judiciais de cobrança sem, no entanto, afetar o direito do contribuinte ao contraditório e à ampla defesa, garantias, como visto, constitucionalmente previstas.

O inciso III estabelece impedimento para discussões nesta esfera quanto à constitucionalidade de norma tributária vigente, bem como para alegações de invalidade destas normas, já que o controle constitucional da legislação, tanto em caráter difuso quanto concentrado, é prerrogativa exclusiva do Poder Judiciário.

Não é o propósito deste trabalho abordar a possibilidade de discussão, na esfera administrativa, da constitucionalidade das normas tributárias aplicadas no lançamento, eis que é tema a ser abordado em capítulo específico a ele destinado, mas cabe mencionar que há disposição expressa no sentido de afastar o exame tendente a questionar a inconstitucionalidade da legislação tributária, e que esta posição vem sendo mantida de forma absolutamente majoritária nos julgados administrativos proferidos em primeira e segunda instâncias, inclusive possuindo entendimento sumulado pelo Tribunal Administrativo de Recursos Fiscais do Rio Grande do Sul desde 1991, através da Súmula n° 03.[17]

Outra alteração importante procedida quando da modernização do PAT no RS, em 1995, foi a alteração introduzida na redação do artigo 31 da lei procedimental gaúcha pela Lei n° 10.381.[18] Na regulação até então vigente, era previsto o encaminhamento do processo, agora já instruído com a defesa do contribuinte, para uma manifestação obrigatória da autoridade lançadora, que produzia uma "réplica fiscal", destinada a novo pronunciamento do autor do procedimento sobre toda a matéria de fato e de direito, bem como sobre os antecedentes fiscais do sujeito passivo, o que se mostrava, na maioria das vezes, desnecessário, contribuindo apenas para a procrastinação do trâmite do processo contencioso administrativo de natureza tributária.

Ademais, a oportunidade de nova manifestação obrigatória da autoridade lançadora ensejava, algumas vezes, a "complementação" do lançamento com a inclusão de novas provas ou outros elementos que ro-

---

[17] Súmula n° 03: "Processual – A tese de inconstitucionalidade é estranha à competência do Tribunal Administrativo de Recursos Fiscais." TARF – 16/07/91 (Resolução n° 03/91, DOE de 22/07/91, p. 15)

[18] Art. 31. Recebida e autuada a impugnação ou a contestação, a autoridade preparadora determinará ajuntada de via do Auto de Lançamento, *podendo* dar vista do processo ao autuante para que preste informações. (grifei)

busteciam o crédito tributário lançado, o que levava à necessária reabertura do prazo para nova manifestação da defesa, causando uma demora excessiva e desnecessária no transcurso do processo.

Atualmente, a possibilidade prevista no artigo 31 presta-se a que seja produzida informação apenas quando necessário para a formação do juízo de convicção do julgador monocrático, mormente quando alguma questão suscitada pela defesa possa ser esclarecida ou mesmo revisada pela autoridade autuante, resultando em maior celeridade processual e reduzindo sobremaneira as hipóteses em que há necessidade de ciência ao impugnante para considerar os elementos juntados na manifestação fiscal.

De qualquer sorte, caso a manifestação seja demandada e contenha elementos sobre os quais deva manifestar-se a defesa, impõe-se, como dantes, a reabertura do prazo para o aditamento à impugnação, nunca excedendo o prazo legalmente estabelecido de 30 dias, de modo a que fique assegurado ao sujeito passivo da exação o direito ao contraditório e à ampla defesa, garantias asseguradas pela *Carta Magna*.

Já o inciso IV prevê o indeferimento sumário da impugnação em caso de pedido que se mostre desde logo meramente protelatório, a seguir elencando algumas das hipóteses em que este deva assim ser considerado, consistindo aquelas num rol eminentemente exemplificativo, não excluindo outras situações de indeferimento sem exame do mérito, desde evidenciada a intenção de prolongar a suspensão de exigibilidade do crédito tributário pelo estabelecimento de processo sem causa de fato ou de direito.

Temos, ainda, prevendo a decisão sumária no sentido de indeferimento da impugnação, a desistência formalizada pelo sujeito passivo. Nestas circunstâncias, é evidente a perda do objeto do processo administrativo em curso, diante da vontade expressamente manifestada pela parte interessada.

De registrar que tais situações são bastante comuns quando do estabelecimento, pela Fazenda Pública, de planos especiais de pagamento de débitos tributários, com reduções de multas ou parcelamentos em prazos mais prolongados que os usuais, situação em que é exigida, para adesão ao programa, a desistência de recursos interpostos pelo sujeito passivo.

Em relação à desistência, cumpre salientar que, ao teor do § 2º do artigo ora em exame, atribui lei processual o mesmo efeito da desistência da impugnação a interposição, pelo sujeito passivo, de demanda judicial com o mesmo objeto da discussão inaugurada pela sua peça impugnatória.

A lógica do dispositivo se justifica pela evidente supremacia da decisão a ser prolatada no processo judicial, que, como visto, pode correr em paralelo à discussão administrativa em decorrência da absoluta dissociação entre as duas esferas, adotada pelo sistema brasileiro.

Assim sendo, incorreria em completo diletantismo o prosseguimento da discussão em âmbito administrativo, já que não haveria a menor hipótese de êxito na cobrança judicial do crédito tributário diante de posicionamento contrário manifestado pelo Judiciário sobre a matéria.

> Art. 39. A autoridade julgadora fundamentará a decisão, mas não ficará adstrita às alegações constantes do processo e, na apreciação da prova, formará livremente o seu convencimento, atendendo aos fatos e circunstâncias extraídas do processo, ainda que não alegados pelas partes.
>
> Parágrafo único – Se entender que os elementos constantes do processo são insuficientes para decidir, a autoridade julgadora, se distinta da preparadora, poderá baixar os autos em diligência, para que se complete a preparação.

O dispositivo não despreza o conteúdo probante trazido aos autos pelas partes, mas permite ao julgador administrativo ultrapassar inclusive os limites dos pedidos apresentados pelo sujeito passivo, caso as circunstâncias contidas nos autos permitam que o julgador fique convencido sobre a inexigibilidade total ou parcial da exação em discussão.

Cabe ressaltar que a análise dos elementos contidos no processo, prevista no artigo ora comentado, que dão certo grau de liberdade para a formação do convencimento do julgador singular para, na fundamentação de sua decisão, considerar elementos além dos perquiridos pela peça impugnatória, não podem resultar em ampliação da exigência tributária, sendo vedada, também no processo tributário administrativo, a *reformatio in pejus*.

Deste modo, o dispositivo legal contido no *caput* do artigo 39 contém, além da determinação quanto à fundamentação da decisão, elemento essencial para que o julgado administrativo dê a devida segurança ao administrado de que a decisão não foi proferida de forma arbitrária ou imotivada, mais um elemento garantidor dos direitos do contribuinte, na medida em que permite ao juízo de primeira instância administrativa ir além dos argumentos e provas trazidos pelo contribuinte desconforme com a exigência fiscal, baseando sua decisão numa universalidade de elementos que por ele possam ser acessados no decorrer do processo, sempre, repita-se, para o fim de reduzir ou tornar insubsistente a exação contida no lançamento tributário em sua totalidade.

Neste mesmo e exato sentido encontramos a dicção do artigo 34 da lei processual gaúcha,[19] que prevê a realização de novo lançamento caso a atividade de preparação do processo para julgamento em primeira instância resulte em agravamento da exigência inicial ou imputação de res-

---

[19] Art. 34. Se da preparação do processo resultar agravada a exigência inicial ou imputação de responsabilidade a terceiro, será a nova exigência formalizada em Auto de Lançamento distinto.

ponsabilidade a terceiro, coadunando-se, sob o critério de interpretação sistemática, com o entendimento exposto sobre o alcance do artigo 39.

Aqui encontramos uma diferença importante do processo administrativo fiscal em relação ao processo judicial, onde o magistrado deve ficar fica adstrito aos limites daquilo que é postulado pelas partes, sob pena de vício na decisão prolatada, conforme mandamento expresso no artigo 460 do Código de Processo Civil (CPC), que veda ao juiz a proclamação de decisão *extra petita*, que é aquela que concede algo que está fora do pedido do autor, ou *ultra petita*, que é a decisão que acolhe o pedido numa extensão maior do que a pretendida pela parte.

Este contraponto verificado entre o processo tributário administrativo e o processo judicial decorre dos princípios informadores de um e de outro. Enquanto que no âmbito administrativo prevalecem os princípios da verdade material e do formalismo moderado, nas lides judicializadas estão presentes outros ditames que priorizam a formalidade processual probatória, motivados pelo princípio da segurança jurídica, que limitam a ação do magistrado aos elementos trazidos pelas partes, num sistema rígido de preclusão.[20]

No mesmo sentido, o teor do parágrafo único do artigo 39, amplia ainda mais o grau de liberdade de atuação do julgador administrativo de primeiro grau, permitindo que este determine a realização de diligências que entenda necessárias para a formação do seu convencimento sobre a matéria sob controvérsia.

Constituindo-se em mais uma diferença fundamental em relação ao processo judicial, onde a produção da prova é conduzida unicamente pela iniciativa das partes e em momentos processuais preclusivos, a faculdade atribuída ao julgador administrativo de determinar a busca de elementos não trazidos pelo contribuinte insurgente ou contidos na peça fiscal é de suma importância para a plena aferição da existência ou não do fato tributário e da exigência dele decorrente, pela produção de provas ou esclarecimento fundamentais para a decisão, permitindo que o processo tributário administrativo possa cumprir sua precípua função, qual seja a de efetuar o controle de validade dos atos administrativos de lançamento, de modo a que não prosperem imposições tributárias indevidas ou constituídas de forma irregular.

> Art. 40. A decisão de primeira instância só será reformada pelo julgamento da instância superior, ressalvado o disposto no artigo 115.

Este dispositivo determina que não cabe revisão de ofício da decisão administrativa de primeira instância, nem pelo superior hierárquico (Chefe da Divisão de Processos Fiscais) ou pelo Subsecretário da Receita

---
[20] MARINS. *Direito processual...*, p. 178.

Estadual, uma vez delegada a atribuição para o Agente Fiscal forma do artigo 36, inciso I da lei processual gaúcha.

Deste modo, fica preservada a independência funcional do julgador administrativo de primeira instância, que poderá proferir o julgado de primeira instância de acordo com a convicção e a interpretação dos fatos e do direito que obteve pelo exame dos elementos presentes nos autos.

Tal artigo exprime a garantia do devido processo legal, de modo que fica reservada a revisão da decisão proferida em primeiro grau tão somente pela instância superior, que é colegiada e com participação paritária entre membros da Receita Estadual e representantes de entidades de contribuintes.

Seção V – Do Recurso de Ofício

Art. 41. A autoridade julgadora de primeira instância recorrerá de ofício, com efeito suspensivo, a uma das Câmaras do TARF, sempre que proferir decisão contrária à Fazenda, no todo ou em parte, podendo deixar de fazê-lo quando:

I – a importância pecuniária em discussão não exceder o valor de 525,4382 UPF-RS, na data da decisão;

II – a decisão for fundada exclusivamente no reconhecimento de erro de fato;

III – a decisão de referir exclusivamente à obrigação acessória.

§ 1º O recurso de ofício será interposto mediante declaração na própria decisão.

§ 2º Se além do recurso de ofício houver recurso voluntário, serão ambos encaminhados ao julgamento de uma das Câmaras do TARF.

§ 3º Se a autoridade julgadora omitir a observância do disposto neste artigo, cumpre ao funcionário que tiver de executar a decisão representar àquela autoridade, por intermédio de seu chefe imediato, propondo a interposição do recurso.

§ 4º Quando o processo subir à segunda instância em grau de recurso voluntário e se verificar que, não obstante o caso ser também de recurso de ofício, nos termos desta lei, este não foi interposto, as Câmaras do TARF tomarão conhecimento pleno do processo, como se houvesse tal recurso.

Proferida a decisão de primeira instância, no caso de julgada procedente, ainda que de modo parcial, a impugnação manejada pelo sujeito passivo, determina a legislação que a própria autoridade julgadora de primeira instância deverá, por declaração no próprio instrumento através do qual foi proferida a decisão contrária à Fazenda Pública, interpor o recurso oficial.

O recurso de ofício, assim, decorre do efeito vinculante das decisões para a Administração,[21] que determinaria a extinção total ou parcial da exigência constituída por lançamento por autoridade, em princípio, com a mesma atribuição funcional da autoridade julgadora de primeira instância. Desta forma, submetendo o juízo acerca da insubsistência de crédito tributário também a uma nova esfera revisional, ficam as obrigações em favor do erário revestidas de maior segurança, na medida em que se exige que as decisões monocráticas sejam confirmadas por instância superior,

---

[21] XAVIER. *Do lançamento...*, p. 320.

no caso do Rio Grande do Sul, por Câmara do Tribunal Administrativo de Recursos Fiscais, de composição colegiada.

É regra de prudência em relação ao crédito tributário, estabelecida pelo legislador, que milita em favor do erário, já que, como referido, as decisões contrárias à Fazenda Pública, no âmbito administrativo, vinculam a Administração quando transitam em julgado, fulminando de modo definitivo o crédito tributário, total ou parcialmente.

No que diz respeito ao particular, resta ainda a possibilidade do manejo de uma gama de expedientes judiciais, seja de iniciativa do próprio contribuinte ou em oposição a ações de cobrança interpostas pelo ente estatal, de modo que se justifica a regra que obriga o reexame das decisões de insubsistência de créditos tributários.

Já nos incisos do *caput* do artigo 41, que trata do recurso necessário, estão previstas as hipóteses de dispensa da apresentação do apelo, excluindo desde logo a obrigatoriedade em decisões que envolvam quantias abaixo de determinado valor, quando a decisão for fundada em matéria de fato, aí entendidas as hipóteses estritas tais como erros de cálculo perpetrados na peça fiscal, ou, ainda, quando a decisão tratar de exigência ligada tão somente a obrigação acessória.

Percebe-se, de pronto, que as hipóteses legais de dispensa de apresentação de recurso de ofício se restringem a questões administrativas, e não propriamente de direito material ou subjetivo, na medida em que dispensam o prosseguimento da discussão privilegiando aspectos ligados à economia processual e à eficiência administrativa.

Atendendo aos mesmos princípios e sob o primado da lógica, determina o § 2º do artigo 41 que, no caso do processamento de eventual recurso voluntário interposto em paralelo ao recurso previsto no artigo, ambos deverão ser encaminhados para julgamento na mesma Câmara da Corte Administrativa estadual, apreciando-se numa mesma decisão de instância superior as razões recursais da defesa e a fundamentação que levou o julgador singular a excluir determinadas parcelas da exigência fiscal.

Os §§ 3º e 4º do dispositivo legal em exame apontam para o saneamento de omissão do juízo *a quo* manifestada pela não apresentação do recurso obrigatório previsto na norma, devendo ser suprida esta omissão pela determinação ao servidor encarregado da execução da decisão para que represente à autoridade julgadora, através de sua chefia imediata, representação no sentido de que seja proposto o recurso omitido.

No mesmo sentido, quando da interposição de recurso voluntário em decisão que tenha tornado parcialmente insubsistente o crédito em discussão, a Câmara para a qual tiver sido distribuído o processo deve tomar conhecimento pleno do processo, manifestando-se sobre a parte excluída pela decisão de primeira instância, como se recurso de ofício houvesse.

> Art. 42. Das decisões favoráveis à restituição de tributo, multa ou juros, haverá, também, recurso de ofício à segunda instância, observado o disposto nos incisos I e II do artigo anterior.

Como anteriormente mencionado, o artigo demonstra uma característica do processo tributário administrativo estadual, que concede o mesmo tratamento processual ao procedimento especial que concerne à análise dos pedidos de repetição do indébito fiscal.

De qualquer sorte, apesar de não restar configurado o caráter litigioso numa mera petição de restituição de indébito fiscal, parece de todo conveniente que haja, em caso de reconhecimento do direito postulado pelo contribuinte, já que as decisões administrativas proferidas no âmbito do processo tributário administrativo tem, como mencionado alhures, caráter vinculativo para a Administração Pública, a possibilidade de revisão de tal decisão.

Assim, tendo o pedido de repetição de indébito fiscal sido alçado à mesma condição das demandas contenciosas, deverá ser igualmente revisado pela instância superior, em caso de deferimento, estabelecendo a necessária garantia ao erário de que a devolução concedida efetivamente corresponda a um valor indevidamente recolhido.

> Art. 43. O recurso de ofício devolve o conhecimento do feito às Câmaras do TARF unicamente em relação à parte recorrida.

Dispõe o artigo 43 da lei do processo tributário administrativo do Estado do Rio Grande do Sul que o efeito devolutivo do recurso oficial fica limitado à parte da exigência (ou da concessão de restituição, onde também aplicável o artigo) declarada improcedente pela decisão de primeira instância.

A restrição dos efeitos do recurso de ofício à parte recorrida está perfeitamente alinhada com a natureza do recurso oficial, que pretende seja obrigatoriamente reexaminada a decisão contrária à Fazenda Pública, em razão da devida cautela contra eventual prejuízo ao Erário pela exclusão parcial ou total de lançamento tributário.

Deste modo, só haverá pronunciamento do Tribunal sobre a parcela da exigência fiscal mantida pela decisão monocrática no caso de ser interposto pelo sujeito passivo o correspondente Recurso Voluntário.

A norma contida no dispositivo está, ao nosso sentir, perfeitamente coadunada com a estruturação do processo administrativo fiscal, na medida em que a revisão de ofício do lançamento este restrita ao âmbito da Administração Tributária, ao passo que o contencioso fiscal depende de impulso da parte, ou seja, só se procede a revisão do lançamento dentro do processo administrativo quando houver manifestação neste sentido do sujeito passivo, através dos atos processuais a ele atribuídos.

Considerações finais

Certamente não foi possível, nestas breves considerações, esgotar a temática envolvendo o julgamento em primeiro grau dos processos administrativos de natureza fiscal.

Nem era esta a pretensão, tendo o trabalho procurado produzir comentários, baseados na experiência profissional que envolve a interpretação diária dos dispositivos que regem a matéria no âmbito estadual, objetivando a apontar ao estudioso ou militante da área tributária alguns aspectos entendidos por este autor como relevantes na norma processual tributária gaúcha, relativamente à primeira instância e ao recurso oficial, acoplando a estes pontos de vista algumas considerações de doutrinadores que se ocuparam da matéria.

Com certeza muito mais ainda há para ser mencionado sobre o julgamento de primeira instância e sobre o recurso *ex officio*, mas é importante destacar a relevância do processo administrativo fiscal na solução das controvérsias tributárias, em que pese suas limitações quanto aos aspectos jurisdicionais, que fazem com que as decisões no seu âmbito prolatadas produzam efeito vinculante tão somente para a Administração Tributária.

Neste capítulo, cabe mencionar o papel ocupado pelo julgamento administrativo em primeiro grau das razões opostas ao crédito tributário constituído, na medida em que, sendo realizado dentro de órgão integrante da estrutura da Administração Tributária, como prescreve a legislação processual vigente no Rio Grande do Sul, não restrinja sua atuação a de mero confirmador das exigências tributárias impostas contra o contribuinte mas, pelo contrário, mantenha a necessária isenção que se exige para melhor análise dos fatos e do direito, identificando, com a visão favorecida pela proximidade com os procedimentos executados no curso da verificação fiscal, se a exação combatida contempla a correta aplicação da norma tributária à hipótese fática sob exame.

Registre-se, por dever de justiça, que as decisões proferidas pela primeira instância administrativa estadual tem demonstrado, além da qualidade técnica que transparece o preparo dos julgadores monocráticos designados, um adequado grau de imparcialidade no exame das questões submetidas ao processo tributário administrativo.

Não obstante as limitações dos efeitos das decisões sobre as lides tributárias no âmbito administrativo, mormente aquelas contrárias ao sujeito passivo, fica o registro da existência de um eficiente, de simples manejo, custo reduzido e, no mais das vezes, ágil instrumento para fazer valer os direitos do contribuinte contra exigências fiscais indevidas ou constituídas sem a devida instrumentalização probatória, bem como, por parte do ente titular da competência tributária, fazer com que o juízo revisional do crédito tributário exerça o papel de permitir que prosperem apenas créditos tributários revestidos da liquidez e certeza indispensáveis para a coerção patrimonial do sujeito passivo.

Em ambas as situações, agradecem o Sistema Judiciário e a Sociedade, na medida em que pode ser eliminada parte das demandas judiciais, possibilitando uma melhor administração da prestação jurisdicional, objetivo que é por todos os cidadãos perseguido.

Por derradeiro, não se pode deixar de registrar, que o modelo adotado no país, que contempla a absoluta independência do processo judicial em relação à discussão administrativa que, na maioria dos casos, permite uma análise pormenorizada e que tange aspectos técnicos da atividade fiscal muitas vezes não analisados na lide travada no Judiciário, esvazie um pouco a colaboração que o processo administrativo fiscal poderia dar em termos da eficiência e da celeridade no processamento e na realização das receitas públicas, bem como na consecução das próprias garantias para o contribuinte.

Referências

BONILHA, Paulo Celso Bergstrom. *Da prova no processo administrativo tributário*. São Paulo: LTr, 1992. 143p.

MACHADO, Hugo de Brito. *Curso de direito tributário*. 19.ed. São Paulo: Malheiros, 2001. 454p.

MARINS, James. *Direito processual tributário brasileiro (administrativo e judicial)*. 2. ed. São Paulo: Dialética, 2002. 671p.

MEIRELLES, Ely Lopes. *Direito administrativo brasileiro*. 28.ed. São Paulo: Malheiros, 2003. 792p.

XAVIER, Alberto. *Do lançamento: teoria geral do ato, do procedimento e do processo tributário*. 2. ed. Rio de Janeiro: Forense, 1997. 632p.

— 15 —

Recurso voluntário e pedido de reconsideração: uma abordagem procedimental da garantia de acesso à segunda instância administrativa pelo contribuinte

RAFAEL NICHELE

Mestre em Direito Tributário pela PUCRS, Professor do Curso de Pós-Graduação em Direito Tributário da PUCRS, Juiz Titular do TARF/RS, Sócio do Cabanellos Schuh Advogados Associados.

EDUARDO BARBOZA DOS SANTOS

Pós-Graduando em Direito Tributário pela PUCRS/IET e Advogado do Escritório Cabanellos Schuh Advogados Associados.

Sumário: 1. Delimitação do estudo; 2. Devido processo legal e duplo grau de jurisdição administrativa; 3. Recurso voluntário; 3.1. Conceito; 3.2. Condições; 3.3. Pressupostos de admissibilidade – Principais causas do não conhecimento do recurso; 4. Pedido de reconsideração; 4.1. Condições; 4.2. Pressupostos processuais; 5. Efeitos dos recursos do contribuinte; 6. Conclusões.

1. Delimitação do Estudo

O presente estudo busca organizar um breve quadro sobre os recursos à segunda instância disponibilizados ao contribuinte no processo administrativo tributário estadual regulado pela Lei nº 6.537/73, dando ênfase principalmente a seus aspectos formais e procedimentais.

Tal abordagem se justifica com base em dois motivos. O primeiro diz respeito ao princípio da legalidade estrita que rege o processo administrativo, que traz como consequência a valorização do formalismo procedimental e uma rigorosa análise de sua admissibilidade que não encontra correlação no processo civil. O segundo motivo decorre da pluralidade de regimes processuais administrativos aos quais o contribuinte é confrontado. Isto é, não basta ao litigante ter ciência de uma única lei de regência, como ocorre com processo jurisdicional civil, mas sim de tantas quanto às esferas públicas às quais se submete à tributação.

Ocorre assim, que o administrado deve conhecer a cada legislação processual das administrações em que venha a litigar ou peticionar, o que representa em nada incomum desconhecimento das peculiaridades de cada um dos procedimentos administrativos e, consequentemente, resulta em um alto número de impugnações e pedidos administrativos indeferidos sem análise de mérito, ou de recursos ao Tribunal Administrativo não conhecidos.

Dentro desse quadro, propõe-se analisar o Recurso Voluntário e o Pedido de Reconsideração previstos na Lei nº 6.537, no tocante aos seus fundamentos legais e procedimentais, com base na jurisprudência do Tribunal Administrativo de Recursos Fiscais (a partir de agora TARF) e do Tribunal de Justiça de Rio Grande do Sul.

2. Devido Processo Legal e duplo grau de jurisdição administrativa

Antes de verificarmos os predicados próprios do recurso voluntário e de pedido de reconsideração no processo administrativo gaúcho, é necessário assentarmos as premissas de sua base axiológica e os permissivos constitucionais que impõem sua existência no litígio administrativo, de que tratam a garantia ao duplo grau de análise do processo, à ampla defesa e ao contraditório.

Insculpidas no inciso LV, artigo 5º, da Constituição Federal, referidas garantias determinam que "aos litigantes em processo judicial ou administrativo, e aos acusados em geral são assegurados o contraditório e a ampla defesa, com os meios e recursos a ela inerentes" e sua aplicabilidade é garantida pelo inciso subsequente, LVI, que garante que "ninguém será privado da liberdade ou de seus bens sem o devido processo legal".

Da leitura constitucional vê-se a garantia do processo legal, premissa maior das quais irradiam as garantias referidas. Resta, assim, cristalizada uma das premissas do devido processo legal, qual seja à proteção das regras gerais (*general rules*),[1] isto é, que "a lei no caso concreto não contraria os princípios fundamentais consagrados na Constituição, portanto, na Lei Maior",[2] não podendo tais garantias serem suprimidas arbitrariamente.

Do contexto desta irrenunciabilidade ao devido processo legal pela autoridade autuante, resguarda-se ao contribuinte à possibilidade do

---
[1] CAIS, Cleide Previtalli. *O Processo Tributário*. 5ª ed. São Paulo: Revista dos Tribunais, 2007, p. 90
[2] NOVIS, Mariana. Sentido e Alcance do Direito de Recurso na Esfera Administratia à Luz da Constituição Federal de 1988. In: *Revista Trimestral de Direito Público*, nº46/2004, Malheiros, p. 243.

contraditório, da ampla defesa, bem como da apresentação do recurso perante o tribunal administrativo, sem prejuízo de outras garantias fundamentais inerentes ao processo administrativo. Tal garantia, entretanto, não significa a impossibilidade de mitigação pela legislação, como se verá adiante.

A garantia ao duplo grau de análise processual é de vital importância para delimitarmos o âmbito dos recursos ora estudados. Da leitura do inciso LV, *in fine*, podemos chegar à conclusão de que o duplo grau de jurisdição é uma decorrência do princípio da ampla defesa, garantido pelos "meios e recursos a ela inerentes". Para Eduardo Domingos Bottallo "Meios e Recursos são os predicamentos que o constituinte originário teve como ínsitos à garantia em consideração: os meios revelam o direito à prova; os recursos, o direito à dupla instância de julgamento".[3]

A justificativa para a dupla apreciação encontra-se na tentativa de reduzir a possibilidade de uma decisão arbitrária pelo julgador originário e como forma de tentar encontrar a melhor solução para o deslinde da controvérsia. Preclaro o ensinamento do mestre José Carlos Barbosa Moreira que, ao analisar a motivação do duplo grau de jurisdição no processo civil, referiu: "é dado da experiência comum que uma segunda reflexão acerca de qualquer problema frequentemente conduz a mais exata conclusão, já pela luz que projeta sobre ângulos até então ignorados, já pela oportunidade que abre para a reavaliação de argumentos a que no primeiro momento talvez não tenha atribuído o justo peso".[4]

Tal garantia não implica obrigatoriamente análise do processo por órgão diverso, ou de hierarquia superior a do julgador *a quo*,[5] mas a possibilidade de revisão da decisão originária. O que se busca, portanto, é um "duplo juízo sobre o mérito",[6] ou a possibilidade de revisão da contenda, seja sobre o mérito da causa discutida, ou sobre o mérito de determinada questão suscitada, como acontece, por exemplo, na possibilidade de revisão em grau de recurso sobre pressupostos de admissibilidade da inicial julgada sem exame de mérito pelo julgador singular. Não há, nesse caso, obrigatoriedade de pronunciamento sobre questão de fundo no órgão revisional, mas apenas saneamento da irregularidade, quando deverá ser determinado o pronunciamento pelo órgão julgador originário sobre o

---

[3] BOTALLO, Eduardo Domingues. *Curso de Processo Administrativo Tributário*. São Paulo: Malheiros, 2006, p. 81.
[4] MOREIRA, José Carlos Barbosa. *Comentário ao Código de Processo Civil*, 7ª ed. Rio de Janeiro: Forense. 1998, p. 235.
[5] NERY JUNIOR, Nelson. *Teoria Geral dos Recursos*. 6ª ed. São Paulo: Revistas dos Tribunais, 2004, p. 44.
[6] MARINONI, Luis Guilherme. *Processo de Conhecimento*. 7ª ed. São Paulo: Revista dos Tribunais, 2008, p. 495.

mérito, ou, então, se procederá ao reconhecimento da impossibilidade de sua apreciação.

A par da garantia do duplo grau de análise, o fundamento dos recursos que serão estudados encontra-se nos princípios do contraditório e da ampla defesa. Não obstante a ampla produção doutrinária a respeito do tema, sinteticamente temos que a ampla defesa garante em seu bojo o direito à petição administrativa que "enquanto concreção do devido processo legal, deve ser apto a impedir que o contribuinte seja 'privado de seus bens' sem o devido processo legal",[7] bem como o direito à manifestação, ou o direito de ser ouvido.[8]

No mesmo sentido, esclarecedora da aplicabilidade prática do contraditório e da ampla defesa aplicados aos processo administrativo, o dispositivos prevista no inciso X, artigo 2º da Lei 9.784, que regula o processo administrativo no âmbito da administração pública federal:

> Art. 2º A Administração Pública obedecerá, dentre outros, aos princípios da legalidade, finalidade, motivação, razoabilidade, proporcionalidade, moralidade, ampla defesa, contraditório, segurança jurídica, interesse público e eficiência.
>
> (...)
>
> X – garantia dos direitos à comunicação, à apresentação de alegações finais, à produção de provas e à interposição de recursos, nos processos de que possam resultar sanções e nas situações de litígio

É na aplicabilidade desses princípios – já vigentes no sistema pátrio desde muito antes da presente Constituição, embora nela novamente assegurado –, que se inserem no processo administrativo tributário estadual o Recurso Voluntário e o Pedido de Reconsideração.

3. Recurso voluntário

3.1. Conceito

Recursos Administrativos são, segundo Hely Lopes Meirelles, "todos os meios hábeis a propiciar o reexame da decisão interna pela própria Administração".[9]

Nas palavras de Lídia Maria Lopes Rodrigues Ribas, "Recurso Voluntário é faculdade do contribuinte quando a decisão singular é favorável, parcial ou totalmente, à Fazenda Pública e provoca o pronunciamento da segunda instância administrativa".[10]

---

[7] MARINS, James. *Direito Processual Tributário Brasileiro (Administrativo e Judicial)*. São Paulo: Dialética, 2010, p. 171.

[8] Idem.

[9] MEIRELLES, Helly Lopes. *Direito Administrativo Brasileiro*. 24ª ed. São Paulo: Malheiros, 1999, p. 604-605.

[10] RIBAS, Lidia Maria Lopes Rodrigues. *Processo Administrativo Tributário*. 3ª ed. São Paulo: Malheiros, 2008, p. 139.

A Lei n° 6.537/73 reserva a seção IV, do Capítulo II, para tratar do Recurso Voluntário. Ali, dentre os artigos 44 a 48, a legislação estadual dispõe sobre o procedimento que garante o duplo grau de jurisdição administrativa ao contribuinte, assegurando as condições e pressupostos de admissibilidade do recurso. Nesse sentido, dispõe o artigo 44:

> Art. 44. Das decisões de primeira instância contrárias ao sujeito passivo ou ao requerente, no todo ou em parte, inclusive sobre pedido de restituição, cabe recurso voluntário a uma das Câmaras do TARF, com efeito suspensivo.
>
> Parágrafo único – Com o recurso poderá ser oferecida, exclusivamente prova documental.

De referida leitura tem-se que o Recurso Voluntário é o instrumento à disposição do contribuinte para contestar a decisão de primeira instância que contrarie, total ou parcialmente, suas pretensões, facultando ao administrado o acesso ao duplo grau de análise administrativa.

3.2. Condições

Deve-se atentar que a irresignação ao Tribunal não é garantida contra qualquer espécie de manifestação singular de órgão Fazendário que apresente posição contrária aos interesses do contribuinte. Em outras palavras, não há, no âmbito legislativo estadual, garantia ampla à manifestação do colegiado administrativo em relação a todo e qualquer questionamento formulado pelo sujeito passivo.

Consoante disposto no inciso LV da Constituição Federal, a garantia ao duplo grau de apreciação pressupõe a existência de um processo litigioso, seja ele administrativo ou litigioso. Dessa forma, amparada nessa garantia constitucional, a Lei Estadual reconhece como regra principal a interposição de Recurso Voluntário contra decisão que esteja inserida em processo administrativo tributário litigioso. Para tanto o afirma como sendo aquele que tem início através da impugnação do contribuinte ao lançamento, ou pela recusa de recebimento de denúncia espontânea da infração, hipóteses previstas como procedimentos vestibulares, insculpido no artigo 24 da Lei n° 6.537/73.[11]

Para além desses casos, a Lei Processual pontifica outras situações a ensejar o recurso hierárquico, como contra a decisão que indefere o Pedido de Restituição, espécie de procedimento especial previsto na seção III, capítulo IV, do texto legal. De tal dispositivo deriva, por equiparação prevista no artigo 96, § 2°, a possibilidade de interposição Recurso Voluntário da decisão que indefere Requerimento de Isenção formulado pelo contribuinte.

---

[11] Art. 24. A fase litigiosa do procedimento inicia-se na repartição que jurisdiciona o domicílio fiscal do sujeito passivo ou em outra entidade pública ou privada credenciada pelo Secretário da Fazenda: I – pela impugnação a lançamento de tributo ou penalidade; II – pela contestação a recusa de recebimento de denúncia espontânea de infração.

De salientar que o princípio do duplo grau é norma garantidora, isto é, não possui incidência ilimitada, podendo ser mitigada, como fizera, inclusive, a própria Constituição Federal ao fixar irrecorríveis as decisões do Superior Tribunal Eleitoral (art. 123, § 3º, Constituição Federal de 1988), ou ao dispor sobre as competências do Supremo Tribunal Federal para julgamento em grau de recurso ordinário. O que é defeso, isso sim, à legislação infraconstitucional é a sua supressão completa.

Percebe-se, portanto, que a lei estadual apresenta rol taxativo das hipóteses em que é possibilitado o recurso voluntário das decisões singulares da administração tributária. Não há que se falar em uma garantia de interposição do recurso voluntário sobre toda e qualquer manifestação de caráter decisório no âmbito administrativo, mesmo quando expressam posicionamento contrário às pretensões do contribuinte. Como exemplo da mitigação do duplo grau de jurisdição na legislação estadual, por exemplo, as respostas às consultas formuladas pelo contribuinte, cujo caráter irrecorrível é inclusive disposto no seu artigo 80.[12]

Nesse ponto, firmado o posicionamento no Tribunal Administrativo de Recurso Fiscais do Estado do Rio Grande do Sul, bem como pela jurisprudência dominante no Tribunal de Justiça do Estado sobre a impossibilidade da interposição de recurso voluntário contra as decisões negativas ao pedido de compensação de créditos de ICMS com débitos provenientes de precatório de propriedade do contribuinte, em decorrência da taxatividade da lei estadual, consoante se vê:

> ICMS. PROCESSUAL. PEDIDO DE COMPENSAÇÃO DE DÉBITO COM PRECATÓRIO. FALTA DE PREVISÃO LEGAL PARA O RECURSO. NÃO CONHECIMENTO.
>
> Pedido de Reconsideração de resposta dada pela Subsecretaria da Receita Estadual em face de pedido de compensação de débito com precatório, o qual foi negado. Tendo em vista que o Pedido de Reconsideração, nos termos do artigo 60 da Lei nº 6.537/73, se justifica exclusivamente na hipótese de provimento a recurso de ofício, o que não é o caso dos autos, não há como conhecer o presente pedido. Da mesma forma, visto o apelo sob o prisma do Recurso Voluntário (artigo 44 da Lei nº 6.537/73), também não há como acatá-lo na medida em que referido recurso somente se aplica a decisões de primeira instância relacionadas com o contencioso fiscal (artigo 24 da Lei nº 6.537/73), bem como as decorrentes de pedido de restituição e de isenção (artigos 92 e 96 da mesma Lei nº 6.537/73), o que, também, não é o caso dos autos. Recurso Voluntário não conhecido.
>
> (RECURSO Nº 446/11 ACÓRDÃO Nº 949/11, Proc. nº 28339-14.00/11-3, Primeira Câmara do Tribunal Administrativo de Recursos Fiscais do Rio Grande do Sul; Relator Renato José Calsing)
>
> APELAÇÃO CÍVEL E REEXAME NECESSÁRIO. MANDADO DE SEGURANÇA. SUSPENSÃO DA EXIGIBILIDADE DE CRÉDITO TRIBUTÁRIO EM RAZÃO DE PEDIDO ADMINISTRATIVO DE COMPENSAÇÃO DE DÍVIDA DE ICMS COM CRÉDITO INSCRITO EM PRECATÓRIO EXPEDIDO CONTRA O IPERGS. CERTIDÃO POSITIVA COM EFEITOS DE NEGATIVA. A existência de pedido administrativo de suspensão da exigibilidade de crédito de ICMS mediante oferta de precatório expedido contra o IPERGS não autoriza a obtenção de certidão de regularidade fiscal positiva com efeitos de negativa de que trata o art. 206 do CTN. Não se enquadra a pretensão em quaisquer das

---

[12] Art. 80. A solução a consulta será dada, em caráter irrecorrível, pela chefia do órgão referido no artigo 76, no prazo de 30 (trinta) dias, contado da data da apresentação.

hipóteses contidas nos incisos I e II do art. 24 da Lei nº 6.537/73, que estabelece, de forma taxativa, as situações em que se inicia a fase litigiosa do procedimento administrativo, inexistindo a possibilidade de apresentação de recurso voluntário ao TARF, segundo dispõe o art. 44. Tampouco incide a regra do art. 77, I da Lei nº 6.537/73, aplicável apenas para tributos não vencidos à data em que formulada, e sem efeito quando se tratar de disposição claramente expressa na legislação pertinente, na forma do seu art. 78, II. Com a garantia antecipadamente ofertada, também haveria subversão à graduação prevista no art. 11 da LEF, enquadrando-se o bem indicado na categoria de direitos e ações. Possibilidade de recusa do credor na hipótese, à inteligência do verbete nº 406 da Súmula do STJ. APELAÇÃO PROVIDA. REEXAME NECESSÁRIO PREJUDICADO. (Apelação e Reexame Necessário Nº 70042819300, Segunda Câmara Cível, Tribunal de Justiça do RS, Relator: Almir Porto da Rocha Filho, Julgado em 08/06/2011)

Diante dessas condições, percebe-se que a legislação processual pode impor certas restrições ao acesso ao duplo grau de jurisdição, desde que não obste o seu acesso ao núcleo do direito fundamental delimitado na Carta Maior, ou seja, calcada também sob a égide da razoabilidade e da proporcionalidade.[13] Da mesma forma, a legislação pode e de fato impõe formalidades procedimentais que impedem o conhecimento do recurso, consoante se passa a expor.

3.3. Pressupostos de admissibilidade – principais causas do não conhecimento do recurso

O prazo para apresentação do recurso é de 15 dias contados da data da intimação da decisão prolatada em primeira instância.

Consoante Instrução Normativa DRP nº 45/98 com a redação dada pela IN 025/09 (DOE 27/03/2009), a contagem se dá, de forma contínua, excluindo-se o dia de início e incluindo-se o dia do vencimento, não contabilizado para marco inicial ou final o dia que não houver expediente normal da repartição em que tramita processo ou deva ser praticado o ato, situação em que se posterga a contagem para o primeiro dia útil subsequente. A instrução normativa refere que não é dia normal de expediente "o sábado, o domingo, o feriado, o dia com ponto facultativo ou com meio expediente ou o dia em que qualquer evento inviabilize o funcionamento da repartição fazendária".

Em caso de intimação por edital, a ciência da decisão é considerada realizada após 5 dias da realização do ato, independentemente de haver ou não expediente normal na repartição em que tramita o processo administrativo.

No tocante à intimação por edital, entretanto, é necessário que se façam algumas ponderações, em decorrência da regra específica que rege o procedimento administrativo estadual. Isso, porque a Lei 6.537/73, em

---

[13] DALLLARI, Adilson Abreu e FERRAZ, Sérgio *apud* NOVIS, Mariana, Sentido e Alcance do Direito de Recurso na Esfera Administrativa à Luz da Constituição Federal de 1988. In: *Revista Trimestral de Direito Público*, nº 46/2004, São Paulo, Malheiros, p. 255

seu artigo 21, dispõe que a intimação pode ser feita pessoalmente, por correio, por meios eletrônicos, ou por edital, mesmas modalidades previstas no diploma processual civil.[14] Ocorre, entretanto, que a legislação do Rio Grande do Sul, através da redação dada ao 3° do artigo 21, § 3°, dispôs:

> § 3º A autoridade competente poderá optar por qualquer uma das formas de notificação ou intimação previstas nos incisos deste artigo.

Disto resultam inúmeros recursos ao TARF, resultantes de impugnações ou recursos voluntários intempestivos em decorrência de intimação realizada por edital. Neste ponto, necessário apontar o conflito que a aplicação do referido dispositivo ocasiona.

A discricionariedade na escolha do meio de intimação pela autoridade fiscal representa afronta ao princípio do devido processo legal, devendo o Fisco proceder com as intimações sempre de modo menos gravoso e mais eficiente em favor do contribuinte/autuado. Tal bem proceder, entretanto, é de caráter axiológico, insculpido na Constituição Federal integrando o já referido *due process of Law*. O processo administrativo e o TARF, por consequência, primam pelo resguardo ao formalismo estrito, isto é, o dever de guardar as normas que regem o seu Estado e a administração da qual faz parte. Por consequência, o TARF não pode afastar a legislação estadual por violação à artigo constitucional, sob pena de afronta irreversível ao princípio da separação dos poderes. Tal entendimento, inclusive, é objeto da Súmula n° 03 deste Tribunal:

> Processual – A tese de inconstitucionalidade é estranha à competência do Tribunal Administrativo de Recursos Fiscais. TARF – 16/07/91. (Resolução nº 03/91, DOE de 22/07/91, página 15)

Assim, em que pese à afronta ao regular processamento do contribuinte, o TARF não possui legitimidade para afastar a incidência do § 3°, suprarreferido, caso ela tenha sido determinada em momento anterior ao envio dos autos à segunda instância administrativa. A respeito da discricionariedade da autoridade para elencar o meio de intimação que entender adequado, entende o Tribunal Administrativo:

> PROCESSUAL. INSTAURAÇÃO DO CONTENCIOSO ADMINISTRATIVO. REQUISITOS DE ADMISSIBILIDADE. EXAME. INTERVENÇÃO A DESTEMPO. INDEFERIMENTO DA INICIAL. PROCEDÊNCIA. Recurso Voluntário. O procedimento tributário administrativo, instituído pela Lei nº 6.537/73,

---

[14] Art. 21. As notificações e intimações serão feitas por uma das seguintes formas: I – pessoalmente, mediante aposição de data e assinatura do sujeito passivo, seu representante ou preposto, no próprio instrumento ou em processo, com entrega, no primeiro caso, de cópia de documento ou, ainda, através da lavratura de termo em livro fiscal ou em talonário de documentos fiscais; II – mediante remessa ao sujeito passivo de cópia do instrumento ou de comunicação de decisão ou circunstância constante de processo, provada pelo aviso de recebimento, datado e assinado pelo destinatário, ou por quem em seu nome a receba; III – eletronicamente, por meio de sistema informatizado de notificações e intimações do Departamento da Receita Pública Estadual, conforme disposto em instruções baixadas pelo referido Departamento; (Redação dada pelo art. 1º, VI, *b*, da Lei 12.209, de 29/12/04. (DOE 30/12/04)). IV – por edital publicado no Diário Oficial do Estado ou em outro veículo de divulgação local, e afixado em lugar visível no prédio da repartição. (Acrescentado pelo art. 1º, VI, *b*, da Lei 12.209, de 29/12/04. (DOE 30/12/04)).

prevê requisitos de admissibilidade para a instauração válida do processo contencioso (artigo 38, redação da Lei nº 10.370/95). Dentre as hipóteses impeditivas para o conhecimento do mérito da inicial temos a apresentação de impugnação ou contestação a destempo (artigo 38, inciso II, combinado com o artigo 28 da Lei nº 6.537/73). O confronto entre a data da notificação do sujeito passivo e a da proposição da impugnação revela que a instauração do contencioso administrativo se operou após a fluência do prazo legal estabelecido para a prática do ato. A autoridade administrativa competente tem a faculdade de optar por qualquer uma das formas de notificação ou intimação previstas no artigo 21 do texto legal supra, segundo explicitado no seu § 3º. Válida a intimação formulada por meio de aviso de recebimento direcionado ao endereço indicado pelo sujeito passivo, ainda que recebida por terceira pessoa. Negado provimento. Unânime. (Recurso nº 1016/09, Acórdão nº 184/10. Proc. nº 77117-14.00/09-0, Rel. Ivori Jorge da Rosa Machado)

Entendimento diverso tem adotado o Tribunal de Justiça do Estado do Rio Grande do Sul, para determinar a invalidação da intimação:

APELAÇÃO CÍVEL E REEXAME NECESSÁRIO. DIREITO TRIBUTÁRIO. MANDADO DE SEGURANÇA. ICMS. PROCESSO ADMINISTRATIVO. NOTIFICAÇÃO POR EDITAL. Trata-se de mandado de segurança no qual a impetrante visa o reconhecimento da nulidade do processo administrativo que gerou o auto de lançamento nº 0019658028, a pretexto de que a notificação se deu pela via editalícia, sem que tivessem sido esgotadas as tentativas de intimação pessoal do sujeito passivo, tendo sido concedida a segurança pleiteada na origem. Em uma interpretação conforme a CF/88, tem-se que o Fisco pode optar por qualquer uma das formas de notificação do lançamento previstas nos incisos I, II e III do artigo 21 da Lei Estadual nº 6.537/73, podendo proceder à notificação por edital apenas quando frustradas as tentativas de ciência do sujeito passivo por tais meios. No caso dos autos, restou incontroverso que o Estado, primeiramente, tentou notificar a impetrante por carta AR, em seu domicílio fiscal, contudo, sem obter sucesso, posto que a empresa, que se tratava de uma filial, havia encerrado suas atividades em fevereiro de 2005, conforme atesta a própria impetrante no exordial, embora a comunicação da baixa da empresa tenha ocorrido apenas em 2009. Ocorre que, mesmo a empresa tendo outras duas filiais no Estado, nesta Capital, deixou o impetrado de proceder na tentativa de intimação do sujeito passivo no endereço das filiais, procedendo, de imediato, na notificação por meio de edital. Destarte, assiste razão à impetrante, sem descurar do disposto no art. 38, §2º, da Lei nº 8.820/89, é que não há como afastar o evidente prejuízo ao exercício do direito de defesa do sujeito passivo que é notificado pela via do edital, especialmente considerando que era de conhecimento do Fisco Estadual a existência da matriz e mais duas filiais da empresa impetrante, que poderia ter sido facilmente notificada por carta com aviso de recebimento no endereço das demais filiais ou da matriz, pelo que flagrante se mostra a nulidade da notificação levada a cabo pelo impetrado, por infringência ao disposto no art. 5º, inciso LV, da CF/88. As pessoas jurídicas de direito público são isentas do pagamento das custas processuais, em face das disposições da Lei 13.471, de 23 de junho de 2010, publicada no Diário Oficial do Estado em 24.06.2010, que alterou o art. 11 da Lei Estadual n. 8.121/85 (Regimento de Custas), naquilo que sobejar ao que foi recolhido antecipadamente pela impetrante, excluídas as despesas judiciais, por força da liminar deferida no Agravo Regimental n.º 70039278296 nos autos da Ação Direta de Inconstitucionalidade n.º 70038755864. Sentença reformada em parte, em reexame necessário. APELAÇÃO DESPROVIDA E SENTENÇA REFORMADA EM PARTE EM REEXAME NECESSÁRIO, POR MAIORIA. (Apelação e Reexame Necessário Nº 70035401637, Vigésima Segunda Câmara Cível, Tribunal de Justiça do RS, Relator: Niwton Carpes da Silva, Julgado em 15/12/2011)

O posicionamento do Judiciário a respeito da nulidade das notificações por edital feita pelo Fisco, sem que sejam privilegiadas outras formas de comunicação com o contribuinte, tem feito as autoridades fiscais revisarem referido procedimento, Entretanto, em caso de ocorrência da intimação editalícia, invariavelmente tem levado o Tribunal Administrativo a adotar o posicionamento referido.

Outro ponto de controvérsia em grau de recurso voluntário refere-se a comprovação da capacidade postulatória. Nos mesmos moldes das exigências para apresentação da impugnação administrativa, para a interposição do Recurso Voluntário, é necessário que o signatário obedeça ao disposto no art. 19:

> Art. 19. A intervenção do sujeito passivo no procedimento tributário administrativo faz-se pessoalmente ou por intermédio de procurador, que deverá ser advogado inscrito na Ordem dos Advogados do Brasil.
>
> § 1º A intervenção direta dos entes jurídicos faz-se por seus dirigentes legalmente constituídos.
>
> § 2º A intervenção de dirigentes ou procurador não produzirá nenhum efeito se, no ato, não for feita a prova de que os mesmos são detentores dos poderes de representação.
>
> § 3º É lícito ao procurador, não podendo apresentar junto com a defesa prova de habilitação, prestar caução "de rato".

É corriqueiro no Tribunal Administrativo a ocorrência de indeferimento da inicial sem análise de mérito, ou então o não conhecimento do recurso voluntário, com base da ausência de comprovação da capacidade postulatória prevista no artigo 38, I, da Lei nº 6.537/73.[15]

Nesse sentido, as decisões fazem referência a dois tipos de representação, cujas formalidades devem ser obedecidas. O primeiro deles na intervenção através de advogado constituído na OAB. Neste caso é necessário, além da procuração da contribuinte, que a mesma tenha sido firmada nos termos do contrato social sendo a outorgante pessoa jurídica. Assim, se o contrato social estipula que dois ou mais diretores devem ser os signatários do instrumento de procuração, sua inobservância implica no não conhecimento do recurso.

De igual forma, o entendimento do Tribunal Administrativo tem sido pela mitigação da possibilidade de regularização da capacidade postulatória posteriormente à apresentação da impugnação ou do recurso voluntário. No caso, disciplina o § 1º do artigo 38, que regula os casos de não conhecimento do recurso que "Verificando a autoridade preparadora ou julgadora a ausência da prova de capacidade processual, intimará ou determinará a intimação do sujeito passivo para que este junte aos autos, no prazo de 5 dias, a referida prova, sob pena de indeferimento da inicial". Segundo o entendimento esposado no TARF, a notificação do sujeito passivo somente se dará no caso ausência completa da capacidade postulatória, como no caso da ausência de procuração. Em caso de existir instrumento de outorga de poderes e ele estiver em desconformidade

---

[15] Art. 38. A inicial será indeferida sem o julgamento do mérito quando: I – a parte for manifestamente ilegítima ou deixar de fazer prova de sua capacidade, conforme o disposto no artigo 19 desta Lei; II – o pedido for intempestivo; III – o pedido questionar a constitucionalidade ou a validade da legislação tributária; IV – o pedido for manifestamente protelatório, especialmente quando, dentre outras: 1 – não apontar erro de fato; 2 – não apresentar erro material do cálculo; 3 – não apresentar divergência entre o lançamento e a legislação pertinente. V – o sujeito passivo desistir da impugnação administrativa.

com o contrato social ou outra eventual irregularidade, tem se considerado inaplicável o parágrafo primeiro do artigo 38.

A segunda forma de representação dá-se pela intervenção de representante da empresa. Segundo o § 1ª do artigo 19, somente se permitirá a intervenção dos dirigentes regularmente constituídos. Com isso, o TARF faz interpretação restrita à norma, entendendo que o preposto, ainda que devidamente autorizado por procuração não possui capacidade postulatória no feito.

4. Pedido de reconsideração

4.1. Condições

O pedido de reconsideração é outra forma de efetivar as garantias processuais de ampla defesa, contraditório e o acesso a dupla revisão administrativa ao contribuinte, tal como acontece com o Recurso Voluntário. Não obstante, ao passo que Recurso Voluntário, como vimos, trata-se de um recurso hierárquico, o Pedido de Reconsideração é dirigido ao próprio órgão prolator da decisão recorrida.

Nesse ponto, refere que Lídia Maria Lopes Rodrigues Ribas que o Pedido de Reconsideração é um novo recurso "destinado ao mesmo órgão prolator da decisão de segunda instância, em condição de instância especial".[16]

Na legislação estadual, encontra-se insculpido na Seção IX, Capítulo II da Lei 6.537, contendo o artigo 60 a possibilidade de apresentação do Pedido de Reconsideração das decisões das Câmaras do TARF, que derem provimento a recurso de ofício.

Denota-se que sua possibilidade pressupõe a existência de decisão de Câmara do TARF que reverta parcial ou totalmente decisão de primeira instância ao dar provimento a Recurso de Ofício. O Recurso de Ofício é espécie de recurso automático apresentado pela própria autoridade julgadora de primeira instância, no próprio ato decisório que proferir contra a Fazenda Pública.[17]

---

[16] RIBAS, ob cit., p. 142.

[17] Art. 41. A autoridade julgadora de primeira instância recorrerá de ofício, com efeito suspensivo, a uma das Câmaras do TARF, sempre que proferir decisão contrária à Fazenda, no todo ou em parte, podendo deixar de fazê-lo quando: (Redação dada pelo art. 1º, XV, da Lei 8.694, de 15/07/88. (DOE 18/07/88)). I – a importância pecuniária em discussão não exceder o valor de 525,4382 UPF-RS, na data da decisão; II – a decisão for fundada exclusivamente no reconhecimento de erro de fato; III – a decisão de referir exclusivamente à obrigação acessória. § 1º O recurso de ofício será interposto mediante declaração na própria decisão. § 2º Se além do recurso de ofício houver recurso voluntário, serão ambos encaminhados ao julgamento de uma das Câmaras do TARF. § 3º Se a autoridade julgadora omitir a observância do disposto neste artigo, cumpre ao funcionário que tiver de executar a decisão representar àquela autoridade, por intermédio de seu chefe imediato, propondo a interpo-

Sendo assim, o Recurso de Ofício é interposto automaticamente, não sendo intimado o sujeito passivo para que apresente suas considerações para a manutenção do julgamento *a quo*. Dessa forma, o Pedido de Reconsideração busca garantir ao contribuinte, no caso de uma revisão em segunda instância, trazer ao Colegiado sua versão dos autos e a inconsistência do acórdão proferido.

Desse quadro percebe-se que a possibilidade de interposição do recurso é taxativa, não servindo para a irresignação do contribuinte contra o acórdão que não conheceu ou não proveu a Recurso Voluntário interposto pelo sujeito passivo. Nesse sentido, o TARF se posiciona pela interpretação formalista da legislação, como reporta a sua jurisprudência dominante.[18] Não obstante, há registro de recebimento do Recurso insurgindo-se à acórdão que julgou o recurso voluntário interposto.[19]

---

sição do recurso. § 4° Quando o processo subir à segunda instância em grau de recurso voluntário e se verificar que, não obstante o caso ser também de recurso de ofício, nos termos desta lei, este não foi interposto, as Câmaras do TARF tomarão conhecimento pleno do processo, como se houvesse tal recurso.

[18] PROCESSUAL. INTEMPESTIVIDADE DO RECURSO VOLUNTÁRIO. NÃO CONHECIMENTO. IRREGULARIDADE PROCESSUAL CONFIRMADA. PEDIDO DE RECONSIDERAÇÃO. AUSÊNCIA DOS PRESSUPOSTOS DE ADMISSIBILIDADE. NÃO CONHECIMENTO. Recurso voluntário não conhecido haja vista a sua apresentação a destempo. Com efeito, considerando que a ciência da decisão de primeira instância ocorreu em 21.05.10 e o recurso voluntário foi protocolado em 08.06.10, verifica-se a sua intempestividade, já que apresentado fora do prazo de 15 (trinta) dias previsto no artigo 45 da Lei n° 6.537/73. Pedido de reconsideração interposto com o objetivo de ver revista a intempestividade acusada, sob o argumento de que deveria ser considerada, como data de apresentação do recurso, a do envio da correspondência e não a do seu recebimento na repartição fiscal. Como bem observado pela Defensoria da Fazenda, não há como se conhecer do pedido de reconsideração. Nos termos do artigo 60 da Lei n° 6.537/73, somente cabe o presente recurso de decisão que tenha dado provimento a recurso de ofício. Visto que a decisão recorrida decorre de recurso voluntário, não estão presentes os pressupostos para sua admissibilidade. De qualquer forma, ainda que analisado fosse o mérito devolvido à Câmara, não haveria como atender a pretensão da recorrente, já que a data a ser considerada para a contagem do prazo é a do recebimento do recurso na repartição fiscal (parágrafo único do artigo 45 da Lei n° 6.537/73). Destarte, ausentes os pressupostos de admissibilidade, não se conhece do pedido de reconsideração. Decisão unânime. (Recurso n° 063/11; Acórdão n° 631/11, Proc. n° 19409-14.00/10-9, Primeira Câmara do Tribunal Administrativo de Recursos Fiscais do Rio Grande do Sul, Relator Juiz Renato José Calsing)
PROCESSUAL. CABIMENTO DO RECURSO. Pedido de Reconsideração. O cabimento do pedido de reconsideração está restrito às decisões proferidas pelas Câmaras deste Tribunal que derem provimento a recurso de ofício (artigo 41 da Lei n° 6.537/73, redação da Lei n° 8.694/88) consoante preconizado no caput do artigo 60 do mencionado diploma legal. O pedido sub examine objetiva a revisão da decisão prolatada pela Câmara em sede de recurso voluntário. Ausente o pressuposto de admissibilidade que autoriza o seu conhecimento. Não conhecido. Unanimidade. (Recurso n° 105/11, Acórdão n° 606/11, Proc. n° 16099-14.00/11-9, Segunda Câmara do Tribunal Administrativo de Recursos Fiscais do Rio Grande do Sul, Relator Juiz Ivori Jorge da Rosa Machado).
[19] ICMS. IMPORTAÇÃO DE MERCADORIAS POR CONTA E ORDEM DE TERCEIROS. PEDIDO DE RECONSIDERAÇÃO DO RECURSO VOLUNTÁRIO TEMPESTIVO. FALTA DE PAGAMENTO DO ICMS RELATIVO À IMPORTAÇÃO AO ESTADO DO RS. Pedido de Reconsideração aceito. Recurso Voluntário analisado por tempestivo. Negado provimento ao Recurso Voluntário por unanimidade. (Recurso n° 292/11, Acórdão n° 753/11, Proc. n° 27257-1400/10-4, Rel. Rafael Padoin Nenê, 2° Câmara do TARF)

Ademais, quanto ao mérito do recurso, só poderá versar sobre questões atinentes ao objeto do Recurso de Ofício, por força do art. 43 da Lei nº 6.537/73, que estipula que o recurso automático da Fazenda possui efeito devolutivo tão somente em relação à parte recorrida. Assim, em caso de concomitância de recurso voluntário desprovido e recurso de ofício acolhido ou parcialmente acolhido, não pode o contribuinte se utilizar do expediente de esclarecimento para impugnar o aresto no que concerne à matéria adstrita exclusivamente ao seu recurso voluntário.

4.2. Pressupostos processuais

A par das condições para a interposição do Pedido de Esclarecimento, que integram à análise de cabimento do recurso, é necessário que se veja brevemente outras formalidades do recurso.

O prazo para a interposição do Pedido de Reconsideração é de 10 dias contados da data da intimação da decisão. Para a contagem do prazo reputam-se às mesmas condições analisadas quando do Recurso Voluntário, na Instrução Normativa DRP nº 45/98 com a redação dada pela IN 025/09 (DOE 27/03/2009).

A capacidade postulatória é aferida de igual forma à apresentada no Recurso Voluntário que analisamos em tópico anterior.

Segundo o artigo 61 da legislação processual é possível a interposição de um segundo Pedido de Reconsideração "quando a decisão, objeto do pedido anterior, tenha versado exclusivamente sobre preliminar". Deve-se atentar nesse ponto para não se lançar mão do expediente em situação diversa, sob pena de indeferimento sem análise do mérito, sob a justificativa de caráter protelatório do recurso, consoante prevê o artigo 38, IV da Lei 6.537/73.

Como se vê, o Pedido de Reconsideração é um recurso subsidiário, dependente da existência anterior de um Recurso de Ofício que teve provimento na sua segunda instância administrativa. Entretanto, é necessário atentar que, eventualmente, é possível conhecer o Pedido de Reconsideração como sendo de Esclarecimento, desde que obedecidos o objeto (decisão que contenha omissão, contradição ou obscuridade) e seja interposto no prazo de 05 a dias, previsto no art. 58 da Lei nº 6.537/73.[20]

---

[20] PEDIDO DE RECONSIDERAÇÃO E fungibilidade EM PEDIDO DE ESCLARECIMENTO. RECURSO VOLUNTÁRIO INTEMPESTIVO, POIS ENTREGUE DEPOIS DO TÉRMINO DO PRAZO, EMBORA POSTADO ANTERIORMENTE. PRECEDENTES. Ainda que o pedido de reconsideração pudesse ser tomado como pedido de esclarecimento com base na fungibilidade dos recursos, uma vez que satisfeitos os requisitos extrínsecos do art. 58 da Lei 6.537/73, inexiste contradição, obscuridade ou omissão no acórdão recorrido. O recurso voluntário postado dentro do prazo, mas entregue após seu término é considerado intempestivo, consoante entendimento deste Tribunal reiterado em decisões de que são exemplos os acórdãos 858/10 e 1382/09 da 1ª Câmara, 838/10, 589/10 e 714/08 da 2ª. Ressalva do ponto de vista do Relator, tendo em vista o que dispõem a Lei 9.800/99 e o art. 525, § 2º,

5. Efeitos dos recursos do contribuinte

Por fim, necessário que se faça uma pequena análise dos efeitos que decorrem dos recursos interpostos pelo contribuinte.

Efeito suspensivo é a qualidade do Recurso "que impede a produção imediata de efeitos da decisão"[21] ou, nas palavras de Nelson Nery Junior, "é uma qualidade do recurso que adia a produção de efeitos da decisão impugnada assim que interposto o recurso",[22] ressalvado que não se cogita que a decisão possua eficácia imediata até a interposição do recurso, mas uma eficácia latente, que será suspensa na interposição de recurso, ou terá aplicabilidade com o decurso in albis do prazo para recorrer.

O efeito devolutivo, por sua vez, é aquele conhecido como "efeito do recurso consistente em transferir ao órgão ad quem o conhecimento da matéria julgada em grau inferior de jurisdição".[23]

De acordo com Helly Lopes Meirelles, a regra no ordenamento pátrio é o de concessão de efeito devolutivo aos recursos, outorgando-se, por exceção o efeitos suspensivo, motivo pelo qual sempre que o legislador quisera outorgar o efeito suspensivo o recurso, o fez expressamente, não sendo possível, portanto, presumi-lo.[24]

Afirmadas essas premissas podemos dizer que tanto o Recurso Voluntário, quanto o Pedido de Esclarecimento previstos no diploma estadual, são dotados do duplo efeito, isto é, tanto de efeito devolutivo como suspensivo, consoante previsão dos artigos 44 e 60, § 1º, da Lei nº 6.537/73.

O primeiro, em decorrência de ser regra geral, devolve ao Tribunal a matéria recorrida para apreciação, não podendo ser discutida matéria que não foi objeto do recurso. Sendo o caso de Pedido de Reconsideração só poderá ser analisada a parte cujo objeto foi trazido ao julgado *ad quem* pelo Recurso de Ofício.

No tocante ao recurso suspensivo, trata-se de tornar temporariamente inexigível, ou inexecutável, o crédito tributário. Por força do art. 151, inciso III, do CTN a interposição do recurso com efeito suspensivo no âmbito administrativo suspende a exigibilidade do crédito tributário, impedindo sua execução. A suspensão dos efeitos da decisão, entretanto, é válida tão somente à matéria recorrida, podendo ser lavrada certidão de

---

do CPC, afastado em prol da isonomia. Pedido não conhecido. Unânime. (Recurso nº 024/11, Acórdão nº 442/11, Proc. nº 138211-14.00/10-3, Primeira Câmara do Tribunal Administrativo de Recursos Fiscais do Rio Grande do Sul, Juiz Relator Antônio Ricardo Vasconcellos Schimitt)

[21] MOREIRA, *ob cit.*, p. 255
[22] NERY JUNIOR, *ob. cit*, p. 445.
[23] MOREIRA, *ob cit.*, p. 256.
[24] MEIRELLES, *ob cit.*, p. 606

débito contra o sujeito passivo sobre a parcela do auto de lançamento que, julgada procedente, não foi mencionada no recurso voluntário.

Ainda, no que se refere que ao Recurso Voluntário, a interposição do recurso mesmo que intempestiva, não impede o seu recebimento na primeira instância, sendo obrigatoriamente remetido para análise e julgamento no TARF. O que é vedado ao Recurso Voluntário quando intempestivo é o reconhecimento de efeito suspensivo, desde a sua interposição.

6. Conclusões

O processo administrativo é instrumento célere e capaz de uma solução de conflito justa ao contribuinte porquanto amparado em garantias fundamentais que possibilitam ao requerente um processo que atente ao devido contraditório, ampla defesa e ao direito ao duplo grau de análise administrativa.

Não obstante, dado as diferenças entre os procedimentos administrativos adotados pelos entes federados, bem como a legalidade formalista que regem os Tribunais Administrativos, é necessário que o contribuinte conheça as peculiaridades da legislação bem como as formalidades que cercam os procedimentos em cada local, sob pena de barrar uma discussão de mérito a seu favor, por descumprimento de requisito formal.

— 16 —

Recurso Extraordinário ou apelo extremo

NELSON RESCHKE

Agente Fiscal do Tesouro do Estado, ingresso na carreira em 1984; bacharel em Ciências Contábeis, graduado pela Faculdade de Ciências Contábeis e Administrativas de Santa Rosa/RS; bacharel em Direito, graduado pela UNIJUÍ-Universidade de Ijuí/RS; Julgador de processos tributários administrativos de primeira instância; Juiz substituto no TARF desde o ano 2000, representante da Fazenda Pública Estadual, tendo sido titular de 2005 a 2010.

Sumário: O Recurso Extraordinário ou apelo extremo. Hipóteses de cabimento do Recurso Extraordinário. Pedido de esclarecimento; Dos efeitos a ser considerados quando tiver sido interposto pedido de esclarecimento; Considerações finais.

O Recurso Extraordinário ou apelo extremo. Hipóteses de cabimento do Recurso Extraordinário. Pedido de esclarecimento

Reduzidas são as hipóteses em que a Lei do Procedimento Tributário Administrativo gaúcho (LPTA)[1] e o Regimento Interno do Tribunal

---

[1] Lei nº 6.537/73, e alterações: Seção X – Do Recurso Extraordinário: Art. 63. Das decisões das Câmaras proferidas com o voto de desempate de seu Presidente, quando o sujeito passivo ou o Defensor da Fazenda entendê-las contrárias à legislação ou à evidência dos autos, cabe recurso extraordinário (Redação dada pelo art. 1º, XX, da Lei 8.694, de 15/07/88 – DOE 18/07/88). § 1º Cabe também o recurso previsto no "caput" deste artigo, independentemente de ocorrência ou não de voto de desempate, nos casos em que a decisão recorrida der à legislação interpretação divergente da que lhe tenha dado outra Câmara ou o próprio Plenário do TARF, apontadas, pelo recorrente, nos termos do disposto no Regimento Interno do TARF, as decisões configuradoras da alegada divergência (Redação dada pelo art. 1º, XX, da Lei 8.694, de 15/07/88 – DOE 18/07/88). § 2º O recurso extraordinário, que terá efeito suspensivo, será interposto ao Plenário do TARF no prazo de 10 dias, contado na intimação da decisão recorrida (Acrescentado pelo art. 1º, XX, da Lei 8.694, de 15/07/88 – DOE 18/07/88). § 3º O processamento do recurso extraordinário obedecerá às disposições da Seção VII deste Capítulo (Acrescentado pelo art. 1º, XI, da Lei 9.826, de 03/02/93 – DOE 04/02/93). § 4º O Relator indeferirá liminarmente o recurso, no prazo máximo de 10 (dez) dias, caso este não atenda aos pressupostos de admissibilidade ou seja intempestivo (Acrescentado pelo art. 1º, VI, da Lei 10.582, de 24/11/95 – DOE 27/11/95).

Administrativo de Recursos Fiscais (RITARF)[2] admitem como hábeis para a interposição de Recurso Extraordinário ou Apelo Extremo ao Plenário TARF.

Decorrentemente de citadas hipóteses restritas, especialmente naqueles casos em que o Recurso Extraordinário não tiver sido conhecido pela ausência dos pressupostos de admissibilidade, é que se faz presente no respectivo Acórdão observação de que apontada restrição ou *filtro recursal*[3] resulta dos precedentes do Tribunal dando testemunho das raras oportunidades em que houve a reforma de decisões proferidas pelos órgãos fracionários, além de citada condicionante funcionar como freio para que não se prolongue demasiadamente a discussão da matéria no âmbito do contencioso tributário administrativo – claro, tendo a ver também com a observância ao princípio da celeridade processual, hoje insculpido como garantia constitucional[4] – pela interposição de recursos que no mais das vezes ostentam-se meramente protelatórios, e cujo maior "mérito" é o de sobrecarregar a última instância de julgamentos.

Todavia, as decisões prolatadas pelas Câmaras do TARF também são reformadas.

Duas são as hipóteses legal e regimentalmente previstas para a interposição de Recurso Extraordinário ao Plenário do TARF, dentro do prazo de dez dias, contado da data da intimação da decisão recorrida:

1) Quando a decisão recorrida tiver sido proferida com o voto de desempate do presidente da câmara:

Certamente esta se traduz na situação que mais facilmente permite a identificação da presença do pressuposto (de admissibilidade) para a interposição do Recurso Extraordinário, bastando, como referido, que se identifique no acórdão recorrido que a decisão foi proferida com o voto

---

[2] REGIMENTO INTERNO DO TRIBUNAL ADMINISTRATIVO DE RECURSOS FISCAIS RESOLUÇÃO Nº 001/2002 – DOE de 23.12.2002. Do Recurso Extraordinário Art. 44. Cabe recurso extraordinário, ao Pleno, das decisões das Câmaras: I – proferidas pelo voto de desempate de seu presidente; II – nos casos em que a decisão recorrida der à legislação interpretação divergente da que lhe tenha dado outra Câmara ou o próprio Plenário deste Tribunal, apontadas pelo recorrente as decisões configuradoras da alegada divergência. § 1º O recurso extraordinário terá efeito suspensivo e será interposto no prazo de 10 dias, contado da intimação da decisão recorrida. § 2º O recurso extraordinário interposto com fundamento no inciso II deste artigo abrangerá a matéria de direito objeto da divergência e somente será admitido se o recorrente confrontar os fundamentos da decisão recorrida com os do aresto paradigma mediante: I – transcrição dos respectivos trechos que configurem o dissídio, mencionadas as circunstâncias que identifiquem ou assemelhem os casos confrontados; II – pré-questionamento da matéria no acórdão recorrido ou, caso este tenha omitido os fundamentos da decisão que impossibilite o confronto, haja sido interposto o pedido de esclarecimento de que trata o artigo 42 deste Regimento. § 3º É defeso distribuir o recurso extraordinário ao mesmo juiz que tiver redigido o acórdão da decisão recorrida.

[3] LEAL, Saul Tourinho, *in* A Repercussão Geral em Matéria Tributária segundo o Supremo Tribunal Federal, Revista Dialética de Direito Tributário nº 165, p. 110.

[4] Art. 5º, LXXVIII: A todos, no âmbito judicial e administrativo, são assegurados a razoável duração do processo e os meios que garantam a celeridade de sua tramitação.

de desempate do Presidente da Câmara, para que esteja presente o pressuposto de admissibilidade do Apelo Extremo.

A condicionante de que também se faz necessário que a decisão recorrida tenha sido contrária à legislação ou à evidência dos autos normalmente não é levada em consideração, isto se devendo ao fato de o próprio texto normativo já se reportar ao caráter de subjetividade do dispositivo, o que se denota ao referir *"quando o sujeito passivo ou o Defensor da Fazenda entendê-las..."*, daí intuindo-se naturalmente que tendo o recurso sido decidido pelo voto de qualidade do Presidente da Câmara, e havendo o recorrente decidido interpor o Recurso Extraordinário, é porque efetivamente terá considerado o *decisum* fustigado como contrário à legislação ou à evidência dos autos.

Ressalta-se, como já mencionado, que tanto o Sujeito Passivo quanto a Defensoria da Fazenda, constituem-se em partes legitimadas para a interposição de Recurso Extraordinário.

2) Quando houver dissídio jurisprudencial:

Como consta nas notas de rodapé, esta hipótese encontra-se versada no § 1º, art. 63 da LPTA, e no art. 44, II do RITARF.

Como referido em citados dispositivos legal e regimental, verifica-se ser esta a hipótese que mais atenção deverá merecer da parte recorrente, visto que o apelante terá de demonstrar que a decisão recorrida deu à legislação interpretação divergente da que lhe tenha dado *outra* Câmara ou o próprio Plenário do TARF, apontadas, nos termos do disposto no RITARF, as decisões configuradoras da alegada divergência.

No RITARF, encontra-se explicitado que "os termos" para a interposição do Recurso Extraordinário com fundamento em dissídio jurisprudencial, são os seguintes:

a) Necessidade de que a divergência tenha resultado da aplicação do direito, ou seja, da aplicação das normas de tributação à situação de fato (do caso concreto).

De apontado pré-requisito necessita-se inferir que para situações de fato idênticas ou análogas, terão existido decisões que lhes tenham dado soluções diferentes, o que não deixa de ser uma obviedade, posto que se as decisões sempre fossem uniformes, sequer teria o legislador tido a necessidade de prever a possibilidade de interposição de recurso sob um tal pressuposto.

b) Confronto, na peça de interposição do Recurso Extremo, dos fundamentos da decisão recorrida com os do aresto paradigma, mediante:

1) Transcrição dos respectivos trechos que configurem o dissídio, mencionadas as circunstâncias que identifiquem ou assemelhem os casos confrontados;

2) Prequestionamento da matéria no acórdão recorrido ou, caso este tenha omitido os fundamentos da decisão que impossibilite o confronto, haja sido interposto o pedido de esclarecimento de que trata o artigo 42 do RITARF.

Esquematizando o que antes exposto, já que a pretensão desse estudo é fazer uma abordagem eminentemente didática, vejamos o que mais detidamente se faz necessário observar quando da interposição do Recurso Extraordinário com fundamento em dissídio jurisprudencial:

a) Que o(s) acórdão(s) selecionado como paradigma tenha sido proferido por *outra* Câmara ou pelo próprio Plenário do TARF, tratando-se de condição particularmente relevante, posto que por inúmeras vezes tem acontecido de serem aportados acórdãos que efetivamente demonstravam a existência do dissídio jurisprudencial, porém, oriundos da mesma Câmara que foi a prolatora do acórdão recorrido, não se constituindo, pois, em instrumentos hábeis e idôneos para a demonstração do dissídio jurisprudencial.

Presentemente, com a digitalização dos acórdãos do TARF e também com a sua disponibilização no site da Receita Estadual (www.sefaz.rs.gov.br), ficou bem mais fácil a tarefa de seleção dos acórdãos que poderão servir como paradigma com vistas à fazer-se o cotejamento com o acórdão recorrido, bastando acessar o referido site, no link "Sistemas SEFAZ", → Portal da Legislação → TARF, digitando na caixa de diálogo o número do acórdão (ACÓRDÃO Nº TAL), ou uma palavra-chave relacionada com o texto do acórdão procurado, para (se existente no acervo) ter-se em mãos o material procurado.

b) Que efetivamente seja providenciada a transcrição dos trechos do acórdão recorrido e do acórdão paradigma, particularmente naquela específica parte que objetivamente demonstra a existência da divergência de interpretação.

A referida advertência tem por objetivo deixar explicitado não ser suficiente a simples anexação de cópia do(s) acórdão(s) paradigma(s), posto que o Plenário do Tribunal encontrar-se-á legitimado e poderá não conhecer do Recurso Extraordinário, por ausência dos pressupostos de admissibilidade.

Dissemos *poderá*, porque em obediência ao princípio da legalidade, da oficialidade etc., e eventualmente para que não se perpetue equívoco, erro de fato, ou coisas desse jaez, até poderá acontecer que citada falta de providência do recorrente seja relevada em face de ter havido a transcrição integral do acórdão, traduzindo-se, porém, em mera hipótese que, por isso mesmo, poderá não se materializar e restar frustrada, tratando-se, pois, de terreno não recomendado trilhar, especialmente sendo o caso de estar-se a defender interesses de terceiros.

c) Prequestionamento da matéria no acórdão recorrido:

O pré-questionamento apresenta-se mais como uma obviedade fática, visto que o acórdão fustigado terá de ter feito menção à matéria tida como divergente, posto que se não tiver se manifestado, logicamente estará referido *decisum* padecendo do vício da omissão, circunstância que certamente terá ensejado a interposição de Pedido de Esclarecimento, recurso processual administrativo previsto na LPTA,[5] e no RITARF.[6]

Mencionado pré-questionamento também tem a ver com o princípio de que o andamento dos processos é com vistas à mais célere resolução dos feitos, razão dos motivos de ser fixados prazos e oportunidades para apresentação das peças de impugnação e de recurso, como, também, para a juntada das provas que, no âmbito do contencioso tributário administrativo, deve ocorrer com a apresentação das peças de impugnação e de recurso.[7]

Veja-se, também, que o pré-questionamento decorre do fato de que em sede de Recurso Extraordinário somente é procedida a reapreciação de matéria que já mereceu análise nas instâncias precedentes de julgamentos, cujas decisões se encontrarão sensibilizadas pelos fundamentos das normas de tributação que as embasaram, deixando plasmado o dissídio jurisprudencial.

d) Que tenha sido interposto Pedido de Esclarecimento:

Estamos aqui frente a uma condicionante de caráter supletivo, constituindo-se, também, em situação excepcional, porquanto o acórdão recorrido terá que ter sido questionado em razão da existência de omissão,

---

[5] LPTA: Seção VIII – Do Pedido de Esclarecimento: Art. 58. Das decisões do Plenário ou das Câmaras, entendidas omissas, contraditórias ou obscuras, cabe pedido de esclarecimento ao Relator do acórdão, com efeito suspensivo, apresentado, pelas partes no prazo de 5 (cinco) dias, contado da ciência (Redação dada pelo art. 1º, IV, da Lei 10.582, de 24/11/95 – DOE 27/11/95). Parágrafo único – O Relator levará a julgamento o pedido de esclarecimento, na reunião subsequente a de seu recebimento, dispensada a prévia publicação de pauta, proferindo voto, o qual será pelo não conhecimento do pedido se manifestamente protelatório ou se visar à reforma da decisão (Redação dada pelo art. 1º, IV, da Lei 10.582, de 24/11/95 – DOE 27/11/95). Art. 59. O pedido de esclarecimento, quando acolhido, interrompe o prazo para interposição do recurso extraordinário e, quando não acolhido, apenas suspende-o (Redação dada pelo art. 1º, V, da Lei 10.582, de 24/11/95 – DOE 27/11/95).

[6] RITARF: Seção IV – Do Pedido de Esclarecimento: Art. 42. Das decisões do Plenário ou das Câmaras, entendidas omissas, contraditórias ou obscuras, cabe pedido de esclarecimento ao relator do acórdão, com efeito suspensivo, apresentado pelas partes no prazo de 5 dias, contado da ciência. § 1º O relator apreciará o pedido de esclarecimento na reunião subsequente à do seu recebimento, dispensada a prévia publicação em pauta, proferindo voto pelo não conhecimento do pedido se manifestamente protelatório ou visar a reforma da decisão. § 2º O pedido de esclarecimento, quando acolhido, interrompe o prazo para interposição do recurso extraordinário e, quando não conhecido ou não acolhido, apenas o suspende. § 3º Acolhido o pedido, a decisão limitar-se-á a corrigir a omissão, a contradição ou a obscuridade. § 4º O processamento do pedido de esclarecimento obedecerá as disposições constantes no capítulo VI deste regimento.

[7] LPTA: "Art. 28 – A impugnação e a contestação, formalizadas por escrito e *instruídas com os documentos em que se fundamentarem*, serão apresentadas no prazo de 30 (trinta) dias, contado da notificação ou intimação, à repartição mencionada no artigo 24".

contradição ou obscuridade, cujo Pedido de Esclarecimento igualmente terá que ter sido conhecido, sanando, assim, a irregularidade de que se encontrava maculado o *decisum* questionado, com a prolação de (novo) acórdão em cujo bojo constará (com o devido esclarecimento) a resolução dada à matéria submetida à apreciação da Câmara, constituindo-se, destarte, no acórdão recorrido que será cotejado com o(s) paradigma(s) para demonstrar a existência do dissídio jurisprudencial, constituindo-se, segundo referido, na situação de caráter excepcional, posto que normalmente o confronto jurisprudencial não é realizado a partir de um acórdão oriundo de Pedido de Esclarecimento.

Não fosse esse o *iter* procedimental, estar-se-ia trazendo para apreciação em sede de Recurso Extraordinário matéria que não discutida nas instâncias anteriores de julgamento, impossibilitando, assim, confrontar-se o acórdão recorrido com o(s) paradigma(s) para demonstrar a existência de divergência de interpretação.

Dos efeitos a ser considerados quando tiver sido interposto pedido de esclarecimento

O acórdão recorrido poderá ter sido objeto de Pedido de Esclarecimento. Nessas circunstâncias e quando o referido pedido não tiver sido acolhido, melhor dizendo, não tiver sido conhecido, o que via de regra sói acontecer por ausência dos pressupostos de admissibilidade, será caso de prestar-se atenção para o fato de que os seus efeitos são meramente *suspensivos*, isto significando que o tempo transcorrido entre a data da ciência do acórdão recorrido e a da interposição do Pedido de Esclarecimento será decotado do prazo de dez dias fixado para a apresentação do Recurso Extraordinário.

Importante, portanto, que se avalie previamente a conveniência e o resultado prático a ser colhido com a interposição do Pedido de Esclarecimento, posto que, via de regra, os acórdãos não contém indigitados pressupostos de ser omissos, contraditórios ou obscuros, sendo os objetivos desses embargos de declaração meramente protelatórios, ou, visarem à reforma da decisão recorrida, o que defeso, tanto legal como regimentalmente.

Então, caso se decida pela interposição do Pedido de Esclarecimento, terá o recorrente de manter-se vigilante, quiçá até com o Recurso Extraordinário já preparado, porque, como referido, na maior das vezes referidos embargos não são conhecidos.

Considerações finais

Constitui o Recurso Extraordinário um importante instrumento colocado à disposição das partes (Sujeitos Passivos e Defensoria da Fazenda) com vistas à modificação de decisões de segunda instância administrativa, que lhes tenham sido desfavoráveis, no todo ou em parte.

Importa referir a existência de mútuo interesse das partes quanto à interposição de Recursos Extraordinários, posto visarem a uniformização dos entendimentos acerca da matéria submetida à apreciação no âmbito do contencioso tributário administrativo, em última instância, com vistas à obtenção da tão necessária e almejada segurança jurídica.

Bem manejado o Apelo Extremo, pode-se através dele colher bons resultados.

Todavia, nem sempre os precedentes parecem ser dos mais animadores. Contudo, não há de se perder de vista que as decisões prolatadas pelo Plenário do Tribunal têm muito a ver com a sua composição, com o perfil dos julgadores daquela particular reunião do Sodalício, nem sempre composto pelos mesmos Juízes. Dessa realidade naturalmente decorre a possibilidade de mudança de posicionamentos.

Com efeito, além de possíveis, citadas modificações no modo de resolução dos feitos, não raro também são plausíveis, o que se verifica, por exemplo, quando o julgador se dá conta de não haver dado à questão a melhor ou a mais adequada das resoluções, ainda mais se levando em conta que o Direito é dinâmico e que no mundo da vida nada é permanente, menos ainda no campo do Direito Tributário, cujas normas, além de complexas, necessitam de contínua atualização com vistas à adequar-se, entre outras, às demandas de cunho social e às situações de fato do momento econômico.[8]

Todavia, certo é que a decisão terá sido desfavorável aos interesses do recorrente, e, sendo viável e não recorrer em derradeiro apelo, definitivamente assim restará decidido na esfera administrativa.

Cabe, ainda, uma referência àquelas excepcionais oportunidades em que o Recurso Extraordinário não atende aos pressupostos de admissibilidade e, por isso, não é conhecido. Porém, presente erro de fato que tenha sido apontado quer pelo Recorrente, quer pela Defensoria da Fazenda, ou identificado por qualquer dos membros do Plenário, pode e deve o Tribunal, *de ofício*, dar provimento no todo ou em parte ao Apelo Extremo,

---

[8] "(...) Seguramente o Estado preferiria uma tributação mais simples, fácil e efetiva, não tendo ainda sido de todo descartada por alguns de nossos legisladores a ideia de um imposto único sobre a movimentação financeira, mas o fato é que a própria complexidade das relações econômicas e sociais requer um sistema tributário igualmente complexo e capaz de refletir todas as sutilezas dessas relações". Gabriel Lacerda Troianelli, Consulta Fiscal como Causa de Suspensão de Exigibilidade do Tributo, *Revista Dialética de Direito Tributário* nº 146, p. 35.

com a finalidade de sanar citada irregularidade, garantindo, assim, que o sujeito passivo seja compelido a pagar somente e até onde legitimamente devida a imputação tributária.

Como antes referido, deve-se, também, ressalta-se que a interposição do Recurso Extraordinário não se constitui no momento adequado e oportuno para colacionar aos autos documentos e provas que tinham de ter sido carreados regularmente ao processo, ou seja, tinham que ter sido ofertados em sede de impugnação ou em grau de Recurso Voluntário.

Explica-se. É que uma tal providência extemporânea traria como consequência a exigência de que citados documentos e/ou provas fossem examinados tanto pelos membros do Plenário como pela Defensoria da Fazenda, procedimento que inevitavelmente iria acarretar o adiamento do julgamento, pedido que já tivemos a oportunidade de presenciar sendo indeferido, quando na sessão de julgamento foi solicitada a realização de diligência para o exame do que contido *"naquela caixa lacrada contendo centenas de documentos..."*, e, agora mais presentemente, com relação à informações ou pretensas comprovações trazidas em meios magnéticos.

De avaliar-se, ainda, a conveniência de adicionalmente apresentar "memoriais", visto que quase sempre se constituem em repetição daquilo que já exposto na peça recursal, sendo, por isso, dispensáveis. Todavia, trata-se de providência que terá de ser tomada com prudente antecedência, devido ao inegável fato de que, se apresentados no dia da sessão de julgamento, não haverá tempo para uma analise mais criteriosa do referido sumário, principalmente de parte dos Juízes Relator e Revisor, os quais têm necessidade de melhor conhecer do processo, por isso que suas posições normalmente são as conducentes do voto dos demais membros do Plenário.

Quanto à sustentação oral, trata-se de recurso que se encontra à disposição das partes,[9] frequentemente utilizado não somente pelos causídicos contratados, como também pelos próprios Sujeitos Passivos, constituindo-se em importante oportunidade para dar-se a conhecer avaliar a proficiência daqueles que para tal mister compareçam à sessão de julgamento, invariavelmente tratando-se de profissionais dotados de notada fidalguia e demonstração de reconhecidos conhecimentos de ordem jurídica.

---

[9] RITARF: DAS REUNIÕES – *Seção I* – Das Disposições Gerais: "Art. 25. Declarada aberta a sessão de julgamento, será observada a seguinte ordem: (...) VI – concessão da palavra ao recorrente e ao recorrido, sucessivamente, pelo espaço de 15 minutos, para manifestação sobre preliminares e mérito, prorrogáveis por no máximo, igual período, a critério do presidente;

Impressão:
Evangraf
Rua Waldomiro Schapke, 77 - POA/RS
Fone: (51) 3336.2466 - (51) 3336.0422
E-mail: evangraf.adm@terra.com.br